청소년문화론

A부터 Z까지

청소년문화론

A부터 Z까지

전동만 장수한 공저

KNOWLEDGE COMMUNITY 공동체

머리말

문화가 곧 국가의 힘이 되는 시대, 그 중심에는 청소년들이 있기에 전 세계에서 대한민국의 문화가 인정받고 있다. IT 기술과 디지털 환경의 급속한 변화는 청소년들의 삶의 방식에 많은 영향을 미치고 있다. 이에 본 서에서는 청소년들의 스마트폰을 이용한 사이버 공간에서의 문화활동이 청소년에게 미치는 긍정적 영향과 그에 따른 부정적 영향을 확인하고자 하였으며, 또한 어른들이 디지털 시대의 청소년문화를 바라보는 다양한 시선과 관점에서 문화의 본질적 의미를 탐구하고자 하였다. 그리고 흐르는 강물처럼 계속해서 변하는 시대적 흐름에 따라 다르게 불리는 청소년의 또 다른 호칭, 즉 MZ세대의 행동양식이 가지는 의미가 청소년문화로 이해 · 해석되기를 바라며 본 서를 집필하였다.

본 서를 집필하면서 학계의 부족한 연구 자료와 청소년문화의 실질적인 조사가 부족한 현실에서 청소년문화 활동 현장에서 열정을 다하는 동문들과의 토론 그리고 청소년 전문가들의 다양한 의견이 많은 부분 반영되었기에 이 책이 완성될 수 있었다. 그럼에도 불구하고 집필하면서 가졌던 시대적 한계는 계속적으로 변화되어야 할 필요성을 충분히 인지하고 있다. 따라서 역사에 충실한 문화를 바탕으로 급변하는 청소년문화의 건전한 환경조성과 청소년문화에 대한 인식의 변화에 도움이 되었으면 한다. 마지막으로 본 서는 청소년문화에 대한 가치관의 변화와 문화의 시대적 흐름에 맞추어 계속적인 수정과 보완을 통하여 더욱더 좋은 청소년문화교육 교재로 거듭날 것을 약속한다.

2025년 2월

저자 일동

차 례

Part

1

청소년문화의 이해

Chapter
01

청소년문화의 개념과 특징

1. 문화란

1) 문화의 개념 및 정의

문화가 키워드이며 문화가 강한 자가 이긴다는 화두가 회자될 만큼 문화는 이제 우리의 일상을 지배하고 있을 뿐만 아니라 산업구조 또한 문화가 산업의 중심에 자리하는 문화산업구조로 재편되고 있다(김천영, 2002).

문화란 자연 상태에서 벗어나 일정한 목적 또는 생활 이상을 실현하고자 사회 구성원에 의하여 습득, 공유, 전달되는 행동양식이나 생활양식의 과정 및 그 과정에서 이룩해 낸 물질적 · 정신적 소득을 통틀어 이르는 말이다. 예를 들어, 의식주를 비롯하여 언어, 풍습, 종교, 학문, 예술, 제도 따위를 모두 포함한다(국립국어연구원, 2024). 이러한 문화에 대하여 영국의 인류학자 에드워드 버넷 타일러(Edward B. Tylor, 1832~1917)는 보다 넓은 민족학적인 의미에서 지식, 신앙, 예술, 도덕, 법, 관습 그리고 사회 구성원으로서 인간에 의해 얻어지는 복합적인 총제(complex whole)라고 정의하였으며, 미국의 문화학자 헬무트 리차드 니버(Helmut R. Niebuhr, 1984~1962)는 문화란 사회적이며, 인간적 성취이며, 가치(values)를 가지며 물질적 성과로 보존성이 있다고 하였다.

문화의 사전적인 의미는 사람이 있는 가지고 있는 이상을 실현해 나가려는 인간 활동의 과정 또는 성과를 말한다. 자연이 저절로 이루어진 야만적인 상태라고 한다면, 문화는 자연의 한 부분에 인간의 의도와 작용이 가미되어 이루게 된 상태를 말한다. 문화란 사회화의 한 과정으로 간주할 때, 인간은 사회화의 과정을 통하여 성장 발달하게 된다(장수한, 2020). 또한, 넓은 의미의 문화는 자연을 변화(transforming nature)시키는 것으로 자연을 객관화하고 이를 연구 대상으로 삼아 발전시킨다는 것이다.

김창남(2018)은 사회 구성원들이 만들어 낸 문화는 한 사회에서 다양하게 이루어지는 구성원들 간의 상호작용을 통해 자연을 끊임없이 변화시켜 온 물질적 · 정신적 산물이라고 정의하였으며, 청소년문화, 중년문화, 여성문화 등과 같은 특정 집단의 사고 방식이나 행동양식 등을 가리키는 말로 사용되기도 한다고 하였다. 즉, 문화는 사회 구성원의 생활 속에서 역사적으로 전승되는 인류의 행동양식인 것이다(설민희, 2007). 그리고 UNESCO(2002)는 문화를 한 사회 또는 사회적 집단에서 나타나는 예술, 문학, 생활양식, 더부살이, 가치관, 전통, 신념 등의 독특한 정신적 · 물질적 · 지적 특징이라고 정의하였다. 이와 같이 여러 정의에 나타난 문화의 이해는 먼저 자연을 인간에 의해서 변화시켜 인간의 삶의 방식으로 만들어 가는 것과 그러한 결과물로서 문화에 대한 공감대 형성을 이유로 이해하고 해석하는 데 문화 이해에 대한 공유와 평가를 합리적으로 만들어 줄 것이다.

2) 문화의 속성

문화는 본능과 욕구와 같은 생물학적인 특성과 인간 사회에서 발견되는 고유의 집단적인 생활양식을 의미한다. 이러한 인간 사회 집단에서 나타나는 다양한 현상을 '문화'의 관점에서 파악하기 위하여 공유성, 학습성, 변동성, 축적성, 총체성의 다섯 가지로 이해하여야 하는 문화의 특성이다(김지혜 외, 2012).

먼저, 문화의 공유성은 한 사회 구성원들의 행위에서 다른 집단의 것과 구별될 만한 어떤 공통적인 것을 발견할 수 있는데, 우리는 이것을 문화라고 부른다. 문화는 개인마다 다르게 지니고 있는 습관이나 취향, 버릇과는 구별되는 것으로 우리들의 행동 대부분은 소속된 집단의 행동양식을 따른다. 따라서 문화는 각 집단의 구성원들에 의해 함께 공유된 것이라고 볼 수 있다. 이러한 공유성으로 인해 같은 사회 구성원들은 서로의 행동을 이해하고 예측할 수 있으며, 원만한 사회생활을 가능하게 하는 것이다.

두 번째, 문화의 학습성은 인종별로 나타나는 생물학적인 특징으로, 이러한 특징들이 어떠한 공동체 내에서 공유된다고 하더라도 문화와는 거리가 멀다고 볼 수 있다. 그 이유로 문화는 후천적으로 학습되는 것이기 때문이다. 그 대표적인 것이 각 나라의 언어이다. 따라서 모든 인간은 생물학적이며 본능적인 욕구를 가지고 있지만, 욕구를 충족시키는 구체적인 방식은 사회마다 다르다. 먹는 것은 인간의 본능이지만 공동체마다 다양한 형태의 고유한 조리법이 세대에 따라 전승되어 내려오기 때문에 음식 문화는 각각 다르게 나타나게 된다. 이와 같은 문화의 학습성은 구성원들의 '사회화'와도 밀접한 관련이 있다.

세 번째, 문화의 축적성은 동물들도 학습 행위를 한다는 연구 결과가 있다. 하지만 이전 세대로부터 누적된 지식을 체계적으로 교육받으며 자라는 인간과는 달리 동물들의 학습은 다른 동물의 행위에 대한 직접적인 관찰과 모방에 의한 것이 대부분으로, 여러 세대를 거쳐 지속적으로 전달되기는 어렵다고 볼 수 있다. 그에 비해 인간은 언어와 문자라는 상징체계를 가지고 있기 때문에 한 세대의 지식들이 다음 세대로 전해져 내려오기가 수월하다. 특히 문자를 사용한 이후로는 인간이 가진 엄청난 양의 지식들이 후대로 전해져 내려오는 것이 가능해졌다. 이와 같이 문화는 여러 세대에 걸쳐 축적된 생활양식과 지식의 총체이다.

네 번째, 문화의 전체성으로 문화의 총체성이라고도 한다. 한 사회 집단의 문화는 예술, 종교, 관습 등 수많은 부분으로 구성된다. 그러나 한 사회의 문화를 구성하는 이런 부분들은 서로 독립적으로 존재하는 것이 아니라, 서로 간에 밀접한 관계를 유지하면서 하나의 체계 혹은 전체를 이루고 있다. 따라서 문화의 일부 구성 요소가 변하면 문화의 여러 분야도 동시에 변화를 겪게 된다.

마지막으로 문화의 변동성으로 문화는 항상 변하고 있는데, 왜 변하는가? 사람들은 생활의 불편함을 개선하기 위하여 새로운 기술과 물자를 만들어 낸다. 전구의 발명은 밤에도 활발한 일상생활을 할 수 있게 하였고, 전화의 발명은 원거리 통신을 가능하게 하여 물리적인 거리를 단축시켰다. 이러한 혁신들이 사회 구성원들의 생활의 한 부분으로 정착되고, 다른 부분들과의 상호작용 속에서 문화 전체에 변동을 유발하게 된다. 이러한 문화 변동은 내·외부적인 원인, 즉 발명, 발견, 전파 등에 의해 다양하게 진행되며 그 결과로 인하여 문화는 점차 발전하게 된다.

이와 같이 문화의 다섯 가지 속성은 다양하게 해석해 볼 수 있는 개념이다. 따라서 핵심적인 개념을 통하여 생활양식에 대입하여 이해해 보는 것이 좋다.

2. 청소년의 발달 특성

청소년이라는 말 자체를 살펴보면, 유럽에서 '유아기(childhood)'는 중세가 끝날 무렵인 17세기경에 생겨났으며 '청소년기(adolescence)'라는 말은 근대 이후 사회와 가족 안에서 인간관계가 변화하면서 생겨났다(정유성, 1998). 어린이에서 어른으로 지나가는 과정으로만 여겨졌던 삶의 흐름인 중간 단계가 '청소년'을 거쳐 가는 것으로 분화한 것이다. 이것은 보호받는 삶에서 독자적인 삶을 살기 위한 미래를 준비하고 제대로 된 사회 구성원이 되기 위한 채비를 갖추는 시기로 본 것이다(Cohen, 1997).

또한, 청소년은 급격한 신체적 발달과 함께 부모로부터 심리적 이유(psychological weaning)가 이루어지면서 자신의 존재에 대한 새로운 탐색을 시작한다. 에릭슨(Erikson)은 이 시기를 개인의 자아정체감이 해결되어야 하는 중요한 시기로 간주하였다. 정체감이 형성된 개인들은 확신을 가지고 지속적인 발달과업을 이루어 나간다. 그러나 과도기에 처한 청소년은 주변인(marginal man)으로 정신적으로나 신체적으로 불안정과 불균형을 경험하면서 특정한 발달상의 문제를 보이기도 한다.

1) 신체적 발달

청소년기의 신체적 특징은 급속한 성장과 생식능력의 획득이다. 사춘기(puberty)에 이르면 성인으로서의 신체적 특징을 보이기 시작하는데, 대개 10대 초기에 시작되어 14~18세에 완성된다. 성장 호르몬과 성 호르몬의 작용으로 남자, 여자가 지니고 있는 성 기관의 발달과 함께 생식능력을 갖게 되며 키가 급격하게 자라고 몸무게도 증가하여, 남자는 남성으로서의 골격을 갖게 되고 여자는 여성의 체형을 갖추게 된다.

청소년 전기에는 급격한 신체 발달이 일어나게 되는데, 부분적으로 어른의 수준에 육박한다. 특히 신장과 체중에 있어서는 대개 성인의 90% 수준으로 성장한다. 남자의 경우 정소에서 분비되는 테스토스테론이라는 성 호르몬이 남성의 2차 성징을 발현시키며 생식 기능에 직접적인 영향을 미친다. 또 음경이 확대되며 전립선이 발달하고 그 결과 정자를 생산하여 밖으로 내보내게 되어 몽정과 자위행위를 경험하게 된다. 또한, 이 시기에는 어깨가 벌어지고 체모가 나면서 근육이 생기고, 후두가 확장되고 성대가 두꺼워짐에 따라 목소리가 낮아지는 변성기가 오며, 피지선 분비의 증가로 소년에서 성숙한 남성으로 성장해 간다. 여성의 경우는 뇌하수체 호르몬의 자극 결과 난소에서 에스트로겐이라는 여성 호르몬이 분비되어 월경을 하게 되고 여성으로서의 2차 성징이 발현한다. 또 유방과 골반의 발육이 현저해지고 엉덩이에 지방이 축적되어 여성적인 몸매로 성장하며, 남성과 마찬가지로 음모가 나고 내외 생식기도 발달하여 커진다.

이러한 신체적 변화와 성장으로 청소년들은 자신을 성인과 보다 가까운 존재로 느끼게 되며 남성다움과 여성다움의 성 역할에 민감한 반응을 보이게 된다. 또한, 청소년들의 성적인 성숙은 청소년들로 하여금 자신의 성숙에 대한 기쁨과 자부심 등 긍정적인 감정과 함께 불쾌감이나 두려움 등 부정적인 감정도 갖게 하는 등 양면적 감정을 경험하게 한다.

이에 청소년기 신체적 성숙과 성적인 성숙 속도가 심리적 적응에 미치는 영향은 남녀에 따라 차이가 있다. 남자 청소년의 경우에 이른 성숙은 긍정적 신체상을 증대시키며 사회적 적응에 바람직한 영향을 미치는 것으로 알려져 있으나, 여자 청소년의 경우에는 문제행동 경향이 높고 이성 관계에 몰입되는 속도가 빠른 것으로 나타난다.

이와 같은 청소년기의 신체 발달적 특징을 정리하면 다음과 같다(송명자, 1996 ; 성열준 외, 2013).

첫째, 사춘기의 신체 성장⇒성장 급등기 동안에 자라는 신장이 성인 후의 98%까지 자라며, 여자 청소년은 10세, 남자 청소년은 12세에 시작되고 13세 이후부터는 성별 간 격차가 확연하게 나타난다.

둘째, 사춘기 청소년의 성숙⇒신체·생리적 발달은 개인차가 심하다. 남자 청소년의 경우 고환과 음낭이 발달하고 음모가 나기 시작하고, 겨드랑이 털, 턱수염이 난다. 여자 청소년의 경우에도 음모가 나고, 가슴이 커지고, 겨드랑이 털이 나며, 초경이 시작되는 순으로 성장이 진행된다.

셋째, 사춘기 청소년의 신체적 성숙의 영향⇒이에 청소년기 신체적 성숙과 성적인 성숙 속도가 심리적 적응에 미치는 영향은 남녀에 따라 차이가 있다.

남자 청소년의 경우에 이른 성숙은 긍정적 신체 상을 증대시키며 사회적 적응에 바람직한 영향을 미치는 것으로 알려져 있으나, 여자 청소년의 경우에는 문제행동 경향이 높고 이성 관계에 몰입되는 속도가 빠른 것으로 나타난다.

2) 심리적 발달

성 호르몬의 생성과 분비가 일어남에 따라 외양이 달라지는 한편 성에 대한 행동양식이나 심리적 · 정신적 반응에도 변화가 일어나기 시작한다. 현저한 신체적 발육으로 인하여 아동도 아니고 성인도 아닌 어느 세계에도 완전히 소속되지 않은 과도기적인 시기에 놓인 청소년 전기에는 감정의 기복이 심하게 나타난다. 자신에 대한 긍정적 · 부정적 감정이 교차하고 자신을 아직 아이로 취급하는 부모나 형제, 그리고 친구들과 공유할 수 없는 감정을 경험함으로써 고립감을 느끼기도 한다. 또한, 신체적 변화에 대한 기쁨과 불안, 도취감과 수치심, 이성에 대한 호기심과 수줍음, 분노, 우울 등은 발달상의 문제를 일으킬 수 있다.

청소년 후기에는 자신의 존재와 의미에 대한 본질적인 의문으로 심각한 고민과 갈등을 경험한다. 전술한 대로 에릭슨(Erikson, 1963, 1968)은 이 시기를 자아정체감(ego identity)을 형성해 나가는 시기라고 설명하고 있다. 자아정체감은 자신의 독특성에 대한 안정된 느낌을 갖는 것으로, 행동이나 사고 혹은 정서의 변화에도 불구하고 변화하지 않는 부분이 무엇이며 자신이 누구인가를 아는 것이다. 마르시아(Marcia, 1980)는 자아정체감의 발달 상태를 다음과 같이 구분하고 있다.

① **정체감 유실**(identity foreclosure) : 부모나 사회의 가치관을 자신의 것으로 그대로 선택함으로써 위기를 경험하지 않고 쉽게 의사결정을 내리지만 자율적인 의사결정을 하지 못한 상태이다.

② **정체감 유예**(identity moratorium) : 정체감 위기 상태에서 자신의 정체감을 확립하기 위해 다양한 역할 실험을 수행하고 있는 상태로 정체감 성취 또는 정체감 혼란 중 어느 방향으로도 나아갈 수 있는 가능성이 있는 상태이다.

③ **정체감 혼란**(identity diffusion) : 정체감을 확립하기 위한 노력도 없고 기존의 가치관에 대한 의문도 제기하지 않는 상태이다.

④ **정체감 성취**(identity achievement) : 위기를 극복하고 정치적 또는 개인적 이념체계를 확립하여 자율적인 의사결정을 하며 직업적 역할을 성공적으로 수행할 수 있는 상태이다.

정체감 형성의 중요성을 강조하는 연구자들은 청소년 후기의 적절한 정체감 형성이 심리적 건강의 초석이며 성인기 이후 건강한 삶의 터전이 된다고 한다. 반면 정체감 혼란은 성인기 발달과제를 성취하는 데 방해가 된다고 주장하고 있다.

청소년의 자아정체감의 의미에서 에릭슨(Erikson, 1963, 1968)은 전 생애에 걸쳐 인간이 획득해야만 할 발달과업과 동시에 중요한 과업이라고 하였다. 따라서 청소년기는 자아정체감 확립에 있어 결정적 시기(critical period)라고 할 수 있다(한상철, 1998). 자아정체감의 의미를 정리하면 다음과 같다(성열준 외, 2013).

첫째, 한 개인은 다양한 지위와 역할을 부여받고 있다. 정체감은 다양한 지위에 따른 역할들 간의 동질감을 의미한다. 즉, 어떠한 지위에서 역할을 수행하더라도 동일한 '나'를 유지할 수 있는 상태를 말한다.

둘째, 인간이 과거와 현재 그리고 미래를 살면서 일관된 '나'의 모습이 아니라, 자신의 행동에서 항상 신뢰감을 느낄 수 있는 자아의 시간적 연속감을 말한다.

셋째, '나는 나다'라는 실존의식을 의미한다. '나'라는 존재는 누구로부터의 간섭도 배제할 수 있는 절대적 자유를 지님과 동시에 오로지 나 혼자라는 근원적인 소외감과 불안감을 수반하고 있다. 따라서 자유와 자기 선택, 진실한 만남 그리고 완전한 책임을 수반하는 실존적 자아의 상태를 의미한다.

3) 인지적 발달

청소년기는 신체적인 성숙과 함께 인지적 능력도 확대된다(이인정, 1995). 청소년기의 사고는 점차 성인과 유사해지며 아동기와는 전혀 다른 유형의 사고를 한다. 청소년 자신의 지각과 경험보다는 논리적 원리에 의해 지배를 받기 때문에 보다 추상적인 사고가 가능해지며 경험하지 못한 사건에 대한 가설을 설정하여 미래의 사건을 예측할 수 있다.

피아제(Piaget)는 청소년기의 인지능력 발달을 구체적 조작 사고(concrete operational thought)에서 형식적 조작 사고(formal operational thought)로의 전환이라고 하였다. 형식적 조작 사고는 가설 연역적 사고, 명제적 사고, 조합적 사고를 포함하고 있다. 따라서 이 시기의 아동은 언어적이고 가설적인 문제를 다룰 줄 알고 과학적이며 논리적인 추리능력을 보이며 구체적인 현상 단계를 넘어 상징적인 사고를 할 수 있는 인지 수준에 이르게 된다. 반면 이들의 논리적 기술은 성인의 능력에 도달할 수 있지만, 사물에 대한 종합적 관점이 결여되어 성인만큼 안정되어 있지 않다. 이러한 불안정은 정서적인 면에서 더욱 심하게 나타난다.

4) 사회적 발달

청소년 전기의 청소년들은 가족으로부터 독립을 원하지만, 또 다른 한편으로는 어떤 특정 집단에 자신을 귀속시키기를 원한다. 그리고 그 집단에 충성을 약속하며 자신을 집단에 동일화시키는 경향이 강하기 때문에 그들에게 중요하고 바람직한 것은 자신과 관계를 맺고 있는 사람들을 즐겁게 해주는 것이다. 그래서 이 시기의 또래 집단은 청소년들의 발달에 결정적인 영향을 준다. 건강한 또래 집단과의 친화는 이들을 좋은 방향으로 인도하지만 잘못된 집단과의 무분별한 집단행동은 이들이 감당할 수 없는 결과를 초래하기도 한다(장수한, 2020).

① **가족관계** : 부모나 가족으로부터 분리되어 친구나 자기 자신에게 의존하려는 경향이 높아진다. 청소년은 부모의 지지와 승인을 필요로 하지만 동시에 신체적 성숙이 이루어짐에 따라 부모의 통제를 받지 않으려 하며 부모에게 반항하게 된다. 또한, 친구 관계에서 배운 가치관을 가족관계에 적용하려고 한다. 심리적인 이유를 맞이하는 과정에서 발생하는 반항적인 행동 때문에 청소년기를 제2의 반항기라고 부른다.

② **친구관계** : 우정이 가족 간의 사랑보다 더 중요한 시기이므로 청소년들은 가족과 함께 지내는 시간보다 친구와 보내는 시간이 더 많아진다. 청소년들은 또래 지지집단과 강한 유대관계를 형성하고 집단 내에서 자신의 지위와 역할을 배우며 필요한 사회적 기술을 학습하게 된다. 청소년기에는 호르몬 분비의 변화를 통하여 이성에 대한 관심이 증가하나 실제로는 동성의 친구를 더 많이 사귀는 경향이 있다.

청소년기는 급격한 변화와 성장, 혼란과 탐색, 갈등과 적응이 반복되는 시기이다. 청소년들은 발달단계 특유의 심리사회적 상황으로 인해 혼동과 적응을 반복하면서 정서적 불균형과 심리적 문제를 경험한다(김선하 · 김춘경, 2006 ; 한국청소년정책연구원, 2014).

청소년기에 나타나는 자아정체감은 나는 누구이며, 무엇을 할 수 있고, 어떻게 살 것인지에 대해 스스로의 답을 확신하는 것으로서(송현옥 · 박아청 · 최성열, 2010), 자신을 타인과 구별할 수 있는 내적인 독자성과 일관성, 연속성 위에 성립되는 주체적인 자기 의식이다(박아청, 2003). 자아정체감 확립은 청소년기 대표적인 발달과업으로서 청소년의 자아인식 및 사회적 관계의 확장과 밀접한 관계가 있으며, 심리적 안정을 포함한 다양한 발달 성과(outcomes)를 결정하는 요인이다(장휘숙, 2008). 청소년기는 사회적 · 인지적 영역의 급격한 변화를 경험하면서, 그동안의 자아인식에 대해 혼란과 위협을 느끼는 시기이기 때문에 자아정체감 확립이 중요한 이슈로 대두된다(송현옥 외, 2010). 자아정체감은 기본적으로 사회적 맥락에서 타인과의 다양한 경험과 상호작용을 통해 형성되는 신념과 가치관이다. 따라서 청소년이 관계를 맺고 있는 다양한 발달환경은 자아정체감 확립과 밀접한 관련이 있다(김영미 · 현안나, 2015).

해비거스트(Havighurst, 1972)는 이 과정에서 주어지는 청소년의 발달과업을 아홉 가지로 제시하였다. 첫째, 자기의 체격을 인정하고 자신의 성 역할을 수용한다. 둘째, 동성이나 이성의 친구와 새로운 관계를 형성한다. 셋째, 부모와 다른 성인들로부터 정서적으로 독립한다. 넷째, 경제적 독립의 필요성을 느낀다. 다섯째, 직업을 선택하고 준비한다. 여섯째, 유능한 시민으로서 갖추어야 할 지적 기능과 개념을 획득한다. 일곱째, 사회적으로 책임 있는 행동을 원하고 이를 실천한다. 여덟째, 결혼과 가정생활을 준비한다. 아홉째, 적절한 과학적 세계관에 맞추어 가치체계를 형성한다.

이처럼, 청소년기의 발달과업은 '개인', '가정', '학교', '또래'뿐만 아니라 나아가 '지역'적인 범위까지 밀접하게 관련이 있는데, 이러한 발달환경에서 자신의 위치를 확인하고 역할을 확립해 나가야 하지만 발달환경에 적응하지 못하는 청소년은 성취해야 할 과중한 발달과업과 인지적 미성숙으로 인해 우울 등의 다양한 심리적 문제를 경험하게 된다(박정현 · 이미숙, 2014). 이로 인한 문제는 곧 문제행동으로 표현될 수 있다. 그러나 청소년 발달과업에 따른 올바른 문화 이해 교육은 청소년의 정서 발달과 자아정체감 확립에 도움이 되며, 긍정적인 인간관계 형성과 감정 및 정서 순화를 용이하게 한다. 또한 다양한 문화적 경험을 통해 소통 역량이 향상되고 공감능력과 공동체의식이 강화되며, 창의성과 학습 능력 또한 높아지는 것으로 나타났다(맹영임 · 김민 · 임경희, 2005 ; Hampshire & Matthijsse, 2010 ; Winkley, 1996).

3. 청소년문화의 개념 및 특성

청소년문화는 사회학적 미시 접근과 철학적 현상학적 접근을 포함한 다양한 이론 및 학문 분야의 관점에서 분석되어 왔으며(권이종 외, 2010), 이러한 관점들을 통해 청소년문화의 형성과정을 고찰할 때, 청소년문화는 단순히 관찰이나 인식의 대상이 아닌 사회적 맥락 속에서 고유한 가치를 획득하는 문화 현상으로 이해될 수 있다(윤유경 · 채지영, 2020). 다시 말해, 청소년문화의 존재 증명은 청소년 개개인의 적극적인 참여와 끊임없는 자기 증명을 통해 이루어진다.

그리고 청소년 간의 진솔한 교류와 대화가 그 핵심적인 발현 방식이라고 할 수 있다. 그리고 청소년문화는 사회복지학적 분석 틀에서 볼 때, 성인에 비해 경제적 어려움과 빈곤을 겪는 사회경제적 취약 계층으로 규정된다. 그러므로, 성인문화와 청소년문화가 상호 공존하지 못할 경우, 청소년문화는 주류 문화에서 소외될 위험이 있다. 이에 본 연구는 성인들이 청소년을 이해하고 존중하는 태도를 통해 그들을 포용해야 한다는 관점을 제시한다.

청소년문화는 포스트모더니즘 이론에 비추어 볼 때, 포스트모던 사회가 지닌 획일성 거부, 이질성, 다원성이라는 특성을 드러내며, 이는 저항문화로서의 역할과 더불어 새로운 문화를 구축하기 위한 해체적 기능으로 이어진다(권이종 외, 2010).

1) 청소년문화의 개념

문화이론가인 레이먼드 윌리엄스(Raymond Williams)는 자신의 저서인 『Keywords(1982)』에서 문화를 '영어에서 가장 복잡한 의미를 갖는 단어 중 하나'라고 하였다(조혜영, 2015 재인용). 이것은 문화를 정의하는 것은 매우 복잡하며, 다양한 방식으로 접근되어야 한다는 것이다.

이에 따라 청소년문화에 대한 개념 정의는 여러 논란에도 불구하고 청소년이라는 세대 또는 청소년 발달과정에서의 특정한 연령대의 사람들이 공유하는 문화라고 정의할 수 있다(조혜영, 2016).

청소년문화란 '아동기와 성인기의 중간 단계에 놓여 있는 청소년들의 행동양식, 사고방식, 취향 등'을 의미하는 용어로 사용된다. 청소년문화는 다양한 방식으로 정의될 수 있으며, 다양한 용법으로 활용될 수 있다. 어원적 개념으로 청소년문화는 청소년들의 인간적 작용에 의해 만들어진 청소년 삶의 총체라고 할 수 있으며, 총체적 개념으로 청소년문화는 청소년 집단의 생활양식의 총체라고 정의할 수 있다. 관념론적 개념으로 청소년문화는 청소년들의 생활양식이 기초하고 있는 관념체계로 이해할 수 있으며, 상징 · 의미체계적 개념으로 청소년문화는 청소년들에 의해 공유되는 의미체계라고 할 수 있다. 청소년문화에 대한 상이한 개념 중 어느 것이 옳고, 어느 것이 틀린 것이라는 주장은 있을 수 없다는 점인데 상이한 개념 정의는 설명하려고 하는 대상에 따라서 견해를 달리하고 있기 때문이다(장수한, 2020).

'청소년문화'란 청소년기의 연령기를 지내면서 비슷한 공감대를 형성하는 특정 부류의 청소년 집단이 그들의 가치관, 언어, 몸짓, 여가시간 활용, 취향, 인간관계 등에서 일상으로 보이는 특징적 생활 유형을 지칭한다.

청소년기는 아동기에서 성인기에 이르는 시기로 신체적 · 정서적 · 도덕적 발달과 변화가 활발하게 이루어지며, 호기심과 감수성이 풍부하여 주변 환경의 영향을 많이 받는 과도기로서 주변인 또는 질풍노도의 시기라고 한다. 우리나라의 법적 규정으로는 나이에 따라 「청소년기본법」에서는 9세 이상 24세 이하인 사람, 「청소년보호법」에서는 만 19세 미만인 사람 등으로 정의하고 있다. 에릭슨의 성격 발달 8단계에서 청소년기는 자아정체감을 성립하고 가치관을 확립하는 시기라고도 하였다. 이처럼 청소년기는 신체적 · 심리적 · 사회적 특성에 따라 학문, 정책, 국가 등에서 다양하게 정의하고 있다. 청소년기는 생애주기에서 특정 시기라고 볼 수 있는데, 그 시기에 경험하게 되는 생활양식, 행동, 사회관계 등은 하나의 문화가 될 수 있다(김민서, 2019).

청소년문화는 청소년 집단의 사고와 태도, 행동양식, 언어 등의 다양한 범주를 내포하고 있으며, 청소년 특유의 삶의 방식을 지니고 있다. 타일러(Tylor, 1958)는 청소년문화를 '오늘의 청소년 집단이 살아가는 총체적 삶의 유형'이라고 정의하였으며, 청소년들에 의해 생겨나고 공유되는 행동 유형, 습관, 태도 등 청소년의 상호작용에서 나타나는 모든 사물과 사건을 청소년문화라고 하였다. 한국 사회에서 청소년문화는 1990년대 이후로 컴퓨터문화와 네트워크 기술의 발달로 인해 가상공간에서의 새로운 문화가 생겨났고, 문화를 이끄는 세대의 연령이 점차 낮아져 청소년들이 새로운 문화를 주도하기 시작하면서 주목받기 시작했다(김민서, 2019).

청소년문화의 특징으로는 재미를 추구하고 본능적인 것을 좋아하는 느낌의 문화, 가상공간에서 풍부한 지식을 얻게 되고 현실에서 접하지 못하는 것들을 간접적으로 체험하고 경험하게 되는 유비쿼터스 문화, 의식주와 문화생활을 영위하는 소비의 주체로서 소비문화, 영상세대에 태어나 콘텐츠를 기획하고 영상 제작, 방송을 진행하는 등의 인터넷 창작문화, 정체성이 확립되지 않은 시기로서 주변의 여러 사람을 모방하면서 자신을 형성하는 모방문화 등으로 이해할 수 있다(오윤선 · 황인숙, 2016). 또한 청소년문화는 특정 시간과 공간에서 살아가고 있는 청소년이 함께 공유하는 그들만의 특별한 문화를 말한다. 행위양식이나 사고방식 혹은 여러 가지 스타일이 청소년문화라고 할 수 있다. 문화적 통합성이나 시대적 안정성 정도에 따라 부분문화일 수도 있고 대항문화일 수도 있다(장수한, 2020).

2) 청소년문화의 형성배경

(1) 청소년문화의 역사

청소년문화의 역사적 기원으로 사회·경제 및 기술 발전 시기와 맥을 같이 한다(김천영, 2002 ; Bennett, 2000). 현대적 의미의 청소년문화는 1940년대 말에서 1950년대 초에 이르는 사회·경제 및 기술 발전 시기와 맥을 같이 한다. 그리고 전쟁 후 영국과 미국에 있어서 경제적 풍요의 시기는 새로운 형태의 소비주의를 탄생시키면서, 한때 부유층에 국한된 소비주의가 경제적 풍요로 인하여 빈곤층에까지 형성되기 시작하였다(Bocock, 1993). 이러한 소비주의로의 이동은 그 이전 시대보다 더욱 대량으로 값싸게 소비상품을 생산할 수 있게 하는 대량생산 기술에 기인한다. 청소년 시장은 새로운 소비기반 사회의 확대에 필수적인 요소로 인식되었다. 부모와 함께 거주하는 젊은층은 가장 높은 가처분소득을 갖고 있었고, 1950년대 초반부터 젊은이를 위한 광범위한 상품이 출현하기 시작하였다. 그러한 상품에는 유행의류, 화장품(cosmetics), 보석류, 45rpm 레코드, 휴대용 트랜지스터 라디오를 포함한다. 이러한 전쟁 후의 시기에는 청소년의 사회·문화적 신분의 결정적 이동을 가져오게 하였다. 이렇듯 전쟁 후를 청소년문화의 큰 분기점으로 보는 것은 대량 생산체제의 기술 발전에 의한 대중문화의 확장이라는 큰 계기에서 찾을 수 있다. 그렇다고 1945년 이전에는 청소년문화 자체가 존재하지 않았다고 하는 것은 아니며, 1919년에서 1939년 기간 동안의 영국 10대들의 소비 행태가 전쟁 후와 유사하다고 밝힌다. 그러나 전쟁 후의 시대와 더불어 10대의 여가 취향과 지출 양상은 펑키스타일, 헤비메탈 등과 같이 광범위한 사회로부터 청소년 자신들의 취향을 드러내고자 하는 독특한 스타일 이미지를 선호하는 것으로 변화한다(김천영, 2018a).

(2) 청소년문화의 사회환경

청소년들의 독특한 경험은 시대적 상황과 사회적 조건과 무관하게 형성되어 왔으며, 그들 나름대로 특별한 생활세계를 나타내며, 청소년문화는 그들이 자라온 시대에 따라 변화된 모습을 보여 주는 것이 일반적이다. 그래서 지금 대한민국이라는 이 공간에서 살아가는 이 시대의 청소년이 보여 주는 삶의 양식을 알기 위해서는 시대적으로 청소년들이 경험한 사회환경을 고찰할 필요가 있다.

첫째, 과거의 부모 세대가 한국전쟁 이후의 물질적 빈곤 속에서 경제적으로 발전을 염두에 두었던 청소년 시기를 겪었다면, 1990년대의 청소년들은 이러한 부모 세대가 축적해 놓은 부를 기반으로, 먹고 사는 것에 관심을 집중시켜 왔던 기성세대와는 달리 뭔가 즐기고 추구할 수 있는 삶이 가능해진 것이다(김사홍, 1997). 이것은 사회환경적 요인에서 두 가지 형태로 청소년문화 형성에 영향을 미치는데, 하나는 풍요로운 삶을 누리지 못한 부모 세대가 기꺼이 자신들이 누리지 못한 삶을 그들의 자녀 세대에게 제공하려고 하면서 다양한 물질적 · 문화적 지원을 통해 과거에는 보이지 않던 새로운 문화내용(예를 들어, 기능적인 소비보다는 취향적이고 기호적인 소비문화)이 나타난다는 것이다.

둘째, 이들이 부모와는 너무 다른 삶의 방식을 나타내면서 두드러지는 세대 차이가 크게 나타나고, 이로 인해 표출되는 저항적인 문화가 나타난다는 점이다.

청소년들이 유년기와 아동기를 보낸 1980년대에서 1990년대에 이르는 시기는 컬러 텔레비전의 등장과 함께 대중매체의 영향력이 막강한 시기라는 점이다(김사홍, 1997). 컬러 텔레비전은 단순히 매체로서보다는 그 안과 밖에서 보여지는 다양한 문화적 특성으로 인해 청소년에게 큰 영향을 미쳤다. 컬러 텔레비전에서 보는 화려한 연예계 진출과 같은 내적인 요인은 청소년들에게 '공부를 통한 성공'만이 입신양명을 위해 유일한 통로로 보이던 기존의 가치관을 흔들어 놓고 점차 '전문가 시대'라는 가치로 서서히 전환되는 듯이 보인다. 또한, 컬러 텔레비전으로 대표되는 대중매체는 청소년들의 생활에서 매체의 개인화와 함께 여러 매체를 동시에 접할 수 있는 생활방식을 낳았다. 일명 워크맨으로 통칭되는 소형 라디오뿐만 아니라 일부 청소년들은 퍼스널 컴퓨터를 소유하게 되면서 자신의 방에서 외부와 차단된 자신만의 문화를 향유한다. 또한 이들 청소년은 텔레비전의 화면을 기웃거리면서 라디오 방송은 이어폰으로 듣고 동시에 공부하는 다면적인 행동도 가능하다. 그리하여 스토리보다는 장면 중심으로 보는 청소년의 시청 행동은 텔레비전 방송 내용에 영향을 주어 전체 쇼 프로그램이 장면 중심의 프로그램으로 변형되었고, 라디오 프로그램에는 청소년들이 직접 참가하여 자신들만의 언어로 자신들의 삶을 이야기하는 프로그램이 인기를 끌고 있으며, 불가능해 보였던 음악테이프의 밀리언셀러가 나타난 중요한 계기가 되었다. 또한, 세계 어느 나라보다도 짧은 시기에 VTR의 보급이 일반화되면서 비디오물이 청소년의 성 및 폭력 문화에 미친 영향도 가히 엄청나다.

셋째, 이들 청소년 세대는 1980년대 중반의 교복자율화에 힘입어 달라진 패션관을 갖게 된 세대이다(김사훙, 1997). 지금은 다시 교복을 입고 있지만 교복이 사라진 공간에 나타난 패션의 흐름을 타고 형성된 시장에서 청소년들은 패션 경향을 가장 잘 따라가는 중요한 구매자가 되었다. 이러한 패션의 경향성은 1990년대에 들어 비싼 10만 원대의 청바지와 운동화로 대변되는 획일화되고 몰개성적인 구매 문화를 보이면서 우리의 시장 매출을 선도하기도 했다. 결국, 청소년문화란 청소년들이 공유하고 있는 청소년 세대 특유의 삶의 방식으로서 청소년 집단 간의 명시적, 잠재적 사회화를 통해 형성되고 전수되는 청소년 세대의 행동 방식과 정신적 지표이며, 그 시대의 사회 전체가 소유한 문화의 하위체계라고 정의할 수 있다(김은정, 2014). 또한, 이러한 청소년문화는 젊음을 풍기는 영상, 젊은이다운 행동, 젊은이 나름대로 쓰는 말,

패션, 헤어스타일, 음악, 성 행동 등을 통해 표출된다(김은정, 2014).

3) 청소년문화의 특성

청소년문화는 청소년 집단의 사고와 태도, 행동양식, 언어 등의 다양한 범주를 내포하고 있으며, 청소년 특유의 삶의 방식을 지니고 있다. 타일러(Tylor, 1958)는 청소년문화를 '오늘의 청소년 집단이 살아가는 총체적 삶의 유형'이라고 정의하였으며, 청소년들에 의해 생겨나고 공유되는 행동 유형, 습관, 태도 등 청소년의 상호작용에서 나타나는 모든 사물과 사건을 청소년문화라고 하였다. 한국 사회에서 청소년문화는 1990년대 이후로 컴퓨터문화와 네트워크 기술의 발달로 가상공간에서의 새로운 문화가 생겨났고, 문화를 이끄는 세대의 연령이 점차 낮아져 청소년들이 새로운 문화를 주도하기 시작하면서 주목받기 시작했다(김민서, 2019).

청소년문화의 특성으로는 재미를 추구하고 본능적인 것을 좋아하는 느낌의 문화, 가상공간에서 풍부한 지식을 얻게 되고 현실에서 접하지 못하는 것들을 간접적으로 체험하고 경험하게 되는 유비쿼터스 문화, 의식주와 문화생활을 영위하는 소비의 주체로서 소비문화, 영상 세대에 태어나 콘텐츠를 기획하고 영상 제작, 방송을 진행하는 등의 인터넷 창작문화, 정체성이 확립되지 않은 시기로서 주변의 여러 사람을 모방하면서 자신을 형성하는 모방문화 등으로 이해할 수 있다(오윤선 · 황인숙, 2016).

청소년문화를 기성세대의 시각으로 바라보는 관점에서는 미숙한 문화, 비행문화, 하위문화, 대항문화, 새로운 문화 등으로 설명하기도 한다(정하성 · 유진이, 2012). 청소년문화는 늘 '위험하고', '한심한', '걱정거리'로 보는 시선은 청소년문화가 결코 중심의 위치를 가지고 있지 않으며 여전히 주변, 변방, 금기, 비주류의 위치에 속해 있음을 말해준다(장수한, 2010). 그러나 오늘날의 청소년은 빠르게 변화하는 시대에 적응하면서 대중문화, 디지털문화 등을 이끌어 가는 문화적 주체가 되었다. 청소년문화의 부정적인 관점보다는 청소년문화의 특성이 긍정적으로 부각되고 있으며, 인터넷 가상공간을 통해 청소년 스스로 영상을 제작하고 방송을 공유하는 생산 주체로도 활약하고 있다(오윤선 · 황인숙, 2016). 이제 청소년은 불완전한 주체가 아닌 한 시대의 문화를 선도하는 창의적 문화 실천의 주체로 받아들여져야 할 필요가 있다.

대중문화 시장에서 청소년문화는 주변이 아닌 당당한 중심이며 주류이다. 청소년은 가장 중요한 고객으로 특히 대중음악 시장의 경우 청소년 고객의 비중은 절대적이다. 청소년들이 음반시장 90% 이상을 구매 · 점유하고 있으며, TV 오락 프로그램 또한 청소년의 취향에 맞추어진다. 시장에서는 최대의 중심 세력이면서 사회적 담론에서는 주변적 존재일 수밖에 없는 모순이야말로 오늘날 우리 청소년과 청소년문화의 처지를 가장 극적으로 표현해 주는 것이라 할 수 있다(장수한, 2010).

이러한 청소년문화를 세부적으로 살펴보면 다양한 범위에서 문화를 형성하고 있다. 사이버 문화는 청소년의 입시에 대한 중압감으로 인해 놀이문화를 즐길 수 있는 시간과 공간이 줄어들었으며, 그것을 대체할 수 있는 것이 사이버 가상공간이 되었다. 시간과 공간에 제약을 받지 않아 언제든 자유롭게 이용할 수 있는 가상공간은 온라인 게임, 웹서핑, 소셜 네트워크 등을 통해서 청소년의 학업과 일상의 스트레스를 해소할 수 있는 공간이 된 것이다. 또 사이버 공간에서는 현실에서 표현하기 어려운 자신만의 세계를 자유롭게 표현할 수 있으며, 새로운 사람과 소통하며 관계를 유지하고 필요한 정보를 습득하고 공유하기도 한다. 언어문화는 세대를 거듭할수록 빠르게 변화하고 있다. 과거에는 TV 프로그램을 통해서 알려진 유행어나 은어, 비속어 등을 사용했다면, 최근에는 단어의 축약, 함축적 의미, 합성어와 욕설이 뒤섞인 신조어들이 난무하고 있다. 그들이 사용하는 언어는 기성세대에까지 영향을 주었고, 통신언어나 실생활에서 사용되는 하나의 문화가 되었다. 또한, 소비문화는 경제의 성장, 용돈의 고액화, 의사결정권 향상 등으로 인해 청소년은 소비를 많이 하는 소비자 집단이 되었다. 인터넷이나 스마트폰을 통해 다양한 문화와 제품 정보에도 빠르게 접근하고 있어 전자상거래에 쉽게 적응하고 있다. 또한, 청소년은 부모로부터 독립된 소비를 추구하며, 또래관계나 유명 연예인과의 동일시를 통해 생활양식과 소비문화를 이어가는 소비 주체가 되었다. 이처럼 청소년문화는 기성세대의 문화와 차이가 크다. 경제적 · 사회적 흐름에 따라 빠르게 변화하며 새롭게 형성되고 있다. 청소년의 발달욕구를 반영하며, 사회 구성원으로 성장해 가는 주체로서 이해하고 그들의 문화를 사회적인 하나의 문화로서 인식하고 이해할 필요가 있다(김민서, 2019).

Chapter
02

청소년문화정책

1. 청소년정책 및 기본 계획

우리나라는 가족 규모가 축소되고, 가구 구성이 단순화되고 있으며, 청소년들은 돌봄 교육이나 정서적 지지 등을 안정적으로 제공받지 못하는 상황이 더 증가하면서 전통적인 가족의 기능이 약화되는 경향이 있다. 그리고 특히 스마트기기 보급 확산 등으로 인하여 청소년들의 스마트기기 의존 경향 심화 등 정보화 역기능이 심각하다. 게다가 청소년 유해업소 증가, 신·변종 유해업소 다양화로 청소년의 유해환경 노출 가능성이 증가한 상황이다(박현진, 2023). 그리고 「청소년기본법」에 근거해 1993년부터 5년마다 범정부적 차원의 중장기 청소년정책 기본 계획을 수립·추진해 왔다. 이를 기반으로 정부는 그동안 안전한 청소년 활동 환경 구축, 청소년 체험활동 다양화로 건강한 성장 지원, 청소년 정책 참여의 기회 확대, 보호 사각지대에 있던 학교 밖 청소년 지원 강화, 청소년 대상별 맞춤형 보호·치료 지원 강화, 청소년정책 총괄조정 기능 강화를 위한 제도적 기반 마련 등의 뚜렷한 성과를 거두어 왔음에도 불구하고 청소년 인구의 지속적인 감소, 가족구조의 다양화와 가족 기능의 위축, 뉴미디어와 통신기술의 급격한 발달에 따른 매체 환경의 급변, 제4차 산업혁명의 도래, 청년 노동시장의 위축 및 고용 불안 등 청소년을 둘러싼 사회 · 경제적 환경 변화가 가속화됨에 따라 이에 선제적으로 대응할 수 있는 범정부 차원의 포괄적이고 종합적인 청소년정책의 필요성이 꾸준히 제기되었다(여성가족부, 2017).

저출산, 계층화, 저성장, 4차 산업혁명 등 인구, 사회, 경제, 기술, 문화 측면의 변화는 청소년 삶에 다양하게 영향을 미칠 것으로 전망된다. 특히 청소년의 현실적 욕구를 읽어내고, 청소년의 안정적인 사회 구성원으로서의 성장을 위해 청소년문화정책의 혁신이 요구되고 있는(전동만, 2024) 가운데 청소년의 활동 · 지원망 · 보호 · 참여 · 권리 · 문화 · 여가 등에서 청소년이 국가와 사회가 필요로 하는 건전한 민주시민으로 자랄 수 있도록 「청소년기본법」에서 기본적으로 제시하고 있다(장수한, 2020).

1) 청소년 기본 계획의 과제 및 평가

청소년정책 기본 계획은 「청소년기본법」 제13조에 근거하여 이전의 기본 계획에 대한 분석 평가를 토대로 청소년정책의 기본 방향과 추진 목표, 정책 기능의 조정, 분야별 주요 시책, 재원의 조달방법 등을 제시하고 있다. 이것은 국가 청소년정책의 청사진을 제시한 것으로 1993년부터 5년 단위로 수립되어 현재까지 7차례에 걸쳐 시행되고 있다.

〈표 2-1〉 청소년정책 기본 계획 및 성과

계 획	정책기조 및 과제	주요 성과
청소년문제 개선종합대책 (1985~1987)	• 문제 대응에서 건전 육성 중심으로 전환 • 정서적·문화적 공간 제공 • 빈곤 세습화 방지	• 종합적 청소년정책과 관련 법령 및 추진 체계 기획 • 청소년 이용시설 확충과 활용대책 마련 • 대통령 주재 청소년 대책 확대회의 매년 개최
한국청소년 기본 계획 (1992~2001)	• 일반 청소년의 자질 함양을 위한 수련활동 체제 마련 • 청소년 수련활동 중심의 청소년육성제도 기반 조성	• 청소년수련거리, 수련시설, 청소년지도사 등 수련활동 인프라 기반 • 청소년 수련활동 중심의 청소년육성 고유 영역의 마련
제1, 2차 청소년 육성 5개년 계획 (1993~2002)	• 미래 준비를 위한 청소년 활동기반 • 동반자적 청소년 지위 부여와 청소년 참여 기초 마련 • 청소년보호정책 강화	• 청소년정책 범주 확대 및 기능 현실화 • 청소년을 대상에서 참여 주체로 인정 • 지역, 현장 중심의 자율과 열린 운영
제3차 청소년 육성 5개년 계획 (2003~2007)	• 주 5일제 대비 창의적 청소년활동 기반 조성 • 참여, 인권과 복지의 지속적 확대 • 청소년정책과 사업 범국민적 인식 제고	• 청소년행정 체계의 통합 일원화 • 위기 청소년 통합지원 등 청소년복지기반 조성 • 청소년정책과 사업 추진체계 정비
제4차 청소년 정책 기본 계획 (2008~2012)	• 아동정책과 청소년정책 통합 추진 • 보편적·통합적 청소년정책 추진	• 청소년 체험활동 기반 확충 • 청소년의 정책 참여 기회 확대 • 지역사회 청소년 안전망 기능 강화 • 인터넷게임중독 예방법 제도 개선
제5차 청소년 정책 기본 계획 (2013~2017)	• 가족·여성정책과 연계 발전 전략 지향 • 선제적·균형적 청소년정책 추진	• 학교 밖 청소년 지원을 위한 법적 근거 마련 및 인프라 구축 • 청소년 수련활동 신고 인증 및 수련시설 종합 안전점검 평가 의무화 • 청소년정책 분석평가 기반 마련을 통한 정책 실효성 제고
제6차 청소년 정책 기본 계획 (2018~2022)	• 청소년 주도의 지원적·협업적 청소년정책으로의 전환 • 청소년 참여 및 권리 증진 • 청소년 주도의 활동 활성화 • 청소년 자립 및 보호 지원 강화 • 청소년정책 추진체계 혁신	• 활동 : 다양하고 안전한 청소년 활동 기반 마련 • 복지 : 위기 청소년 및 학교 밖 청소년에 대한 맞춤형 지원체계 구축 • 보호 : 청소년 보호환경 조성 및 치유 인프라 확충 • 참여·권리 : 지역 단위 청소년 참여 기반 확대 및 권인증진 제고 • 추진기반 : 유관기관 협업체계 강화 및 지역 중심 전달체계 확대

출처 : 장수한(2020).

2) 제7차 청소년정책 기본 계획 추진 방향과 정책과제

〈표 2-2〉 청소년정책 기본 계획 및 성과

기본 계획	정책 및 목표	정책과제
디지털 시대를 선도하는 글로벌 K-청소년	• 청소년 성장 기회 제공 • 안전한 보호 환경 조성	• 플랫폼 기반 청소년활동 활성화 - 청소년 디지털역량 활동 강화 - 청소년 미래역량 제고 - 다양한 체험활동 확대 - 학교 안팎 청소년활동 지원 강화 • 데이터 활용 청소년 지원망 구축 - 위기청소년 복지지원체계 강화 - 청소년 자립 지원 강화 - 청소년 유형별 지원 강화 • 청소년 유해환경 차단 및 보호 확대 - 청소년이 안전한 온·오프라인 환경 조성 - 청소년 범죄 예방 및 회복 지원 - 청소년 근로보호 강화 • 청소년의 참여·권리 보장 강화 - 청소년 참여 활동 강화 - 청소년 권익 증진 • 청소년정책 총괄 조정 강화 - 청소년정책 인프라 개선 - 지역 맞춤형 청소년정책 추진체계 구축

출처 : 여성가족부(2023).

3) 제7차 청소년 정책과제별 상세내용

〈표 2-3〉 청소년 정책과제별 상세내용

대과제	중과제	소과제	세과제	소관부처
플랫폼 기반 청소년활동 활성화	청소년 디지털역량 활동 강화	디지털 활동 및 교육지원	디지털 기반 활동 기회 확대	여가부, 과기정통부
			맞춤형 디지털 교육 활성화	교육부, 과기정통부
			디지털 교육 사각지대 해소	과기정통부, 교육부
			디지털·미디어 문해력 함양	교육부, 과기정통부, 문체부, 방통위

대과제	중과제	소과제	세과제	소관부처
			디지털 윤리규범 확산·실천	과기정통부, 방통위, 문체부, 여가부, 각 부처
		청소년활동 지원체계 디지털 기반 개선	청소년활동 데이터 관리·활용 지원	여가부, 지자체
			청소년활동 디지털 플랫폼 구축	여가부
			디지털 청소년활동 공간 구축	여가부
	청소년 미래 역량 제고	미래 역량 제고 활동 확대	청소년활동 역량지표 개선 및 커리큘럼 개발	여가부
			신기술·신산업 및 환경 분야 청소년활동 지원	과기정통부, 해수부, 환경부, 여가부, 지자체
			금융·경제 분야 청소년 교육 실시	금융위, 기재부, 교육부, 여가부
		진로체험 및 교육 지원	전문 분야별 진로탐색 활동 지원	과기정통부, 해수부, 농림부, 산림청
			진로체험기관 간 협업 통한 체험 기회 확대	여가부, 교육부, 지자체
			청소년 진로 정보 제공 및 교육 강화	교육부
	다양한 체험활동 확대	테마별 활동 기회 제공	청소년 국제교류 활성화	여가부, 외교부, 환경부
			문화예술 분야 활동·교육 지원	여가부, 문체부, 교육부
			생활체육 및 스포츠 체험 기회 확대	여가부, 지자체, 문체부, 교육부
		자기주도적 활동 프로그램 확대	프로젝트 기반 학습 활동 강화	여가부, 교육부, 지자체
			청소년자기도전포상제 운영 활성화	여가부
			청소년 자원봉사활동 내실화	여가부, 행안부
		안전한 청소년활동 기반 마련	청소년수련시설 정보관리 체계화	여가부
			청소년수련시설 종합평가 내실화	여가부
			청소년활동 안전인식 확산	여가부
	학교 안팎 청소년활동 지원 강화	학교 연계 청소년 활동 지원	청소년활동 프로그램과 학교 협력 강화	여가부, 교육부(교육청)
			학교시설 활용 청소년활동 확대	교육부, 여가부, 지자체

대과제	중과제	소과제	세과제	소관부처
		지역사회 연계 학교 안팎 청소년활동 강화	지역 내 소규모 청소년활동 공간 설치·운영	여가부, 지자체
			지역 내 청소년 방과 후 활동 및 돌봄 활성화	여가부, 교육부, 복지부, 지자체
			지역사회 청소년활동 협력·지원체계 내실화	여가부, 지자체, 교육청
데이터 활용 청소년 지원망 구축	위기청소년 복지지원 체계 강화	위기청소년 발굴 및 치유 지원 강화	위기청소년 조기 발굴 및 상담 지원 확대	여가부, 교육부
			고위기 청소년 조기 발굴·특화서비스 제공	여가부, 교육부
			정서행동문제 청소년 치유인프라 확대 및 지원	여가부, 교육청, 산림청
		지역 중심 위기청소년 지원 확대	지역사회 청소년안전망 활성화	여가부, 지자체
			지자체 청소년안전망팀 확대 운영	여가부, 지자체
			전문기관-학교 간 청소년 위기 공동 대응 협력	여가부, 교육부(교육청), 복지부, 지자체
		청소시스템 기반 위기청소년 지원체계 운영	위기청소년통합지원정보시스템 구축·운영	여가부
			청소년상담1388 시스템 고도화	여가부
	청소년 자립 지원 강화	학교 밖 청소년 지원 사각지대 해소	학교 밖 청소년 발굴·연계 협력 강화	여가부, 교육부(교육청)
			학교 밖 청소년 학업·진로지원 확대	여가부, 교육부
			학교 밖 청소년 활동 지원 강화	여가부, 교육부, 지자체, 문체부
			학교밖청소년지원센터 인프라 확대	여가부
		가정 밖 청소년 보호 및 자립지원 확대	가정 밖 청소년 학업·취업 등 진로 지원 강화	여가부, 교육부, 고용부
			가정 밖 청소년 경제 및 주거지원 확대	여가부, 지자체, 국토부
			가정 밖 청소년 자립지원 기반 강화	여가부
			가정 밖 청소년 쉼터 이용 지원 내실화	여가부
		후기 청소년(19~24세)의 안정적 삶 지원	후기 청소년 진로·직업교육 실시	여가부
			후기 청소년의 창업시장 진입 지원	중기부
			후기 청소년 취업 지원	고용부

대과제	중과제	소과제	세과제	소관부처
			후기 청소년 건강 및 주거 지원	복지부, 여가부, 국방부, 국토부
	청소년 유형별 지원	다문화 청소년 지원 강화	다문화가족 청소년 학습 및 사회 적응 지원	여가부, 교육부
			이주배경 청소년 종합 통계 구축 및 지원	여가부, 통계청, 교육부, 법무부, 통일부
		청소년(한)부모 생활·양육 지원	청소년(한)부모 사례관리 및 학업 지원	여가부, 교육부
			청소년(한)부모 양육비 지원 강화	여가부
		신 소외 청소년 발굴 및 지원	가족돌봄청(소)년 실태 파악 및 지원체계 마련	복지부
			가족 위기 청소년 지원 강화	법무부, 지자체, 여가부, 복지부
			은둔형 청소년 발굴 및 지원	여가부, 복지부, 지자체
			채무상속 위기청소년 법률 지원 제공	여가부, 지자체, 법무부
		장애 및 경계선지능 청소년 지원	장애청소년 부모 지원 및 경계선 지능 청소년 지원방안 마련	복지부, 교육부, 여가부
청소년 유해환경 차단 및 보호 확대	청소년이 안전한 온·오프라인 환경 조성	디지털 역기능 예방	디지털 유해환경으로부터 청소년 보호 강화	여가부, 방통위
			청소년의 미디어 과의존 예방 및 치유 지원	여가부
			청소년 개인정보 보호 지원	개인정보보호위
		사이버 및 학교폭력 예방 강화	사이버폭력 예방교육 및 인식 확산	교육부, 여가부
			학교폭력 방지 및 대응체계 활성화	여가부, 교육부
			사이버 및 학교폭력 피해자 회복 지원	교육부, 여가부, 경찰청
		청소년 유해환경 차단	청소년 도박문제 예방 및 치유 지원	경찰청, 여가부, 방통위, 사감위
			유해약물 유통 차단 및 오·남용 예방 강화	식약처, 경찰청, 여가부, 교육부, 지자체, 복지부
			청소년 유해업소 단속 강화	여가부, 경찰청, 지자체

대과제	중과제	소과제	세과제	소관부처
		청소년 친화형 생활 환경 구축	청소년 밀집지역 범죄예방 환경설계 적용	지자체
			지역 내 청소년 친화 디자인 조성	지자체
			청소년이 안전한 보행환경 마련	지자체, 경찰청
	청소년 범죄 예방 및 회복 지원	청소년 대상 성범죄 대응 강화	아동·청소년 성착취물 실태 파악	여가부
			기업의 디지털성범죄 예방 조치 지원	방통위
			아동·청소년 성범죄가 검거체계 강화	경찰청, 방통위
		청소년 성범죄 피해 지원 및 예방교육 확대	성범죄 피해 청소년 회복 지원	여가부, 경찰청, 방통위, 지자체
			대상별 맞춤형 성범죄 예방교육 확대	여가부, 교육부
		청소년 선도보호 및 회복 지원	청소년 법 위반 유발 방지 및 선도 보호	여가부, 경찰청
			소년범죄 통계관리 및 인프라 확충	법무부
			청소년회복지원시설 확충 및 지원	여가부
	청소년 근로보호 강화	근로유형별 청소년 보호 강화	근로형태 모니터링 및 관리 강화	고용부
			직업계고 현장실습생 권리 보호	교육부, 고용부
			예·체능 분야 청소년 보호	문체부, 방통위
		근로청소년 부당처우 예방 및 보호	근로청소년 부당처우 구제 지원	여가부, 고용부
			근로환경 모니터링 및 감독 내실화	여가부, 고용부
		청소년 사용자의 근로보호 인식 확산	청소년 대상 근로보호 및 직업윤리 교육 지원	여가부, 고용부, 교육부
			청소년 고용사업자 근로보호 교육 실시	여가부, 고용부
청소년의 참여·권리 보장 강화	청소년 참여활동 강화	청소년의 다양한 참여 기회 활성화	청소년 자치활동 참여 확대	여가부, 지자체, 교육청
			지역사회 청소년 참여활동 확대	여가부, 지자체, 교육부(교육청)
			청소년정책 참여활동 지원	지자체, 여가부, 법제처
		청소년 참여 역량 제고 및 소통 강화	청소년 참여역량 강화	여가부, 지자체
			청소년 간 소통 강화 및 공동체 역량 함양	여가부, 지자체
	청소년 권익 증진	청소년 권리 보장 및 대표성 제고	유엔아동권리협약 이행	복지부
			청소년정책 추진체계 대표성 강화	여가부, 지자체, 관련부처

대과제	중과제	소과제	세과제	소관부처
		청소년 건강 및 생활 지원	청소년 건강검진 및 예방접종 지원	여가부, 교육부, 질병청
			건강한 생활습관 지원 및 급식 사각지대 완화	복지부, 교육뷰, 여가부, 식약처, 지자체
			여성청소년 생리용품 지원 강화	여가부, 지자체
청소년정책 총괄 조정 강화	청소년정책 인프라 개선	법·재원 등 청소년 정책 기반 체계화	청소년기본법 개정	여가부
			청소년정책 재정기반 효율화	여가부, 지자체, 교육부(교육청)
			청소년정책 대국민 홍보 강화	여가부, 지자체
		청소년지도자 지원 및 전문성 제고	청소년지도자 역량 강화	여가부
			청소년지도자 직무현황 분석 및 처우개선	여가부
		청소년 시설·기관·단체 운영 개선·지원	청소년수련시설 용어 개선 및 맞춤형 사업 추진	여가부, 지자체
			청소년 지원기관 및 단체 운영 지원	여가부
	지역 맞춤형 청소년정책 추진체계 구축	지자체 청소년정책 전달체계 내실화	청소년정책 전담공무원 확대 및 청소년육성위원회 운영 활성화	여가부, 지자체
			지자체 청소년정책 분석·평가 개선	여가부
		지역 단위 청소년정책 협력 강화	지역사회 청소년 성장지원 네트워크 전국 확대	여가부, 지자체
			청소년정책-지자체-교육청 간 협력 강화	여가부, 교육부(교육청), 지자체
			지역사회 청소년 사회공헌사업 연계	여가부, 지자체
		인구 감소 지역 청소년 지원	인구 감소 지역 청소년 지원 위한 제도 개선	행안부, 여가부, 지자체
			인구 감소 지역 청소년 정책적 지원 확대	여가부, 지자체

출처 : 여성가족부 외 관계부처(2023).

2. 청소년문화정책

청소년들에 대한 국가의 문화적 배려와 배제 안에는 분명한 기준과 규칙이 존재한다. 그중에서 청소년들에 대한 국가의 문화적 배려는 교육 유연화 정책의 한 과정으로 볼 수 있다. 청소년에게 입시교육에서 벗어나 다양한 문화를 체험하게 만들고, 경우에 따라서는 개인의 문화적 소질과 취미를 활성화시켜 직업과 연계시키려는 기회를 국가와 지역단체 그리고 민간단체에서 많이 제공해 주려는 기획을 하고 있다는 것은 기정 사실화되고 있다. 그러나 가족 · 교육 · 범죄와 같은 청소년 문제의 현안들을 문화적인 배려로 해결하려는 현재의 방식은 근본적인 한계가 있다. 국가의 문화적 배려는 억압에 대한 보상으로 주어져서는 안 되며, 청소년들에 대한 문화적인 검열이 범죄 예방과 도덕적인 규율의 맥락에서 진행되기 때문이다(조은 외, 2000).

청소년이 우리나라에서 주요 정책 대상으로 떠오른 것은 그렇게 오래된 일이 아니다. 과거에는 주로 교육 대상으로서 청소년들의 가치가 인식되었다. 물론 미래의 주역이니 하면서 청소년의 존재를 인식하지 않은 것은 아니나 주로 기존 사회의 모범적인 규범을 내면화하고 교육받아야 할 대상으로서 규정지었다. 따라서 청소년은 주로 학생으로 인식되었으며, 그 연장선상에서 학교 공부 잘하고 기존의 가치관을 성실히 지키는 것이 청소년의 덕목으로 강조되었다. 국가나 사회적으로 어떻게 하면 모든 청소년을 이렇게 모범적인 존재가 되도록 하는가가 문제였으며 그것은 대부분 교육의 몫으로 인식되었다. 그러나 비행, 가출, 약물, 폭력 등 사회의 어두운 면과 관련하여 청소년의 행동이 사회문제화되면서 정책의 관심이 변화되기 시작했다. 그러는 도중에 청소년들이 대중문화를 중심으로 소비 주체로 등장하기 시작하면서 청소년들에 대한 관심은 폭증하기 시작했으며 청소년정책의 중요성에 대한 인식도 제고되기 시작했다(정갑영, 2017).

1) 청소년문화정책의 흐름

정갑영(2017)은 우리나라 청소년정책 전개과정에서의 문화정책은 정책당국이 제시한 각종 계획들과 그것이 구체적으로 실행된 결과를 분석하고 평가하여야 긍정적인 측면과 부정적인 측면을 알아낼 수 있을 것이라고 하였고, 1990년 5월에 제정된 청소년헌장에서는 청소년에 대한 책임을 분명히 표명하면서 이를 위한 역할과 책임을 중시하고 각계의 지원 활동의 중요성을 강조했다. 여기서 청소년은 "미래를 위해 스스로 적성과 능력을 갈고, 닦아야 하며, 가정에서는 어른을 공경하는 몸가짐과 밝은 성품을 익혀야 하고, 학교에서는 교양과 지식과 체력을 길러야 하며, 또 사회와 국가로부터 성장과 발달에 필요한 지원을 받아, 청소년 모두가 보호받고 잘 적응할 수 있도록 도움받아야 하는 존재"로 이해되고 있다. 그리고 이러한 청소년의 미래를 위해 청소년 개인과 가정, 학교, 사회, 국가의 의무와 책임을 적시하고 있다. 청소년헌장은 말 그대로 헌장이기 때문에 정책을 위한 구체적인 이념과 목표가 드러나는 것은 아니나 최소한 바람직한 청소년의 모습이 무엇인가에 대한 상은 보여 주고 있다고 할 수 있다. 따라서 1991년 12월에 공포된 한국청소년기본법의 제정도 이러한 관점에서 크게 벗어나지 않은 것으로 보여진다.

이러한 청소년 상은 1998년 21세기 청소년 상을 제시하면서 변화되기 시작한다. 21세기라는 문명사적 대전환에 직면하여 바람직한 모습으로 설정한 21세기 청소년 상은 '문화적 감성을 지닌 청소년, 과학능력과 정보마인드를 가진 청소년, 봉사와 협력정신을 가진 청소년, 모험심과 개척정신을 가진 청소년, 전문적 직업능력을 준비하는 청소년, 그리고 국제감각을 가진 청소년'과 '문화적 감성을 지닌 청소년 상'을 가장 앞에 위치시킨 것은 미래사회에서 문화의 중요성을 인식하고 그에 부응하기 위한 것으로 이해된다. 선언적 의미를 지니는 헌장에 나타난 청소년 상, 즉 청소년 상에 대한 이해의 변화는 우선 수동적인 존재에서 능동적인 존재로의 인식을 전환한 것뿐만 아니라 특히 문화적 감성을 지닌 존재로 이해하는 부분이 눈에 띈다. 이것은 오늘날 청소년들이 문화의 시대 혹은 지식정보 사회에 능동적으로 대처하고 주도할 수 있는 능력을 함양해야 함을 의미하는 것으로 이해된다(장수한, 2020).

한국의 청소년문화정책 주체는 청소년이 직접 참여하고 발전해야 한다는 인식보다는 육성되어져야 한다는 전제를 두고 있는 우리나라는 청소년에게 부적절해 보이는 문화내용물들을 격리 · 차단 · 보호하려고 하는 성격이 강하다. 이는 청소년문화 형태의 주체가 청소년이 아닌 기성세대나 정부에 있음을 의미하는 것이며 청소년들은 아직 미숙한 존재로 취급되어 훈육되어야 한다는 것을 전제로 하고 있다(홍봉선 · 남미애, 2013). 그래서 청소년문화정책은 문화를 여가의 수단, 입시교육의 여과장치로 도구화시키는 것으로부터 벗어나야 한다. 이를 위해 청소년문화정책은 문화와 교육, 인권, 복지를 포괄한 총괄적인 청소년정책의 과정에서부터 그 방향이 정해져야 할 것이다(전동만, 2024).

2) 청소년문화정책의 방향

한국 사회에서 보편적으로 통용되어 온 청소년문화의 정의를 따르자면, 청소년문화는 청소년 세대가 공유하는 생활양식 및 사고방식이다. 여기서 청소년 세대는 연령집단이나 생애 단계를 의미하며, 역사적 경험을 공유하는 사람들의 의미이다. 그리고 특정 사건에 대해 동일하게 반응하여 동일한 정체성이 체화된 집단으로 '공통된 의미지평(common horizon ofmeaning)'을 공유하고 있다(박재흥, 2002 ; 오찬호, 2009).

1990년대 이후 청소년 세대를 기성세대와의 비교를 통하여 파악한다면 주로 정보화, 디지털, 글로벌 환경과 결합되어 특징지어지고 있음을 알 수 있다. 그리고 정치적 성향으로는 탈정치화의 특징을 지님을 알 수 있다. 청소년 세대의 특성은 신세대, X세대, N세대, G세대 등 시대상을 반영하여 부여되는 명칭으로 표현되기도 하였다. 이 명칭들은 미디어나 광고회사, 보험회사, 통신업체들이 주도적으로 사용해 온 상업화된 언어로 청소년 세대의 복잡한 지형을 단순화시켜 왔다. 이러한 경향은 청소년 집단이 단일한 특성을 지닌 연령 집단이라는 가정에 기반을 두고 있으며, 이들 호칭을 사용하는 과정에서 다양한 사회화 과정을 단순화시키는 폐단을 낳았다.

이처럼 청소년기를 연령집단으로 보는 가정은 청소년기를 생물학적 발달단계의 한 특성으로 파악하는 전통에서 유래한다. 청소년기를 '질풍노도의 시기'로 파악한 스탠리 홀(G. Stanley Hall)이 대표적이며, 이후 연구자들은 청소년은 사춘기의 공통성을 지닌 집단이라고 전제해 왔다. 이 전제하에 청소년의 공통적 특징을 유형화하고 성인과의 차별점을 찾거나 규정하는 데 주력해 왔다. 청소년을 단일 범주로 파악하는 이러한 경향은 '청소년주의(youthism)'라 불린다(Cohen, 1997 ; 원용진 · 이동연 · 노명수, 2006 재인용).

청소년들이 비슷한 생애주기 단계에 있다고 하더라도 이들이 같은 사회 경험을 가진 것으로 보아서는 안 된다. 부모의 사회경제적 배경, 성별, 지역차 등은 청소년 집단 내의 분화를 이끌고 있다. 결국, 청소년문화를 이해하고자 할 때 청소년들의 공유된 시대 경험과 의식을 파악하는 것과 함께 청소년이라는 범주 내에 존재하는 다양한 하위 범주, 개별적인 주체의 행위양상 등도 함께 고려하여야 할 것이다.

청소년문화에 대한 전반적인 실태조사성 연구의 선구자는 한국정신문화연구원(1992)의 '한국 청소년문화' 연구 총서가 있다. 이 연구는 도시와 농촌 지역을 구분하여 중학교 2학년생과 고등학교 2학년생 1,300명을 대상으로 의식구조, 가치관, 정신건강, 언어생활, 여가활동과 일탈행동 등에 대해 다섯 가지 영역별 조사를 실시하였고 청소년문화에 대한 종합적 이해를 시도하였다. 이러한 연구 경향은 이후에도 다양한 실태조사성 연구들로 이어져 오고 있다. 거시적인 조사연구는 주로 학술지 논문보다는 출연연구기관의 연구보고서를 통해 살펴볼 수 있다. 예컨대, 청소년들의 일상생활과 의식을 파악하기 위해 대규모로 조사를 실시한 연구로 전국청소년생활실태 조사가 있다(한국청소년개발원, 2000 ; 2004). 조사 대상은 10세부터 20세 이하 청소년들이며, 조사 영역은 생활 영역, 생활과정 및 관계, 의식 · 가치관 등을 포함하고 있다. 생활실태 연구의 주요 조사 내용은 개인 및 자아, 가족, 학교, 노동, 지역사회, 국가관 등이며, 생활과 관련된 내용으로는 청소년 활동, 가사, 학습, 근로, 교류, 여가활동, 사회관계 등이다. 한편, 청소년들의 의식 및 가치관 조사연구들이 이루어졌다. 주로 인생관, 가족 및 결혼관, 진로 및 직업관, 학교 및 친구관, 사회 및 국가관, 다문화의식, 통일관 등이 조사되었다(국가청소년위원회, 2007 ; 보건복지가족부 · 한국청소년정책연구원, 2009 ; 여성가족부 · 한국청소년정책연구원, 2010 ; 특임장관실 · 한국청소년정책연구원, 2011, 조혜영, 2016 재인용).

정책이나 복지 차원에서 청소년문화 형성과정과 지원방안 검토를 위하여 수행된 연구들로 청소년문화복지 실태 연구(김민정, 2003), 청소년기 웰빙문화 정착을 위한 연구(박동규 외, 2004), 청소년 문화역량 함양을 위한 조사연구(김민영, 2012) 등이 수행되었다. 그리고 청소년문화 형성과정에서 청소년들의 심리적 문제 관련성 요인을 살펴보는 연구(곽금주 외, 1999)가 수행되었으며, 청소년문화의 전반적인 특성에 대해 영화를 통해 살펴보거나(김은정, 2014), 부모 세대와의 차이와 갈등을 통해 살펴보는 연구(박영균, 2009)도 수행되었다. 청소년 또래문화 조사연구(이희연, 1994)나 문화실천 사례를 통해서 청소년들이 문화 참여에 부여하는 의미를 살펴보는 연구(김미윤, 2006) 등도 수행되었다.

박지원(2023)의 연구에서 제시한 청소년정책의 발전방안을 살펴보면 첫째, 환경 변화에 민감하게 대처할 수 있도록 선제적 대응이 가능한 청소년정책 모니터링 체계를 마련하여야 한다. 둘째, 청소년들이 활동, 복지, 보호정책을 골고루 제공받을 수 있도록 균형 있는 의제설정을 통해 특정 영역에 정책이 편중되지 않아야 할 것이다. 셋째, 아동부터 청년까지 연속성 있는 정책을 수립하고 추진할 수 있도록 과감하게 정책적 패러다임의 전환이 요구된다.

넷째, 일부 청소년을 대상으로 하는 선별적 정책과 동시에 보편적 정책을 더욱 확대할 필요가 있다. 다섯째, 디지털 청소년활동을 추진하여 빠르게 변화하는 환경에 대응할 수 있어야 한다. 여섯째, 국가의 청소년정책이 정책 대상에게 제대로 전달될 수 있도록 빈틈없는 전달체계가 구축되어야 한다. 청소년정책은 단순히 청소년 개인의 삶에만 영향을 미치는 것이 아니라 나아가 국가 미래 역량을 결정하는 데 기초가 되기 때문에 국가의 공공정책으로서 그 가치와 중요성이 매우 크다. 따라서 향후 다각적인 차원에서 청소년정책을 분석하려는 시도가 지속되어야 할 것이다.

Part 2

청소년문화의 분야 및 영역

Chapter 03

청소년의 학교문화

1. 청소년 학교문화의 이해

학교문화를 문화와 조직문화의 개념을 토대로 살펴보면, 학교조직이라는 틀에 적용시킨 개념이다. 학교는 구성원들이 공유하는 철학, 이념, 가치, 규범, 믿음, 기대, 태도 등이 조직 특성에 따라 구체화된 형태로 발현되는 공간이며, 다른 조직들과 차별화되는 고유한 특성을 지닌다. 즉 학교 역시 관료제적 조직의 속성을 지니고 있으나, 의사 결정 시 관료주의적 가치와 전문주의적 가치의 갈등이 잦기 때문에, 관료제와 전문직제의 혼합 조직 형태인 전문적 관료제적 특성을 갖는다. 그리고 학교는 명확한 목표 설정과 그 목표 달성을 위한 구체적인 방법론을 확립하기 어려우며, 구성원의 잦은 변동성으로 인해 조직화된 무질서의 양상을 띠는 기관이라 규정할 수 있다(유미경, 2015).

학교는 청소년들이 하루의 일과에서 가장 많은 시간을 보내는 곳이다. 청소년들은 학교에서 생활하면서 주어진 학업에 열중하는 한편, 또래 친구들이나 선생님과의 사회적 관계를 형성하면서 성장하게 된다. 청소년들은 학교교육을 통해 현재의 삶을 살아가는 한편 미래의 직업 세계와 공동체 의식 그리고 사회 구성원으로서의 사회생활에 대한 많은 준비와 능력을 기르는 장소인 것이다(이채식, 2012). 또한, 청소년에게 학교생활은 여러 측면에서 심리

사회적 특성에 영향을 미치는데 학교문화에 적응하지 못하게 되면 스트레스나 우울 등 부정적 정서가 유발되어 또래나 다른 사람과의 갈등이 빚어지기도 한다(김정유, 2020).

청소년문화의 핵심 영역인 '학교문화'는 국내외를 막론하고 청소년을 이해하는 가장 중요한 부분이다. 브론펜브레너(Bronfenbrenner, 1979)의 구분에 의하면 학교는 청소년에게 가장 밀접한 영향을 주는 미시체계의 구성 요소로, 청소년은 학교의 구성원들인 교사 및 또래들과의 상호 교류를 통해 발달이 이루어지게 된다. 학교생활에 잘 적응하는 학생들이 성인이 되었을 때 사회 구성원으로 타인 및 조직에 조화롭게 어울리는 경향이 크다(천정웅 외, 2014). 학교는 교사, 친구, 선후배 등 상황에 맞는 타인과의 소통 및 교류 방식을 배울 수 있는 사회화의 전초기지로서의 역할을 한다(배상률 · 고은혜, 2015 재인용).

1) 청소년에게 학교문화란

학교는 청소년들과 교사들이 사회 구성원으로서 살아가면서 끊임없이 크고 작은 사건들이 일어나는 곳이다. 청소년들은 왕성한 삶의 에너지를 갖고 있다. 반면 끊임없이 반복적으로 이어지는 수업시간의 긴장, 학급에 따른 학업 성취 부담과 좌절, 학교생활에 대한 스트레스 등으로 힘들고 지친 생활을 하게 된다(이채식, 2012). 학교문화의 개념으로는 학교집단의 구성원에게 학습 및 공유되고 전달되는 문화의 복합체라고 보았으며(황기우, 1992), 문화를 공유된 인지체계로 보고 학교 구성원들이 공유하고 있는 청소년들의 삶과 행동을 이끌어 가는 지각체계 혹은 인지 방식으로 보았다(오윤선 · 황인숙, 2016). 그리고 학교문화는 반드시 조직문화와 함께 살펴보아야 하는 중요 요소로 규범, 가정, 가치관 등이 있으며 이러한 요소들은 조직구조, 행동 패턴, 분위기 등으로 구조화되면서 구성원들에게 영향을 미친다.

오웬스(Owens, 2004)는 조직문화의 가장 중요한 기본 요소로 규범(norms)과

가정(assumptions)을 들고 있다. 제도화된 규범은 구성원의 행동에 영향을 미친다. 구성원들은 행동규칙을 통해서 조직의 구성원으로 인정받는 행동이 무엇인지를 알게 된다. 가정은 진실하고, 가능성이 있으며, 지각 있는 행동인가를 판단하는 기준이 된다. 기본 가정들은 암묵적으로, 협의 없이 조직 내에서 사실로 받아들인다. 규범은 기저에 깔려 있는 다양한 기본 가정들에서 도출된다.

뉴스트롬 외(Newstrom et al., 2002)에 의하면 조직문화는 조직구조와 목적, 조직 가치, 임무, 분위기, 개인 가치와 믿음 같은 잠재변수에 의해 작동되며, 이는 조직이 추구하는 성과의 수준뿐만 아니라 근로자들의 행태에 영향을 미친다(박순애 · 오현주, 2006). 문화는 기본 가정들의 패턴, 기존 집단에 의해 발명 · 발견 · 개발되는 것, 외부 환경에 적응하고 내부 통합을 이끌어 내는 문제에 대한 대처법을 배워 나가는 것, 그리고 그 문제와 연관된 올바른 방법을 전수하는 것으로 정의할 수 있다(Schein, 1990).

박삼철(2003)은 셰인(Schein)의 조직문화 개념 구조를 재구성하여 학교의 고양된 가치와 학교에서 실제로 사용 중인 가치관의 역동적 상호작용으로 변화되어 가는 과정을 학교문화로 정의하고 있다. 일반조직과 달리 학교문화는 교육공간으로서의 방향성을 내재해야 한다는 연구도 있다.

최돈형 외(1999)는 "새 학교문화" 창조 정책 연구를 수행하면서 학교문화를 일반적 문화 현상으로 이해하고 개선하기보다 가르침과 배움의 과정을 통해 학교문화가 한층 '교육적인' 것으로 변모되도록 하려는 것이라고 정의하였다. 학교문화는 일반적인 조직문화의 관점과 다른 시각에서 보아야 하고, 학교가 가지고 있는 본성적 공간의 특성을 반영하여 학교문화의 방향성을 제안해야 한다.

학교문화에서 구성원에 주목한 연구들도 있다. 풀란과 하그리브스(Fullan & Hargreaves, 1996)는 교사의 학교 개혁 참여를 강조하며 이들의 전문성이 발현되는 학교문화에 주목하였다. 일부 연구는 학교문화를 학생문화와 학교문화의 구성체로 보기도 한다. 조남근(1996)은 학교문화는 교사문화와 학생문화로 구성되며 교사문화는 교사집단 특유의 가치 패턴과 규범이고, 학생문화는 학생집단 특유의 가치 패턴과 규범이라고 본다.

최돈형 외(1999)는 학교문화가 학생, 교직원, 학부모 등 준거집단 문화 간의 상호작용을 통해 형성된다고 보고, 학교문화를 총체적으로 이해하기 위해서는 구성원 집단의 문화를 같이 보아야 한다고 밝히고 있다. 특히 학교는 성인인 교원과 미성년인 학생 간에 공식적 · 형식적 인간관계를 통해 이루어지는 교육활동을 하는 공간이며, 교사-학생 간의 인격적 결합에 기초하면서 미성숙한 학생을 사회화시키기 위해 통제하고 관리하는 특성이 있다. 이 두 가지 측면이 결합되어 학교문화가 만들어진다. 더 나아가 학교문화는 구성원의 특성, 환경, 교사 및 학생집단의 인적 조직 방식, 학교 규칙 및 활동 조건, 외부 환경과의 관계 등의 요인들이 복합적으로 결합되어 형성된다. 번스타인(Bernstein, 1975)도 학교 조직의 특성이 기계적 연대에서 유기적 연대로 변화했기 때문에 과거와 같이 교사와 학생들이 공통의 가치관을 갖는다고 볼 수 없다고 지적하며, 공통적으로 동의하는 부분이 높기는 하지만, 구성원들의 의미 구성 방식에 따라 개인마다 차이가 있을 수 있음을 강조한다(성열관, 2013).

학교에서는 같은 교육과정으로 수업이 이루어지더라도 학교조직의 주체성과 학교 구성 요소들의 상호작용 방법, 각 하위 집단들의 인지체계에 따라 학교마다 다르게 수행될 수 있다. 그리고 학교문화를 교사와 학생으로 구분하지 않고, 학생이 인식한 문화로 보는 견해도 있다. 즉, 학교문화는 학생의 학교 경험 패턴이며, 학교의 규범, 가치, 관계, 교수-학습, 조직구조를 반영하는 학교생활의 특성을 반영하는 것으로 본다(Fárrans & Selman, 2014). 학생을 학교 구성원의 중심으로 보고, 교원들이 기획하고 제공한 경험과 환경에 대한 학생의 반응과 행동, 가치관 등으로 규정한다(김정현 외, 2019).

이상의 개념 정의들을 종합해 보면, 학교문화는 내부 통합, 외부 적응 기제이며 구성원에게 수용 · 전수 · 활용되는 것으로 조직구조, 규범 등으로 표출되기도 하고, 구성원의 행태와 믿음, 가정 등과 같이 구성원 내적으로 구축되는 신념 등이다. 무엇이 먼저인지 말하기는 쉽지 않지만, 개인의 입장에서 학교문화는 나의 조직행동을 선택하는 데 영향을 미치는 '표준이 되는 원리'이며, 학교의 특성상 보다 '교육적', '학습적' 측면의 문화 조성을 위해 노력해야 한다. 더 나아가 학교는 모든 조직과 같이 조직 내 집단별로 문화 인식에 차이가 있을 수도 있지만, 학생과 교사의 상호작용 활동이 기반이 되어 성립하는 학교조직의 특성상 이들의 문화는 서로에게 영향을 미치며, 일정 부분의 공통점도 갖는다(김정현 외, 2019).

2) 청소년 학교문화의 특성

우리나라는 학교문화를 주요 대상 간의 기능적 상호작용을 중심으로 형성되는 세 가지 문화, 교사문화, 수업문화, 학생문화로 구분하였다. 교사문화는 교사와 교사 간의 문화, 수업문화는 교사와 학생 간의 문화, 학생문화는 학생과 학생 간의 문화를 의미한다(오윤선 · 황인숙, 2016). 교사문화는 수업문화와 학생문화에 일정한 영향력을 행사한다. 학생문화는 교사문화와 수업문화, 청소년문화에 일정한 영향을 받는다. 반면, 학생문화는 교사문화, 수업문화, 청소년문화에 대한 정체성에 큰 영향을 미치지 못함을 보여 주고 있다(한국청소년정책연구원, 2015a).

[그림 3-1]의 학교문화의 특성에 나타난 내용으로 교사문화와 수업문화는 준거문화적 특성이 있으며, 학생문화는 청소년문화의 하위문화적 특성이 있는 동시에 청소년문화와 반문화적 특성이 있는 다중적 문화 특성을 갖는다고 보았다. 또한, 준거문화적 특성의 교사문화와 수업문화를 학교라는 현장을 중심으로 청소년문화의 자유로움과 해방 의식의 특성을 통제하는 요인으로 설명하였다(오윤선 · 황인숙, 2016).

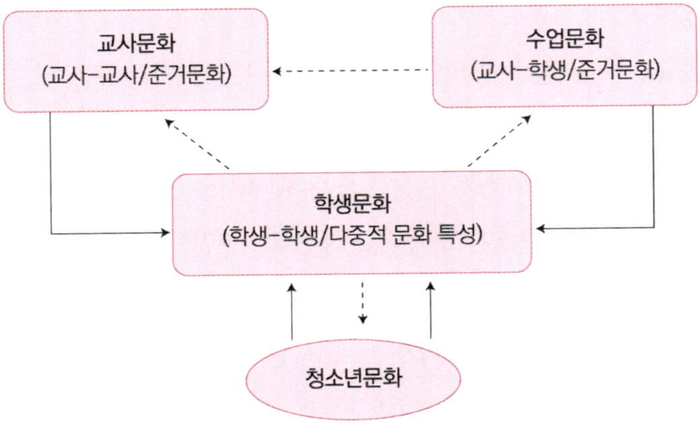

[그림 3-1] 학교문화의 특성
출처 : 한국청소년정책연구원(2015).

이렇듯 청소년문화의 중요한 축인 학교문화에서 드러나는 구조적 결함과 한국 교육문화의 특수성에서 기인하는 갈등의 원인을 분석하고, 오늘날 학교문화가 자유와 해방 의식으로 표출되는 청소년들의 문화적 민감성을 간과함으로써 학교 문화의 갈등적 요소가 구조적으로 형성되어 있는 것을 보여 준다. 지금의 학교문화는 오늘날 자유로움과 해방 의식으로 표현되는 청소년들의 문화적 감수성을 인정하지 않음으로써 이른바 학교문화의 갈등적 요소를 구조적으로 갖고 있음을 보여 준다. 즉, 학교 내부조차에서도 청소년 개인 삶의 주체성과 자율성을 인정하지 않을 뿐만 아니라 오늘날 청소년 세대가 갖고 있는 독특한 문화적 감수성이 오히려 제한당하고 있음을 나타낸다. 따라서 학교문화의 갈등은 이와 같은 학교문화의 현재적 구도로부터 시작된다고 볼 수 있다(한국청소년정책연구원, 2015). 학교문화의 특징을 세 가지(교사문화, 수업문화, 학생문화)로 구분하여 설명하면 다음과 같다(오윤선·황인숙, 2016).

(1) 교사문화(교사 그룹이 주체)

교사들의 핵심 활동이자 주요 관심사인 세 가지 특징인 수업, 행정업무, 인간관계를 중심으로 교사문화를 설명할 수 있다.

첫째, 수업은 우리나라의 학교문화에서 가장 중요한 부분으로 대학 진학을 목표로 진행되는 학업과 성적문화라고 할 수 있다. 학생들은 대학 진학이라는 거대한 명제 앞에 청소년기 전반에 걸쳐 입시 위주의 교육을 받으며 보낸다. 수업의 목표는 시험에서 좋은 성적을 얻어 좋은 대학에 진학하는 것이며, 시험 일정에 맞추어 교과 진도를 나가야 한다. 학생, 교사, 학부모, 학교장 모두의 당연한 인식으로 되어 있다. 그러다 보니 공부는 지식에 내재된 논리와 진리, 창의적 사고, 심미적 경험을 통한 삶의 승화와 같은 중요한 가치는 서서히 멀어지게 되는 것이다. 이러한 목표지향적인 수업 방식에서 교사들의 수업은 대학 진학을 위한 도구적 문화라고 할 수 있다. 그리고 학교 수업에 대한 교사의 인식을 살펴보면 수업을 교사의 업무 중에서 가장 비중 있게 생각하고 있으며, 열심히 노력하여 준비한 학생에게나 교사에게도 만족스러운 수업이라고 여겨진다.

둘째, 행정업무는 교사들의 업무에서 수업 외에 공문서, 학교통신문 등과 같은 행정업무로서 학교의 정보화 시행 정책에 따라 각종 행정 처리가 전산화를 통해 수월해졌으나 결과적으로 교사들의 업무로 되돌아와서 부담을 가중시키는 현상으로 나타나고 있다. 이러한 행정업무에 대해 교사들은 매우 부담스러우며, 회피하려는 성향을 나타낸다. 그러나 소홀히 할 수 없는 교사의 난감한 입장이 매우 큰 문제가 된다. 이러한 면에서 교사들의 행정문화는 형식문화, 기준 양식을 중심으로 하는 준거문화라고 할 수 있다.

셋째, 인간관계에서 교사는 주로 학생, 동료 교사, 교육행정가 그리고 학부모들과 인간관계를 가지게 된다. 그러나 학교에서 교사들이 가장 활발하게 상호작용하는 대상은 학생집단이다. 교사들은 학급 내에서 관리와 교육적 목적 달성을 위해 학생들에게 친밀함보다 권위에 의존하려는 경향이 더 강하다. 교직사회에서 동료관계는 외면적으로 평등한 관계로 비추어지지만, 내부적으로는 상당한 위계적 관계에 놓여 있다. 여러 연구 결과에 따르면 남녀 교사, 보직교사와 평교사, 계약직 교사 등과의 서열이 충분히 존재한다고 보고되고 있다. 오늘날은 개인주의 문화 속에서 교사들은 서로 간의 간섭을 불편해하며, 다른 교사의 일에 간섭을 하려 하지 않으며, 혼자 지내는 것을 선호한다. 특별한 관계를 제외하고는 서로에 대해 잘 모르며 피상적인 관계만을 유지하는 것이다. 이러한 면에서 교사들의 인간관계는 개인주의 문화라고 볼 수 있다.

(2) 수업문화(교사와 학생이 주체)

수업문화는 최근에 학교 변화와 수업 혁신의 맥락에서 주목받고 있는데, 임진영 외(2010)는 교사가 가지고 있는 수업 관련 행동양식으로 규정한다. 수업문화를 구성하는 하위 요인으로 학생 중심 수업, 수업 개선 지원, 평가 활용 수업, 학생 동기화, 수업 관련 교사 지원, 교사 간 수업 협력, 소극적 수업, 수업 자료 준비 등 여덟 가지 수업문화에 영향을 미치는 요인으로 설정하고 있다. 김석진 외(2014) 연구 역시 학교의 구성원인 교사에 의하여 표출되는 사고, 목표, 행동양식, 가치, 신념, 규범이라고 할 수 있다. 권기영 외(2011)는 가정과 교사들의 수업문화 연구를 통해 "수업문화는 수업 자료 준비와 수업 방식, 교사와 학생과의 관계, 동료 교사의 지원으로 이루어지며, 이는 수업의 주된 주체에 해당되는 교사가 수업에 대해 어떤 인식과 행동양식을 갖고 있는지를 보여 준다. 그래서 수업문화는 수업 현상에 대해 공유하는 이미지, 기대, 평가, 관행, 규범, 상호작용 방식을 말한다."라고 정의하였다.

김석진과 정동영(2014)은 수업문화 요인의 구성요소로서 전문지식, 목표설정, 경험의 타당성, 교사 역할, 프로그램의 융통성, 실속의 가치와 경험 학습, 동기, 개별적 차이에 대한 조절, 학습자 통제, 사용자 활동, 협동학습, 매체 활용, 평가, 피드백 등 14가지의 구성 요소를 매우 자세하게 제시하여 수업문화의 차원과 요인을 탐색하고 있다. 이 밖에도 수업 현장의 역동성에 영향을 미치는 요소라는 이름으로 수업문화의 요소를 제시한 홍영기(2001)는 학급 간의 가치관과 규범, 학급집단 내의 갈등, 학급집단이 추구하는 목표, 주어진 과제 등을 그 구성 요소로 제시하였다. 수업문화의 경우 과목 중심의 연구가 많은 비중을 차지하고 있었는데 그중 과학수업의 문화에 대해 연구한 박준형 외(2015)는 과학수업 문화를 구성하는 프레임 모형에서 주요하게 드러나는 요인으로 실험, 재미, 교사, 공동체를 두고, 공동체 간의 권력구조, 관심 대상, 수업 분위기, 참여 형태, 과학수업에서 중요시되는 영역 등을 구성 요소로 제시하고 있다. 이와 같은 구성 요소가 수업문화의 특성으로 규정되고 있으며, 이러한 개념 및 구성 요소들은 수업문화를 주로 교사의 관점에서 설명한다는 특징을 보인다(김민조 · 이현영, 2015).

(3) 학생문화(학생그룹이 주체)

학생문화는 일반적으로 청소년문화, 또래문화 등으로 명명되어 학생뿐만 아니라 학령기에 있는 전반적인 그 연령대의 문화를 아우르며 탐색하는 경우가 주를 이루고 있다. 또 학교 내에서 학생의 문화를 학급문화라는 학교문화의 다른 하위 영역 속에서 학생들이 지각하는 문화를 탐색하는 경우와 교사와 함께 학교 공동체로서 학생이 지각하는 상대적 문화에 초점을 두는 경우가 대부분이다. 이런 이유로 학생문화의 개념 역시 학급, 또래, 청소년문화의 개념적 정의와 혼용되거나 교사문화에 반대되는 개념으로서 사용되곤 한다(이병준 외, 2016).

조용환(2000)은 교실 붕괴와 관련된 교육 공동체의 문화적 특색을 파악하기 위해 학생문화를 정의하고 있는데 그에 따르면 "학생문화는 교사문화와 상호 대립적이면서 상호 보완적인 관계로 학교제도의 한 구성원으로서 학생들이 공유하는 학습(배움)에 관한 의식, 지식, 가치, 기술, 전략으로 구성되며 그들이 학교 안팎에서 살아가는 모습과 원리를 포함한다."라고 정의하고 있다. 덧붙여 학생문화는 청소년문화와 일치하지 않으며 동일하게 바라보는 선행적 연구에 대해 비판을 가하며, 현재의 교실 붕괴 원인이 학생문화와 청소년문화를 동일시한 데서 기인한다고 주장하고 있다.

박삼철(2007)의 경우 학생들의 삶의 질과 연결하여 학생문화를 "특정 학교의 삶 속에서 학생들이 경험하는 충족감과 교사 및 동료 학생과의 관계에서 형성되는 사회·정의적 특성"이라고 정의하며 특정 학교에서 학생들은 여러 집단과의 생활을 통해 다양한 경험을 하게 되고 이것이 학교에서의 그들의 삶의 질을 구성하는 요인이 된다고 보고 있다.

최의선(2009)은 학급문화 속의 학생문화를 설명하며 "학급문화는 학급 구성원인 교사와 학생들이 공동으로 소유하고 있는 가치, 신념, 태도, 심리적 유대감, 규범"이라고 말하며 학생문화 역시 이 학급문화 속에서 일어난다고 보고 있다.

조성남과 박선웅(2001)은 청소년문화는 "청소년 집단이 공유하는 특징적인 생활양식의 총체로서 가치, 신념, 사고에서부터 그들의 미적 취향 및 행동양식까지 포함하고, 주어진 삶에 의해 일차적으로 규정되고, 다른 한편으로는 삶의 조건을 반영하기도 한다."라는 표현을 통해 학교 안팎의 청소년이 그 상황에 맞는 문화를 가지며 상황에 대한 공통된 공유의식을 가짐을 조명하고 있는바, 학교를 다니는 학생들의 문화 역시, 청소년의 문화 안에서 해석할 수 있음을 드러내고 있다.

2. 청소년의 학교문화 속 또래관계

1) 청소년 또래관계의 개념 및 형성 요인

또래란 사전적 개념으로는 '나이나 수준이 서로 비슷한 무리'를 말하며(표준국어대사전, 2024), 발달심리학에서는 '사회적 동년배' 또는 '최소한 그 순간에는 행동의 복합도가 유사한 수준에서 상호작용하는 개체들'로 정의된다(윤빛나, 2019). 그리고 또래 간의 상호작용은 학령 전기의 발달과정을 지나면서 중요하게 인식되기 시작하여 학령기와 청소년기를 지나면서 또래와 함께 지내는 시간이 증가함에 따라 그 중요성은 증대된다(Hartup, 1993). 이렇게 시작된 청소년기의 또래관계는 공통적인 관심과 문제, 고민을 함께 나누는 관계로서 소속감과 심리적 안정을 제공하고, 가족을 벗어난 가치의 원천이 되며, 성인의 압력이나 간섭에 대항하는 힘을 주는 준거집단의 기능도 하게 된다. 그리고 또래관계를 또래의 기능을 토대로 나이, 흥미 등 비슷한 상황의 조건을 가진 또래들이 같이 어울려 활동함으로써 이루어지는 집단으로 비슷한 의식과 목적을 가지고 서로에게 중요한 영향을 주는 집단 내 관계로 정의하기도 하였다(김연화, 2002). 또래관계는 청소년이 가족 이외의 타인과 접촉하면서 살아가는 가운데 생성된 사회적 관계를 의미하고, 집단 내에서 다른 친구로부터 수용과 인정을 받기 위해 지속적으로 노력하기 때문에 역동적인 관계를 맺게 된다(Parker & Asher, 1987).

또래관계는 주로 학교에서 형성되기 때문에 학교에서의 적응은 또래관계와 밀접한 관계를 가지게 된다(윤상은, 2008). 김용래(1993)는 청소년들의 학교적응에 관한 하위 요인으로 학교 친구 적응을 제시하였다. 학교 친구 적응은 학교에서 만난 친구들과 대인관계에서 일어나는 전반적인 일들을 바르게 이해하고 자신의 요구를 적절하게 조절하며, 학교 친구 간에 유발되는 각종 스트레스에 건전하게 대처해 나가는 정도를 의미하므로 또래관계의 질을 보여줄 수 있는 개념으로 생각할 수 있다. 따라서 학교 친구 적응은 학교에서 원활한 또래관계의 정도를 알게 해주고, 학교생활뿐만 아니라 사회생활에 큰 영향을 준다고 할 수 있다.

2) 청소년 또래관계의 특성

청소년기의 중요한 발달과업 중 또래와의 친밀한 관계를 형성하고 유지하는 것은 그들의 삶에 있어서 매우 중요하다. 이 시기에 청소년들은 친구를 필요로 하며, 친구가 많고 그 관계가 기능적일수록 대인관계에 있어 유능감을 느끼게 되고 만족도가 높아진다(서주현 · 유안진, 2001). 청소년은 또래관계 안에서 사회적 기술과 적응능력을 배우고 자신의 정체성을 형성하며, 또래들과 맺은 긍정적 친구관계 안에서 안정감과 소속감을 가지며 정서적 지지를 얻는다(이유니 · 송현주, 2011 ; 이미리 외, 2014). 청소년기의 또래 집단은 청소년의 성장과 발달에 주요한 영향을 미치는 준거집단과 지지집단의 의미를 갖는 것이다(윤빛나, 2019).

청소년의 또래관계는 학년의 시작과 마지막에 각각 다른 친구를 가장 친한 친구로 남을 확률이 높다. 이렇게 맺어진 청소년기 또래관계는 안정적으로 오랫동안 지속되는 경향이 있다. 그리고 청소년은 자신이 속한 부류 또는 그룹 유형의 유사한 환경 속에서 안정성과 성향을 나타낸다. 예를 들면 학년 시작에 공격적인 또래를 사귀게 되면 학년 마지막에 사귀는 또래관계는 공격적인 성향이 나타난다는 것이다(Bradford et al., 2009). 그리고 청소년기가 되면 가족으로부터 독립하고자 하는 욕구가 강해지고 위계적 관계에서 벗어나 상호 대등한 수평적 인간관계를 원하게 되며, 그 과정에서 또래의 영향력은 점차 커지게 된다(김지영 · 이형실, 2010). 이렇게 청소년기 또래 집단 내에서 형성된 상호작용은 청소년의 사회화와 자아정체성 형성에 지대한 영향을 미친다. 청소년들은 동일한 사회적·경제적 지위, 부모의 가치관에 따른 영향, 지리적 근접성(이웃), 특정한 취미와 관심, 비슷한 성격 등과 같은 기준에 따라 또래 집단을 형성하려고 하고, 또래 집단에서의 지향과 동조가 가장 강한 시기이며(조성남, 2003), 또래 집단을 통해 부모나 교사보다 더 많이 의지하고 영향력을 미치는 사회적 관계망을 형성한다. 청소년기는 또래들과의 동조적 행위에 민감하게 반응을 보이는 시기이기 때문에 집단적 추구를 통해 또래 집단과의 동질성을 확보하고 대인관계를 확장하는 심리적·사회적 발달 특성을 보인다(전동만, 2024).

그러나 청소년기에 형성되는 또래 집단의 역기능적이고 부정적인 측면은 '학교폭력'에 의한 집단 따돌림과 자살 형태로 나타난다. 청소년기는 자아정체성을 형성하는 결정적 시기로 청소년들이 또래와의 상호작용을 통해 자기를 평가하기 때문에 또래로부터 거부나 괴롭힘을 당하면 부정적 자아상은 물론 사회적 관계의 거부와 배척, 고립감을 갖게 된다(홍봉선 외, 2004 : 25). 청소년기 또래 집단의 따돌림에 의한 고통은 자아정체성 위기를 경험하게 하며 그 상처는 성인기까지 영향을 미치게 된다. 집단 따돌림의 형태 중 청소년을 고립·소외시키는 행위는 피해자들에게 심각한 불안감, 자괴감, 극도의 우울감이라는 심리적 상처를 수반하며 가출, 학교 중퇴, 자살과 같은 행동을 유발하게 한다(조아미 외, 2007).

3. 청소년 학교문화의 문제 및 해결 과제

청소년의 학교문화 부적응은 학생으로서 학교생활에 잘 적응하지 못하며 또래관계가 원활하지 못함을 의미하기도 한다(신성철 외, 2015). 여성가족부에서 발간한 『2023년 청소년통계』에 따르면 만 6세부터 21세 기준으로 전체적인 학령인구수는 초등학생 기준으로 2000년에 1,138만 명을 유지하였으나, 이후 지속적인 감소 현상으로 2023년 현재 725만여 명으로 확연하게 줄어든 것을 알 수 있다. 이는 저출산 문제가 학령인구 감소의 직접적인 원인이 되기도 하지만 청소년 학업 중단의 이유도 매우 큰 비율을 차지하고 있다. 학업 중단의 개념은 학교급에 따라 차이가 있는데, 의무교육단계인 초등학교와 중학교는 유예 및 면제자를 학업 중단자로 정의하고, 고등학교의 경우에는 자퇴와 퇴학한 자를 학업 중단자로 보고 있다(여성가족부, 2023).

초·중·고 학생의 학업중단율을 살펴보면 초등학생은 2000학년도 이후 소폭 상승하다가 2020년에는 다소 감소하여 0.4%를 보였으나, 다시 상승하여 2022년도에는 0.7%로 집계되었다. 중학생의 경우 2010년 이후 지속적인 감소 추세를 보이다가 2019년 0.8%로 소폭 상승 후 2020년, 2021년에는 동일하게 0.5%를 기록한 후에 2022년 0.7%로 나타나기도 하였다. 고등학생의 경우에는 2010년부터 증감을 반복하다가 2020년에는 큰 폭으로 감소하였으나 다시 2021년 1.5%, 2022년 1.9%로 증가하였다(한국교육개발원·교육부, 2022). 그 외 학업 중단의 이유로 조기유학, 대안학교, 학교 부적응 등으로 인해 학교를 떠나는 학생들도 여전히 많은 것으로 나타났다(여성가족부, 2023).

청소년들은 학교생활에 대한 스트레스 등으로 인한 학교 부적응은 단순히 학교에 적응하지 못하는 것 이상의 여러 문제를 함께 수반하는데 정신병, 신경증, 범죄 등과 같은 이상행동의 원인이나 결과가 되기도 하며, 학교 거부 행동을 야기함으로써 학교공포증, 등교 거부, 학교 거부, 중도 포기, 무단결석, 학교 회피 등의 문제를 야기하기도 한다(최지원·박영숙, 2011). 그리고 학교 부적응 문제가 있는 청소년들은 학교를 이탈하여 폭력이나 비행 등 심각한 사회문제를 일으키기도 한다(이혜경·김현주, 2007). 학교 부적응의 중요한 위험 요인으로는 가족(부모) 요인, 개인 내적 요인, 학업성적, 생활환경 수준, 인구학적 특성, 대인관계 요인, 위험행동, 진로 고민 그리고 또래 요인으로 나타나고 있다(이혜경·김현주, 2007). 이에 대표적인 학교 부적응의 원인 중

부모 요인과 또래 요인을 다음과 같이 살펴보고자 한다.

1) 청소년의 학교생활 부적응 원인

(1) 부모와의 부정적 의사소통

의사소통은 인간들이 상호 생각과 감정 등을 교환하는 언어적 · 비언어적 모든 행위를 의미하며 자아정체감 형성과 자기존중감에서도 영향을 미친다(김진화 · 변상해, 2022). 부모는 자녀 발달과 신체 발달 및 심리적 건강과 더불어 전인적 발달에 영향을 미치며, 부모-자녀 관계의 건강성을 측정할 수 있는 지표는 부모-자녀 의사소통의 원활함에 있다(이은정, 2020). 청소년기에 경험하는 부모와의 원활한 의사소통은 정서 · 사회적으로 안정감을 경험하게 하여 또래와의 대인관계에 좋은 영향력을 가지며(황미혜, 2021 : 44), 신체적 · 정신적으로 급격한 변화를 겪는 청소년기의 의사소통 양상을 파악하기 위해서는 청소년기의 의사소통 양상을 분석하는 것과 더불어 그들을 둘러싸고 있는 환경, 특히 가정에서의 의사소통 양상을 파악하는 면밀한 관찰이 필요하다(김윤정 · 권순희, 2019). 청소년기의 문제적 · 갈등적 의사소통의 원인은 그 전부터 있었던 어떤 상황에 의한 것일 수도 있고, 가정 내에서의 의사소통 문제, 즉 부모의 양육 태도 등에 기인할 수 있기 때문이다(김윤정 · 권순희, 2019). 부모와의 부정적인 의사소통을 경험한 청소년들은 학교생활 적응에도 어려움을 겪을 가능성이 크며, 결과적으로 비행, 폭력 등의 문제행동을 보일 수 있다(김미정 외, 2012). 부모와의 부정적 의사소통을 경험한 청소년들은 자신감이 부족하고 위축되어 있어 친구들을 사귀는 데 어려울 수 있다. 또한, 학교나 사회에서 기대하는 바람직한 행동을 학습하지 못하여 사회기술이 부족하고 학교 내에서 왕따를 당하거나, 학교 밖 폭력 피해에 노출될 가능성이 더 큰 것으로 나타났다(나은숙 · 정익중, 2007). 이춘화(2009)의 연구에서는 권위적이거나 허용적인 가정에 비해 의사소통 결여 가정의 청소년들이 학교폭력과 사이버상 폭력 피해 경험도 더 많은 것으로 나타났다. 2023년 청소년통계에 의하면 부모-자녀의 관계 만족도에서 불만족이 2022년 2.9%로 나타나 100명의 청소년 중 3명은 여전히 부모와의 관계에 의한 학업 부적응의 원인이 된다고 할 수 있다(여성가족부, 2023).

(2) 청소년의 원활하지 못한 또래관계

청소년기에는 주요한 사회적 관계가 변화하게 되는데, 이러한 변화 중 핵심적인 것이 바로 또래의 중요성 및 영향의 증가라고 할 수 있다. 수많은 연구자들에 의해 또래관계는 청소년기의 가장 중요한 측면 중 하나인 것으로 강조되어 왔다(손인봉 · 최정아, 2021). 청소년들은 부모, 형제, 다른 사회화 대리인들보다 또래들과 더 많은 시간을 보내고 또래 집단을 형성한다. 또래는 중요한 사회화 대리인으로서 청소년 발달에 중요한 영향을 미치며 또래관계는 서로의 생각을 자유롭게 나타내고 갈등을 겪으며 해결해 가는 평등한 상호작용이다(Shaffer, 1994). 또한, 또래관계는 긍정과 부정의 양면을 가지고 있어 복잡하고 다양한 기능을 수행하며(유안진 외, 2002), 청소년기의 친한 친구관계에서 갈등과 불일치는 흔히 일어난다(Berndt & Perry, 1986). 부정적 또래관계(negative peer relationships)는 수평적인 관계에서 상호적인 또래관계를 스스로 지각하는 갈등과 대립, 일방적 주도, 철회 · 고립, 무시 · 비웃음 등 관계에 대해서 불만족을 유발하는 문제적 관계라고 할 수 있다(김기웅, 2012).

청소년기 부정적 또래관계는 가족, 학교 그리고 지역사회의 변수보다 더 강력한 영향을 보고(진혜민 · 배성우, 2012), 또래관계에 필요한 사회기술은 또래관계를 통해 습득해야 한다는 것이다(Buhrmester, 1990). 사회기술은 다양한 변화를 겪는 청소년기의 발달단계에서 또래와 성공적이고 안정적인 관계를 형성하고 유지하는 데 필요한 능력이다. 실제로 사회기술은 청소년기의 부정적 또래관계를 포함해 인간관계에서 발생할 수 있는 부적응 행동을 상쇄

시키는 것으로 보고된다(Harrell et al., 2009).

청소년기의 부모는 또래만큼 영향력이 크지 않지만, 여전히 또래관계 형성과 학교생활에 영향을 미치며 자녀의 성장과 발달에 영향을 미치는 것으로 알려져 왔다(Hoeve et al., 2009 ; Pinquart, 2017). 그럼에도 불구하고 부정적 또래관계와 청소년 문제행동 사이에서 부모가 또래의 부정적 영향으로부터 자녀를 보호하는 조절의 역할을 하는지에 대한 연구는 활발히 이루어지지 않고 있는 것이 현실이다(김민정, 2019). 그리고 또래관계가 원활하지 못하는 청소년들은 다양한 수준의 가족 환경으로 인해 가족 내 관계에서도 어려움을 가지는 경우가 많은 것으로 보고된다. 이렇게 청소년은 시간이 갈수록 가중되는 가족 간의 어려움 등이 심리 · 사회 · 정서적 불안감으로 심한 스트레스를 경험하게 되며, 심각한 수준의 정서상의 문제가 발생하여 공격적 · 폭력적 문제행동에 영향을 미치게 되고, 다시 원활하지 못한 또래관계의 문제를 심화시키는 요인으로 작용한다(손병덕, 2019).

2) 청소년의 학교생활 부적응 원인 탐구

학교 부적응을 겪는 청소년은 교사와의 관계 유지 능력 부족, 지속적인 불안 및 억압된 감정, 소극적 태도, 그리고 낮은 자존감 등의 특징을 보이며(Bower, 1970), 이는 또래 하위문화 형성, 등교 거부, 비행, 무단결석, 학습 부진, 교칙 위반, 학습 분위기 저해, 휴학, 우울증, 자살 시도, 공격적 행동 등 다양한 문제로 이어진다. 이러한 문제는 교사와의 관계에도 부정적인 영향을 미친다(Shechtman, 1993). 반면 사라손(Sarason, 2001)에 따르면, 적응은 변화하는 환경적 요구에 맞추어 행동을 수정하는 능력이며, 생존을 위해 주변 환경과 상호작용하며 능동적이거나 수동적으로 자신과 환경을 조화시키는 과정으로 정의된다. 이와 대조적으로 부적응은 청소년기에 사회 질서 및 규범에 적응하지 못하고 부조화를 겪는 상태를 의미한다(임동호, 2022).

부적응은 적응과 대조되는 개념으로, 환경적 요인과 정서적 요인 간의 불균형에서 기인하며, 학교 부적응은 학교생활에 원활히 적응하지 못하는 상태를 지칭한다. 이는 개인이 주변 환경 속에서 타인과의 관계를 원만히 형성하지 못하고, 자신의 문제나 욕구를 적절한 방식으로 해결하지 못하는 상황으로, 학교라는 제한된 공간 안에서 부적절한 행동과 갈등을 표출하는 것을 의미한다(이경은, 1998). 나아가 학교 부적응은 청소년 개인의 욕구가 사회, 학교, 가정 환경에서 충족되지 못하고, 갈등이 효과적으로 해소되지 않아 학교 영역에서 부적절한 행동 양상으로 나타나는 현상으로 해석할 수 있다(김혜경, 2008).

또한 학교 부적응은 학교 환경 내에서 개인의 요구가 충족되지 못하고, 다양한 관계 속에서 조화를 이루지 못할 때 나타나는 부적절한 행동 양상이며, 이는 청소년의 학교 이탈, 탈학교, 규칙 위반, 무단결석, 수업 거부, 학교폭력, 무기력 등과 같은 부적응적 행위로 이어질 수 있다. 따라서 개인의 고유한 성향 및 행동 양상이 학교 환경, 대인 관계와 원활히 조화되지 못하여 심리적 요인에 기인한 학교생활 부적응이 발생한다(윤현준, 2018). 이러한 학교 부적응은 학생이 학교 및 학급, 학교 관련 환경에 적응하는 과정에서 교육적 가치, 규범, 질서에 위배되는 행동을 보이거나 대인 관계에서 불균형적인 상태에 놓이는 것을 지칭한다(김기태 외, 1996). 특히, 학교 부적응의 개인 심리적 원인은 낮은 포부 수준, 자아존중감 결여, 정서적 문제 등으로 파악된다(구본용, 2007).

학교 부적응은 오은정(2016)이 제시한 바와 같이 학교 규칙 불이행, 교우 및 교사와의 대립, 학습 의욕 감퇴로 인한 학업성취도 저하 등의 형태로 나타나며, 이는 개인의 요구와 학교 환경 사이의 갈등 관계에서 기인한다. 또한 신현정 외(2008)의 연구에 따르면 학교 부적응은 개인의 단독적인 문제가 아닌 환경적 요인과 개인의 내적 요인이 복합적으로 작용한 결과로, 낮은 자존감에 따른 정체성 혼란, 대인 관계의 어려움, 진로에 대한 비관적인 전망,

그리고 경직된 교육과정 등의 요인에 의해 발생한다고 볼 수 있다. 즉 학교 부적응은 학습 태도 저하나 학업성취도 미달과 같은 학업적 문제뿐 아니라, 비행, 교칙 위반, 학교폭력과 같은 문제행동을 포괄하는 개념으로 정의될 수 있다.

이와 관련하여, 학교 부적응 청소년의 개인적 · 환경적 · 사회적 상호작용 측면을 고찰한 이현주(2011)의 선행연구에서는 학교 및 학교 적응과정에서 나타나는 부적절한 행동이 학교 규범, 질서, 가치와 개인의 행동양식 간의 불균형을 야기하며, 이는 학교 부적응을 심화시켜 가정 및 사회 전반에 걸쳐 부정적인 영향을 미치는 것으로 나타났다. 그리고 조성심(2010)은 학생의 개인적 어려움이 학교 및 학급 내 부적응 행동으로 이어질 수 있으며, 이는 개인의 적응 문제에 국한되지 않고 학교 환경의 문제까지 확산될 수 있음을 지적하였다. 특히 학교 체제가 학생 개개인의 특수한 요구를 포용하는 데 어려움이 있다는 점을 고려할 때, 이에 대한 해결책은 학생 상담 또는 심리 치료와 같은 접근 방식을 통해 모색되어야 할 것이다(임동호, 2022).

3) 청소년 학교문화의 해결과제

학교문화를 개선하기 위해서 우선시 되어야 하는 것은 학생들이 자신의 문화를 긍정적인 시선으로 바라보아야 하는 것이다. 그리고 학교가 교사와 학생들을 새로운 행동과 특성, 가치, 도덕의 새로운 세계로 이끌어 가는 것을 스스로 이해하여야 한다. 이러한 실행과정에서 교육은 학교를 중심으로 교사에 의한 계획성과 가르침을 중심으로 하여 학습자의 배움을 설정하고, 역할 모델과 그에 요구되는 가치들이 높은 수준에서 상호작용적으로 이루어져야 한다(손종호, 2011). 따라서 청소년의 성장을 위한 학교문화의 과제를 살펴보면 다음과 같다.

(1) 건강한 교육의 장 마련

근래의 학교는 급속한 속도로 변화하고 있고 역동적인 상호작용이 이루어지고 있는 사이버 세상을 살고 있다(전동만, 2025). 이에 최신 정보와 지식의 빠른 변화 그리고 끊임없는 배움이 요구되는 학습사회로 접어들면서 학교교육의 위기 속에서 새로운 변화가 요구되고 있다. 따라서 기존 학교문화에서 교육의 장 마련을 위한 과제를 다음과 같이 제시할 수 있다(신성철 외, 2015).

첫째, 교육은 가르침 중심에서 배움 중심의 학습 형태로 변화해 나가야 한다. 교과 지식과 교사 중심의 제한된 영역에서 탈피하여 인간 중심의 생활에 대한 과정으로 확대되어야 하며, 청소년이 자신의 삶에 대한 탐구과정에서 학습을 시작할 수 있도록 해야 한다. 학교 안팎에서의 교육은 청소년들의 학습활동을 촉진하고 학습 능력을 탐색하고 발전하기 위한 다양한 현장이다. 지금까지의 형식적인 교육의 장점을 유지 · 발전시키고 다양하고 유연한 교육 활동을 위해 교사와 학습자 간의 새로운 교육목표, 교육 방법 설정으로 교육의 질적 변화를 이루어 내야 한다.

둘째, 청소년의 건강한 학습을 위한 일상생활에서의 여유와 자유로움이 확대되어야 한다. 청소년은 집 〉 학교 〉 학원 〉 집을 오가면서 학업과 공부를 중심으로 하는 반복적이며 무리한 일상생활에 놓여 있다. 일상적인 학업 수행 능력과 성적은 청소년들의 주요한 고민이며 스트레스로 자리 잡고 있다. 학교 정규수업, 자율학습, 학원수업 등의 무리한 일정은 학습의 효율을 떨어뜨릴 뿐만 아니라 청소년의 균형 있는 발달과 심리적 안정에 부정적인 영향을 미치게 된다. 이에 청소년이 여유가 함께하는 일상 속에서 스스로 호기심을 갖고 탐구하면서 학습해 나갈 수 있도록 교육적인 제도적 보완과 지원이라는 변화가 이루어져야 한다.

셋째, 사교육의 기능을 건강하고 안정적인 학습문화로 자리 잡도록 하여야 한다. 과거의 교육 방식에 의한 학습은 사교육의 확장과 영향력의 넓어짐으로 나타났다. 그러나 사교육은 학교교육의 경직성과 획일성의 문제가 드러났으며, 이를 극복하기 위한 교육방식의 변화 요구에도 불구하고 과도한 경쟁만을 부추기는 결과를 가져왔다. 입시와 결과를 위한 사교육은 청소년의 교육 수준과 관심을 고려하기보다 선행학습과 반복학습을 중점적으로 가르치는 경직된 성적 관리를 하도록 하고 있다. 또한, 전통적으로 교사의 권위적인 모습이 사교육을 통해 나타나기도 하며, 교수-학습 방식은 일방향적으로 나타나 배움과 학습자들 간의 상호작용은 매우 제한적이었다. 이러한 교육과정 운영 방식은 청소년에게 있어 부정적인 영향으로 나타나므로 새롭게 변화되는 학습 세계에서는 학습자의 다양한 수준, 관심 및 재능을 계발하기 위해 사교육은 공교육의 부족한 부분을 채워 주는 학습 동반자의 기능으로서 자리 잡도록 해야 한다.

넷째, 청소년의 교육은 학교 밖 교육에서도 병행되어야 한다. 청소년시설, 평생교육시설 등을 이용한 다양한 활동이 청소년의 참여를 주축으로 이루어져야 하며, 교육의 장은 학교 중심에서 학교 밖으로 영역이 확장되어야 한다. 청소년의 학교문화는 자기주도적인 학습을 통해 자신의 삶과 탐구과정을 경험하고 이해하는 데 목적을 두어야 한다(전동만, 2025).

(2) 건전한 학교문화 조성

학교문화의 핵심 목표는 교사와 학생의 학교에 대한 믿음과 이들이 가지고 있는 교육적 가치들에 의해 표현된다. 또한, 학교가 가지는 힘은 사회적 가치의 증가와 학생들에게 부여되는 사회적 지위에 의존하며, 건전한 학교문화 조성은 학교문화를 변화시키기 위한 중요한 요소라고 할 수 있다(손종호, 2011).

학교문화를 변화시키기 위한 가장 큰 요소로는 학생과 교사 그리고 지역사회를 설득하는 과정을 거쳐야 한다. Meyer(1978)는 학교가 교사와 학생들을 새로운 행동과 특성, 가치, 도덕의 새로운 세계로 이끌어 가는 것을 학생들이 이해해야 한다고 말하고 있다. 이러한 설득의 과정은 학생들이 끌릴 수 있는 역할 모델과 그에 요구되는 가치들이 높은 수준에서 상호 결합될 때 이루어진다. 이런 과정을 통해서 학생들은 자신이 속한 학교가 자신의 미래와 밀접하게 연관되어 있음을 확신할 수 있는 것이다. 그러나 학생들이 학교를 통해 미래에 얻을 수 있는 것을 명확히 알지 못하거나, 학교의 위상을 인정하지 않는다면 학생들에게 미치는 영향은 의미가 없을 것이다. 이것은 곧 학교는 속해 있는 구성원들의 의지와 동기에 의해 전적으로 의지하고 있으며, 학생, 교사, 지역사회는 학교가 자신들을 변화시킬 수 있는 힘을 가지고 있다는 것을 믿어야 한다.

Chapter
04

청소년의 대중문화

1. 청소년과 대중문화의 관계

1) 대중문화의 개념과 정의

청소년기는 만 14세부터 20세 미만의 연령대로 아동기와 성인기의 중간 단계에 위치하며, 일반적으로 중학생 및 고등학생 시기에 해당한다. 아동기의 의존적 특성에서 성인기의 자율적 특성으로 이행하는 과도기로서, 신체 발달, 정신적 성숙, 사회적 행동양식에 있어 질적 및 양적 변화가 나타나지만, 여전히 신체적·정신적 발달과 사회화 과정을 필요로 하는 불안정성을 내포한다. 또한 청소년기는 자아정체성이 발달하는 과정에서 독립 및 자유에 대한 갈망이 고조되고, 기존의 가치관에 대한 반발심이 나타나지만, 경제적 의존에서 벗어나지 못하는 현실로 인해 심리적 갈등이 유발된다. 특히 한국 청소년들은 입시경쟁의 압박 속에서 사회적 및 가정적 자율성을 확보하지 못한 채 수동적인 삶을 영위한다. 전통적인 가정 및 사회 구조에 대한 반항 의식이 증대하고 또래 집단과의 유대감을 통해 심리적 안정을 추구하는 경향이 강해짐에 따라 또래 집단은 폐쇄적인 성향을 보이기도 한다(이주연, 2020).

청소년과 대중문화와의 관계는 원래 '계급'의 개념에 반대(antithesis)되는 주장에서 출현한 '대중'이라는 개념과 문화라는 개념이 결합한 대중문화의 사전적 의미를 살펴보면, 대중문화란 대중이 형성하는 문화, 생활 수준의 향상, 교육의 보급, 매스컴의 발달 따위를 기반으로 이루어지며, 대량생산과 대량소비를 전제로하기 때문에 문화의 상품화 · 획일화 · 저속화 경향이 생기는 경우가 많다"(국립국어원, 2024). 이와 같은 대중문화의 기본 정의들에서 주목해 볼 수 있는 것은 크게 두 가지이다. 하나는 대중문화가 그 상위 개념을 이루는 '대중'의 속성을 어떠한 주체로 파악하느냐에 따라서 규정되는 개념이라는 점이다. 즉, 대중문화의 주체세력인 대중의 속성을 어떻게 파악하는가에서 출발하는 것이다. 이는 대중을 자발적이고 자생적인 문화 형성의 '주체'로 파악하는가, 혹은 수동적인 '대상'으로 파악하는가의 문제이다. 다른 하나는, 대중문화가 '문화'의 한 종류, 즉 하위 개념 혹은 대립적 상대적 개념으로서의 문화로 규정된다는 점이다. 대중문화를 다른 문화와의 상대적인 개념으로 혹은 이들과의 관계 속에서 파악하는 접근이 그것이다. 이러한 접근에 따르면, 대중문화란 "대중의 개념을 문화의 개념과 어떻게 혼합시키는가"에 따라 다양하게 규정될 수 있는 개념이다(유창연, 2023).

대중문화는 일반적으로 '매스 컬처(mass culture)'나 '파퓰러 컬처(popular culture)'로 사용된다. 일반적으로 매스 컬처의 의미로서 대중문화는 대중문화에 대한 비관론적 관점이라 할 수 있고, 이에 반해 파퓰러 컬처는 긍정적 관점이라 할 수 있다. Herbert, J. Gans(1974)에 따르면 '매스(mass)'라는 용어는 유럽 사회의 교육을 받지 못한 하층계급으로, 오늘날에 와서는 중 · 하 이하의 노동자 계층 및 가난한 사람들을 일컫는 말이다. 반면 '하이 컬처(highculture)'는 고급문화로서 유럽 사회의 교육을 잘 받은 엘리트에 의해 수용되는 예술, 음악, 문학 등을 가리킬 뿐 아니라, 이러한 문화예술에 대한 애호가와 교양 있는 사람들의 감정이나 사고의 유형까지도 포함해서 말한다. 하지만 '매스 컬처'라고 할 때는 문화적으로 세련되지 못한 다수에 의해 사용되는 상징산

물을 뜻한다. 이와 같이 '매스 컬처'는 부정적인 비문화성을 의미한다. 이에 반해 '파퓰러 컬처'는 보다 긍정적인 뜻을 함유하고 있다(Gans, 1998). 그러므로 대중문화의 '대중'을 'mass'로 정의하느냐 'popular'로 정의하느냐에 따라 의미 전달도 달라진다(강현두, 1998). 특히 19세기 말과 20세기 초, 서구 자본주의 사회의 출현과 함께 형성된 대중문화는 민주주의와 상업주의의 발전에 따라 빠르게 성장하였다. 이러한 사회의 변화는 기존의 귀족 중심으로 이루어졌던 고급문화를 밀어내게 되었고, 문화는 중산층을 중심으로 형성되었으며, 고급문화를 창조했던 예술가들이나 후원자들은 새로운 문화예술 고객을 중산층에서 찾게 되었다. 이렇게 만들어진 것이 대중을 위한 예술 형태인 '대중문화'이다. 즉, 대중문화는 고급문화와 대비되어 사용되며, 고급문화가 사회의 상류층을 기반으로 하여 지적이며 세련된 형식과 내용을 가지는 예술적 문화라면, 대중문화는 대중사회를 바탕으로 대중을 대상으로 소비되는 문화라 할 수 있다(신국원, 2001).

2) 대중문화에 대한 인식

매튜 아놀드(Matthew Arnold)로부터 비롯된 대중문화에 대한 부정적인 인식은 프랑크푸르트학파(The Frankfrut School)[1]를 거쳐 오면서 대중문화는 진정한 문화를 위협하는 것으로 주장되어 왔다. 특히 후기 자본주의 사회에서 대중문화는 대량적이고 획일적이며 그 문화 상품의 소비자인 대중을 우민화시

1) 프랑크푸르트 학파(The Frankfrut School, Frankfruter Schule)는 일명 비판이론학파로 불린다. 1923년 막스 호르크하이머(Max Horkheimer)가 프랑크푸르트에 사회연구소를 설립하며, 당시 수많은 젊은 마르크스주의적 학자들이 그 연구소에 참여한다. 그러나 나치 정권의 유대인 숙청 작업이 진행되면서 연구소가 폐쇄당하자 유태계 학자들은 독일을 탈출하여 미국으로 도피한다. 전쟁이 끝난 후 테오드르 아도르노(Theodor W. Adorno)를 중심으로 프랑크푸르트 대학에 사회연구소가 재건되면서 그들의 비판이론은 전후의 거대한 사유 흐름으로 자리 잡게 되며 나아가 1968년 학생운동의 기폭제가 된다(출처: 문학비평용어사전).

키고 대중의 창조적 능력을 약화시켜 자본주의 사회의 모순에 순응시키는 역할을 하는 것으로 인식되어 왔다. 그러나 소비 자본주의의 새로운 주체로서 대중이 부상하고 대중매체가 점점 더 강력한 영향력을 가지게 되면서 다른 한편에서는 대중의 창조적 주체성에 주목하기 시작했다.

특히 2차 세계대전 이후 경제 성장과 고용 조건의 질적 향상으로 특정지어지는 사회경제적 상황은 노동 계급의 삶의 양식을 결정적으로 변화시켰으며, 생산자들이 소비자로 급격히 전환하게 되었고 그 소비는 생산을 창출하게 되었다. 소비 자본주의에 수반되는 사회경제적 변화에 대응하려는 지식인의 인식 변화로 인해 이제 대중의 문화적인 삶이 새로운 중심으로 떠오르게 되었다(김정미, 2015).

영국의 문화연구가인 스튜어트 홀(Stuart Hall)은 대중문화를 진지하고 중요한 학문 영역으로 전환시켰으며, 그의 수많은 학문적 업적을 가로지르는 문제의식은 대중문화에 진정한 '대중'이 있느냐는 것이었다. 그는 대중문화를 지배집단과 하위집단 간의 일상적인 저항과 투쟁이 일어나는 장이라고 보았으며, 그곳에서 주변적 혹은 종속적인 하위 집단들이 어떻게 자신들의 문화적 공간을 지켜내는지 혹은 실패하는지를 시대적 · 정치적 · 경제적 상황과 함께 비교연구하였다. 왜냐하면 문화란 거대한 지배적 이론으로 설명되는 정적이고 본질적인 대상이 아니라 어느 한쪽도 승리를 보장받을 수 없는 현재 진행 중인 하나의 투쟁 과정이라고 보았기 때문이다.

그리고 존 피스크(John Fiske)는 "대중문화는 본질적으로 모순적(Reading the Popular)"이며, 대중문화의 텍스트가 지배계급에 의해 생산되더라도 대중들의 소비에 의해서 다시 재창조되며, 대중들은 이 과정을 통해 쾌락을 느끼고, 그 과정을 통해 다양한 저항의 힘을 획득하는 계기가 된다고 주장하였다. 그는 팬덤(fandom)이 대중문화에서 차지하는 역할에 주목하고 대중들은 이를 통해 대중문화에 참여할 수 있다고 보았다. 그는 문화산업이 주도하고 있는 현대 대중문화에서 대중의 참여가 나름대로 보장되고 있는 팬 그룹의 형성은 대중문화의 적극적인 변용이나 저항의 가능성을 제시하고 있다고 주장한다("The Cultural Economy Of Fandom"). 이것은 저항의 방식을 통하든 아니면 수용과 변용의 방법을 통하든 대중이 보여 주는 저항의 방식으로 이해될 수 있다. 피스크에게 팬덤은 문화가 지배를 관철하는 과정에서 대중이 힘을 얻을 수 있는 창조 행위이자 욕망의 실현이다. 피스크는 팬 개인이나 집단들의 행위를 단순한 소비로 간주하지 않고 생산성에 주목함으로써 팬덤의 미시적 실천행위들을 사회적으로 의미 있는 것으로 간주한다(김정미, 2015).

또한 대중문화에 대한 시각이 폭넓고 다층적으로 변화한 원인은 연구 초점을 어디에 두느냐에 따라 달라지며, 이는 생산자 중심, 텍스트 중심, 수용자 중심으로 구분될 수 있다(황완덕, 1999). 생산자 중심 관점은 대중문화 비판론에서 기원하며, 문화산업이 ① 예술을 소비재로 전락시키고, ② 상품 형태로 변형시켰을 뿐만 아니라, ③ 문화산업의 영향력이 확대될수록 소비자의 욕망을 자극한다고 주장한다(Herbert, 1987, 1996 ; 양재영, 1994). 반면, 텍스트 중심 관점은 텍스트 자체의 해석에 집중하며, 노래, 서적, 광고, 영화 등의 텍스트와 가수, 배우와 같은 대중문화 실연자 분석에 주력한다(윤유경 · 채지영, 2005).

1980년대 이후 국내에 포스트모더니즘 사회이론이 도입된 이래, 대중문화 내에 내재된 지배 이데올로기를 규명하는 데 주요한 관심이 집중되었다(김창남, 1995). 한편, 수용자 중심 연구는 텍스트 중심의 문화연구를 비판하며, 수용자 집단의 삶의 맥락과 문화적 특성에 기반한 연구의 필요성을 제기하였다(윤유경 · 채지영, 2005). 이러한 관점은 의미 생산이 수용자와 생산자의 상호작용, 즉 프로슈머 관점에서 이루어짐을 강조하며, '능동적이고 창조적인 수용자'라는 새로운 개념을 제시하였다. 프로슈머는 생산자(provider) + 소비자(consumer), 즉 두 단어를 합친 신조어로 대중매체나 대중문화가 소비자의 기호에 맞추어 생산되는 추세를 말하며, 이러한 개념은 TV나 신문의 모니터 제도 등을 통해 도입되기도 하였다. 또 다른 대중문화의 관점 변화를 가져오게 된 계기로는 고급문화를 향유하던 자들이 대중문화의 비판을 중단하고, 청년 문화(youth culture)를 새로운 적으로 보며 비판했기 때문이었다(손지민, 2021).

2. 대중문화의 흐름

1) 대중문화의 형성 배경

오늘날 대중문화는 후기 자본주의의 소비시대와 맞물려 새로운 지평을 형성하며 위용을 떨치고 있다. 대중문화가 아닌 영역이 없을 정도로 범위나 내용 면에서 광범위하다. 대중문화가 보편적인 문화로서 자리할 수 있는 배경은 정치, 경제 및 사회·문화적인 측면에서 접근할 수 있다(김천영, 2018a ; 김천영, 2018b ; Fog, 1999 ; Kendall et al., 2001).

첫째, 정치적인 측면에서는 민주주의의 발달로 인한 다양한 기회 제공과 관련이 있다. 과거 특수한 계층에게만 전유되어 온 고급문화의 영역을 일반 대중에게도 향유하게 함으로써 참여의 접근성을 높여 준다는 의미에서 민주적이다. 이러한 정치적 동기의 이면에는 그간의 고급문화와 저급문화 간의 지배, 지배의 가시적인 이데올로기적 갈등을 완화시키려는 측면이 있다. 즉, 가시적인 지배의 실체를 은폐시킴으로써 지배와 피지배의 상실과 더불어 대중을 정치적 권력 주체의 지위에 놓는 효과를 제공한다. 이러한 점에서 대중문화는 고급문화와 저급문화 간의 억압과 저항의 직접적이며 가시적인 이데올로기의 영역에서 보다 세련된 형식의 사회 질서 유지를 위한 헤게모니 전략이자 리더십으로 인식된다. 이때 대중문화는 강압적인 지배 방식을 완화하는 보다 유연한 지배 방식으로서의 역할을 담당한다. 대중문화가 표면적으로는 민주적이나 오히려 지배의 실체를 인식하지 못하고 사회 발전의 진정한 저항의 거친 정신을 망각하게 할 수 있다. 결과적으로 '위대한 거절의 기능'을 수행하지 못하고 의도된 질서에 순응할 여지를 낳는다.

둘째, 경제적인 측면에서는 자본주의 생산양식과 관련이 있다. 생산이 강조되던 시대에서는 문화 소비가 특정한 계층에 국한되어 왔으나 자본축적을 위한 소비시대의 필요에 의한 저급문화에서 대중문화의 이름으로 지위를 격상하여 대중을 경제 주체의 지위에 놓게 한다. 그 이유는 소비의 중요한 통로 역할을 대중문화가 담당하기 때문이다. 특히 기술 발달로 인하여 대량생산체제가 가능해짐에 따라 대중문화가 본격적으로 소비의 통로를 개척할 수 있게 되었다. 기술중심주의는 소비의 장을 현실 세계에서 과잉현실 세계로 확장시키면서 새로운 형태의 대중문화시장을 형성한다. 네트워크를 중심으로 하는 사이버 문화공간의 확장은 분산된 시간, 공간, 연령, 성별, 인종 및 계층을 통합하며 하나의 질서 속에서 움직이게 한다. 이러한 경제적 동기의 이면에는 대중을 경제 주체의 지위에 놓이게 함으로써 대중문화를 소비 촉진의 교묘한 장으로 이용하려는 측면이 있다. 대중을 특별한 소비 주체로 호명함으로써 물질적 실천을 꾀하게 한다. 이때 대중문화는 생산과 소비의 안정적이며 지속적인 관계를 유지하도록 기능하는 역할을 수행한다. 그 결과 사용가치로부터 교환가치를 분리시켜 대중의 정신성을 고갈시키며 물질성에 기초한 교환가치를 신봉하게 한다. 대중문화의 소비 촉진성은 후기 자본주의 생산양식과 더불어 더욱 심화된다. 후기 자본주의 생산양식은 전기 자본주의의 경제 자본주의 형식이 아니라 문화를 앞세워 보다 세련된 자본축적을 꾀하는 문화 자본주의 형식을 취한다. 문화 자본주의는 경제 자본주의와는 달리 고정되거나 경직된 경제 중심의 생산양식에 입각하는 것이 아니라, 보다 유연하고 섬세한 문화 중심의 생산양식에 기저한다. 따라서 문화 자본주의는 합리적이며 이성적인 경제적 동기를 은폐시키며 소비자의 감성을 자극하는 새로운 전략을 모색한다. 이는 합리주의와 이성 중심주의에서 감성 중심주의로의 이동을 의미한다. 그 속에서 대중문화의 소비 촉진성은 새롭게 기능한다.

셋째, 사회 · 문화적인 측면에서는 사회 · 문화 발전과 관련이 있다. 대중문화의 발전을 통하여 사회 및 문화 발전을 꾀하려는 측면이 있다. 그러나 이러한 동기의 이면에는 정치 · 경제질서 유지의 성격이 강하다. 사회와 문화의 관계는 형식과 내용의 관계이다. 사회가 그릇이라면 문화는 그 내용물에 해당한다. 이러한 점에서 사회와 문화의 관계는 불가분의 관계로서 사회체계에 따라 문화의 내용을 달리하며, 문화의 내용에 따라 사회체계의 형태가 변화한다. 어느 하나가 고정되어 있는 것이 아니라 상호작용을 한다. 문화의 내용은 크게 공유 가치, 공유 정서 및 공유 행위를 내포한다. 공유 가치와 공유 정서 및 공유 행위가 그 사회의 체계를 형성한다. 이때 사회체계는 정치체계와 경제체계를 보호하는 역할을 한다. 거시적으로는 사회질서 유지 기능으로 파악된다. 사회질서를 유지하는 것은 곧 경제질서와 정치질서를 유지하는 것을 말한다. 따라서 사회질서 유지의 핵심은 경제질서와 정치질서에 있다. 이때 문화는 사회체계를 유지하기 위한 이데올로기 체계로 존재한다. 공유 가치와 공유 정서 및 공유 행위가 그러하다. 그 시대 정상의 공유 가치와 공유 정서 및 공유 행위는 또 다른 시대에서 비정상의 공유 가치와 공유 정서 및 공유 행위가 될 수 있다. 대중문화의 필요성은 바로 공유 가치와 공유 정서 및 공유 행위를 보다 용이하게 자발적으로 통제할 수 있는 유용한 영역이라는 점에서 찾을 수 있다. 이데올로기의 개별적 통제 기능이 아니라 집합적 통제 기능을 수행할 수 있는 역량을 대중문화가 갖고 있다는 사실이다. 이와 같이 대중문화의 시대로 진입하게 된 배경은 정치, 경제 및 사회 · 문화적 환경 변화에 기인하나 그 속에 의도된 또 다른 동기를 내포하고 있음을 알 수 있다. 이성과 합리 그리고 계몽의 철학에 기초하여 발전해 온 대중문화는 근래에 들어 새로운 시도를 하고 있다. 이는 이성에서 감성으로, 계몽에서 탈계몽으로, 모더니즘에서 포스트모더니즘으로, 휴머니즘에서 포스트 휴머니즘으로, 전기 자본주의에서 후기 자본주의로, 생산 중심에서 소비 중심으로, 경제 중심주의에서 문화 중심주의로의 이동을 통하여 현실로 나타난다. 새로운 가치 형성과 해석에 기반하여 기존의 가치체계를 재구성한다. 고정되고 경직된 가치체계보다 유연한 가치체계를 지향한다. 대중문화의 동태적 흐름은 새로운 질서 유지의 방법으로 인식된다. 정태적인 1 : 1 대응체계에 의한 가치체계는 동태적인 탈 1 : 1 대응체계에 의한 가치체계로 이동한다. 대중문화의 유연적 · 연성적 변화로의 이면에는 새로운 생존전략의 지점을 모색하기 위한 은닉된 동기가 담겨 있다.

2) 대중문화의 변화 특징

대중문화는 대중매체를 매개로 한 문화로서 대중매체를 통해 생산되는 모든 문화(mass-mediated culture)로 정의된다(한국민족문화대백과사전, 2024). 텔레비전, 신문, 라디오 등으로 대표되는 단방향성 전통 매체부터 블로그(blog), 소셜 네트워크 서비스(SNS), 유튜브(YouTube)로 대표되는 양방향성 소셜 미디어 등의 매스 커뮤니케이션을 수단으로 생산 · 소비되는 모든 문화를 말하며, 이를 통해 고급문화와 민속예술, 우수한 문화와 저급한 문화 등 모든 문화 내용이 다양한 형태로 전달된다. 이는 대중매체를 매개하는 모든 문화 간의 전통적인 구분이 모호함을 시사한다(이주연, 2020).

현재 소셜 미디어에 기반하고 있는 대중문화는 매개하는 매체의 테크놀로지 발전과 네트워크 고도화의 진행에 따라 변화하는 유기체로서 기술의 발전과 보급의 대중화와 필연적인 관계를 갖는다. 새로운 기술 개발과 등장은 새로운 문화 창출을 의미한다. 20세기 후반 대중문화 영역에서 디지털 기술의 등장은 대중문화의 새로운 패러다임을 일으켰다. 웹을 기반으로 한 뉴미디어 기술은 문화를 생산하고 유통, 소비하는 방식을 획기적으로 변화시키며 대중의 문화적 삶의 가장 중요한 매개체가 되었다. 또한 제3차 산업혁명은 디지털 혁명으로 일컫는 기술 변화의 거대한 흐름이다. 아날로그 전자 및 기계장치에서 디지털 기술에 이르는 이 변화는 산업사회의 기술적 수준을 반영하는 대중매체는 물론 대중매체를 기반으로 하는 대중문화 영역에도 막대한 변화를 가져다 주었다. 각기 다른 형식으로 존재하던 텔레비전, 잡지, 영화, 음반 등 전통 매체는 정보화 사회의 도래와 디지털 기술 발달로 인하여 다양한 형식의 정보 콘텐츠와 정보처리를 디지털화함으로써 텍스트, 오디오, 그래픽, 비디오 등의 다양한 정보를 자유롭게 조합하여 동일 신호로 통합, 처리할 수 있는 형태로 변화하였다. 따라서 대중문화의 매체 간, 장르 간 구분의 근간이 사라지며 탈분화되었다(이주연, 2020). 또한 정보사회의 네트워크 기술의 발달은 국가 간의 문화적 · 물리적 경계를 초월한 글로벌 네트워크를 실현해 가고 있으며, 월드 와이드 웹(World Wide Web)은 개인 간의 지리적 한계와 물리적 거리감의 근간을 해체한 세계적 정보 공간으로 각 지역의 대중이 향유하는 문화의 확장은 단지 물질 수준에서 관철되지 않으며 소셜 네트워크 서비스(SNS), 손수제작물(UCC), 유튜브(YouTube) 등의 소셜 미디어를 통하여 집단의 문화 정체성을 공유하고 지식을 형성하는 것으로서 다른 국가 집단과의 문화 교류 증가를 포함하여 대중문화의 세계화 형태로 나타나고 있다.

3. 대중문화 수용이 청소년에 미치는 영향

1) 청소년의 대중문화 수용

청소년기는 아동기와 성인기 사이의 만 14세부터 만 20세 미만에 속한 사이 인구층으로 통상적으로 중학생과 고등학생 시기로 본다. 의존적인 성향의 아동기에서 자립적인 성향의 성인기로 넘어가며 거쳐야 하는 과도기로서 신체의 발육, 정신의 성숙, 사회적 행동양식은 질적 양적 변화로 인해 아동기를 벗어났지만, 육체적 · 정신적 성숙과 사회화가 요구되는 불안정한 시기이다. 또 청소년기는 자아의식이 형성되어 가는 시기로 독립과 해방에의 욕구가 강화되며 기성 가치 부정의 경향이 생겨나지만, 물질적 지원으로부터 독립하지 못한 데에서 심리적 충돌이 생겨난다. 특히 우리나라 청소년은 입시경쟁에 시달리며 사회와 부모에게서 독립하지 못하고 타율적인 삶을 살아가는 존재이다. 전통적 가정 · 사회의 존재양식에 대한 저항의식은 강해지고 또래 집단에 소속됨으로써 정신적 안정감을 얻는 심리가 매우 강하기 때문에 또래 집단은 배타적인 성향을 띠기도 한다. 이러한 또래 집단문화의 청소년은 매스미디어에 의한 대중문화의 영향을 가장 예민하게 받아들이며 이는 또래 집단 내에서 형성된 배타적인 규범의식을 강화하는 도구로 사용된다. 복장, 음악 등의 소비에서 청소년은 그들만의 독특한 경향을 가지며, 청소년들이 음반 시장의 70%에 해당하는 구매력을 갖는 점은 이미 대중문화 소비에 있어 청소년은 결정적인 주도권을 가졌음을 보여 준다(안혜경, 2009).

입시경쟁의 압박으로 우리나라 청소년의 일상은 대부분 학교와 학원 등 학업과 관련된다. 여가는 매우 적은 비율을 차지하며, 앞서 조사한 바와 같이 청소년의 80% 이상은 하루 중 한 시간 이상을 스마트폰을 통해 대중문화를 접하고 있다(안혜경, 2009). 청소년들은 대부분 시간을 학교와 학원에서 보내기 때문에 청소년들의 문화는 자발적이고 자생적인 행위보다는 매스미디어에 절대적으로 의존하는 형태를 보인다.

이와 같이 청소년문화를 이해하는 데 초점이 되는 것은 대중문화이다. 그 한 예로 텔레비전의 가요 프로그램을 보면 쉽게 느낄 수 있듯이 오늘날 주류적인 대중가요의 가장 열광적인 수용층은 청소년층이다. 흘러간 가요를 들려주는 일부 프로그램을 제외한 대부분의 가요 프로그램에서 방청석을 메운 채 환호하는 청중의 대부분이 청소년들이다. 이들 청소년의 반응에 따라 대중가요 시장의 판도가 바뀌고 인기의 흐름이 좌우된다. 이런 현상은 1990년대로 넘어오면서 더욱 가속화되고 있으며 그 연령층도 점점 낮아지는 것으로 보인다. 청소년들은 단지 대중가요의 수용층일 뿐 아니라 이제는 대중가요의 생산자로서도 그 역할이 차츰 커지고 있다. 1980년대 중반부터 고등학생 신분으로 가요계의 스타가 되는 경우가 드물지 않게 나타나고 일찌감치 청소년 시절부터 음악에 몰두하여 대학을 포기한 채 곧장 스타가 된 '서태지'의 예처럼 이제 10대의 역할은 단순히 대중음악의 수용자로 그치지 않고 있다(조미경, 2002).

대중 가요시장에서 청소년층이 절대적인 비중을 차지하는 것과 함께 청소년의 삶에서 대중가요의 비중은 그 어느 계층에 비해서도 큰 것으로 이해된다. 대개의 경우, 기성세대는 대중음악에 대한 청소년들의 열광을 '광란'이라든가 '맹목적 동경' 등의 용어로 표현하며 비판적으로 바라보는 경우가 많다. 반면에 청소년문화에 동정적인 입장에서는 대중음악에 대한 청소년들의 열광을 자연스러운 일시적 과정 정도로 이해하는 태도를 보인다. 이 두 가지 시각은 상당히 상반된 입장의 표현으로 볼 수 있지만 두 가지 모두 청소년들의 문화수용 행위를 수동적이고 맹목적인 것으로 본다는 점에서 사실상 공통적이다. 그러나 청소년들의 문화수용이 자신들이 처한 삶의 조건과 외적으로 강요되는 지배적인 가치에 대한 나름대로의 대응이라고 본다면 문제는 달라질 수 있다. 중요한 사실은 청소년들이 다만 주어진 대중문화를 수동적으로 소비하는 것이 아니라 주어진 한계에서나마 나름대로 자신들의 일상생활의 부분으로 구성한다는 것이다(장수한, 2020).

2) 능동적 수용자로서의 청소년

대중문화와 청소년 간의 연관성에 대한 통상적인 시각은 대체로 비판적이다. 자본주의적 작동 원리에 기반한 대중문화는 청소년에게 소비주의적이고 물질만능주의적인 가치관을 조장하며, 그 내용 또한 향락적이고 유희적인 성향을 띤다는 것이 일반적인 우려이다. 이러한 관점은 청소년을 대중문화를 무비판적으로 수용하는 존재로 간주하는 경향을 내포하고 있다(구정화, 2011). 그러나 대중문화는 청소년의 문화적 환경을 조성하는 데 그치지 않고 정체성과 의식 형성에까지 심대한 영향을 미치며, 사회문화적 경험의 지평을 넓히고 질을 높이는 데 기여한다(전동만, 2025).

따라서 청소년은 대중문화 소비에 있어 단순한 수용자가 아닌 능동적인 주체이므로, 청소년 대상 대중문화 교육은 그들의 문화적 해석 능력과 주체적인 선택 능력을 존중하는 데서 출발해야 한다. 청소년이 대중문화의 수용 및 해석 과정에서 능동적 주체로 기능하고, 그 의미를 올바르게 파악하며 재생산할 수 있도록, 비판적 해석 능력 함양과 더불어 예술적 경험으로의 전환을 통한 사회적 및 정신적 가치 충족 능력이 요구된다. 나아가 대중문화 소비와 생산의 근간이 되는 사회적 · 정치적 · 경제적 메커니즘에 대한 이해를 바탕으로 선험적 인식에 대한 비판적 접근을 지도해야 한다.

이러한 선험적 접근법과 비판적 시각은 시각문화 교육 및 미디어 교육의 핵심 주장과 일맥상통하며, 더 나아가 시각문화 미술교육은 대중문화를 미적 경험의 핵심 영역으로 간주하는 데 중요한 함의를 지닌다. 이는 학습자가 대중문화에 대한 이해 능력을 함양하는 것을 넘어 매체의 다양한 표현 방식을 직접 경험함으로써 주체적으로 의미를 구성해 나가는 학습 과정임을 시사한다(이주연, 2020).

(1) 청소년의 유행 추구와 소비 형태

현대 사회에서 디지털 시대를 영위하는 청소년들은 소셜 미디어라는 가상 공간의 개방형 플랫폼에서 쏟아지는 정보 과잉 속에서 일상생활을 보내고 있다. 컴퓨터 용어 '로그인(login)'과 '로그아웃(logout)'에 '현실 생활'을 의미하는 줄임말 '현생'을 덧붙여 만들어진 합성어 '현생 로그인' 혹은 '현생 로그아웃'은 디지털 시대에 성장한 청소년 및 젊은 세대의 새로운 언어이며, 현실과 가상 세계를 넘나드는 듯한 의미를 내포함으로써 이들의 독특한 가치관을 드러낸다(이주연, 2020).

소셜 네트워크 기반의 무한 확장형 온라인 플랫폼은 스마트 미디어 기술 혁신에 힘입어 즉각적이고 동시적인 특성을 띠게 되었으며, 개인의 사고 및 경험 공유, 문화와 지식 전달은 물론, 타인과의 관계 형성 및 확장을 위한 공간으로 기능한다. 이러한 특성은 청소년에게 가상 공간이 현실 세계와 동일한 가치를 지닌다고 인식하게 만들고, 결과적으로 현실과 가상 세계 간의 경계를 모호하게 만든다. 이러한 디지털 환경의 확산은 청소년으로 하여금 이전 세대와 차별화되는 행동 양태를 보이도록 야기한다. 소셜 미디어를 기반으로 형성된 또래 집단 고유의 언어는 이들 개성의 주요한 표현 수단으로 작용하며, 이는 복식 및 음악을 포함한 소비문화 전반에서 두드러지게 나타난다. 이러한 맥락에서 대중매체에 의해 반복적으로 재생산되는 상품 가치는 청소년의 유행 추구 경향의 근본적인 원인이 된다.

청소년 사이에서 디지털 가상세계의 중요성이 증대함에 따라, 이들은 구체적 물질이나 실용성과 같은 현실 기반의 상품보다는 즉각적인 만족감을 제공하는 감각적 경험을 중시하는 소비 행태를 나타낸다. 이러한 경향 속에서 청소년들은 매스미디어를 통해 생성되고 유포되는 시각적 이미지에 대한 선호를 보이며, 대중문화 소비의 주요 주체가 된다. 소셜 미디어, 즉 SNS나 UCC와 같은 플랫폼은 보편화된 디지털 매체를 활용하여 시공간의 제약 없이 불특정 다수에게 신속하게 정보를 전달하고 생산하는 기능을 수행한다. 이러한 특성으로 인해 유행의 변화 속도가 가속화되고 있으며, 청소년들은 이러한 유행에 예민하게 반응하여 과도한 소비 양상을 보이기도 한다. 하지만, 소셜 커뮤니케이션은 정보 전달 대상을 청소년으로 한정하지 않기 때문에, 청소년에게 적합하지 않은 기성 문화 모방을 부추기는 문제점을 야기한다(이주연, 2020).

(2) 청소년의 대중문화에서 신드롬 현상

대중문화 신드롬은 물질적 · 감성적 대상이나 사회 현상에 대한 과도한 몰입과 열광을 지칭하며, 이는 유행을 넘어선 대중 집단 전체의 동시다발적 증상으로 나타난다. 이러한 현상은 대중 사회의 두드러진 극단적 집단 문화로 해석될 수 있으며, 매스 커뮤니케이션의 반복적 생산에 의해 그 확산 정도가 결정된다. 더불어 소셜 미디어의 활성화는 생산과 소비의 동시적 증가를 야기하며 신드롬의 더욱 다양하고 급격한 확산을 촉진한다(이주연, 2020).

대중문화에서 나타나는 신드롬 현상은 특정 인물을 숭배하는 양상으로 두드러지며, 그 대상은 대개 대중매체에 자주 등장하는 연예인이나 스포츠 스타와 같은 대중스타에 국한된다. 이들 대중스타의 패션 및 행동양식은 표준화되어 하나의 유행으로 자리 잡고, 이는 다시 다양한 분야에서 파생적인 신드롬을 유발하는 요인이 된다.

대중스타는 문화적 소비 욕망과 실제 상품 소비를 유도하는 존재로서, 물질적 가치 소비의 이상적 모델이자 욕구 충족의 대행자로서 모방의 구심점이 된다. 청소년들은 이러한 현상에 기반한 모방 행위를 통해 독자적인 문화를 창출하고, 이는 대중가수 팬클럽 문화와 융합되는 양상을 보인다. 따라서 청소년들은 대중가요를 즐기는 동시에 특정 가수에 대한 열정적인 팬덤을 자생적으로 형성한다. 이러한 대중문화 상품의 소비에 있어 팬 문화는 자본 중심의 연예 산업 기업들의 목표에 따라 결정적인 영향력을 행사하는 소비자 집단으로 자리 매김하게 된다.

대중스타에 대한 청소년의 맹목적인 추종은 모방 욕구를 유발하며, 이는 대중문화의 자본주의적 작동 방식에 의해 상품 소비에 대한 끊임없는 갈망을 조장한다는 비판적 시각도 존재한다. 그러나 청소년은 모방 행동을 반복하며 자아정체성을 지속적으로 탐색하며, 대중문화는 단순히 청소년을 둘러싼 환경을 넘어 그들의 심리적 · 의식적 발달에 영향을 미쳐 정체성 형성 및 확립에 기여하는 중요한 요소로 작용한다(이주연, 2020).

3) 대중문화와 대중매체, 그리고 대중스타

대중스타의 등장은 대중문화의 확산과 같은 궤적을 그린다. 역사적으로 대중문화의 확산은 기술적 혁신을 근거한 매체(media) 발달의 역사와 밀접하다. 따라서 대중스타와 대중문화 그리고 대중매체는 삼각형의 세 꼭짓점에서 서로 연결된 동일한 크기의 변과 같으며, 과학기술의 획기적 발달에 힘입어 세 꼭짓점을 연결하는 각각의 변은 서로 상응하는 체제를 이루며 그 영역을 부단히 확장하기 시작하였다. 그러나 실제로 각 영역을 확장하는 데 기본적인 힘을 부여한 것은 대중매체라 할 수 있다(장수한, 2020).

(1) 청소년문화의 대중문화적 특성

컴퓨터는 이전의 메시지 송신자와 수용자의 일방적 커뮤니케이션(one way communication) 관계를 쌍방적 커뮤니케이션(two way communication) 관계로 전환함으로써 수용자인 대중의 참여를 가능하게 하였고, 과학기술의 적응력이 빠른 성장세대가 대준문화의 주도권을 잡게 함으로써 수용자의 핵심세력으로 성장세대를 자리매김하게 한 혁신적인 매체였다. 특히 개인용 컴퓨터를 기반으로 획기적인 발달의 속도를 보인 정보통신기술과 네트워크 테크놀로지에 의해 창출된 인터넷은 가상 현실을 창출하면서 현실의 시간과 공간을 확장하였으며, 대중의 기능을 생산의 영역까지 넓히는 주력 미디어 컴퓨터를 자리 잡게 하였다. 또한 COVID-19 이후 청소년의 비대면 수업이 확장하면서 청소년의 대중매체 이용률은 급격히 증가하여 주 수용자층으로 인식되었다(전동만, 2025).

청소년의 사이버 커뮤니티 활동을 중심으로 매트릭스, 팬클럽에서 컴퓨터와 인터넷은 대중문화와 대중스타의 영역에 독특한 전환점을 제공한 대중매체다. 그리고 대중이 자생적 문화 생성을 가능하게 하는 공간과 경로를 제공하였다. 특히 컴퓨터의 기술적 힘은 문화예술의 영역에 대중이 용이하게 참여할 수 있도록 하는 기반이 되고, 인터넷을 이용한 수용자 간의 네트워크를 구축함으로써 수용자 개인들은 집단적 체계를 갖추어 공공의 힘을 발현하게 하는 계기를 부여하였다. 이러한 대중을 대상으로 하는 대중매체는 인터넷의 특징인 쌍방향적 전달체계와 네트워크 체계를 기반으로 문화 생성을 가능하게 하였다. 또한 대중매체의 발달과 대중문화의 변화는 대중스타의 영역에도 전이되어 팬과 스타 간의 일방향적 관계와 제한적 소통 양식에 적지 않은 영향을 미치게 되었다. 인터넷은 팬들의 스타에 대한 소통을 원활하고 용이하게 하였으며 단위 집단의 게토(ghetto)를 형성할 수 있게 하였다. 특히 인터넷을 기반으로 '사이버 커뮤니티'를 형성할 수 있게 되면서 팬들은 대중스타를 선호하는 집단 간의 의식과 행동을 용이하게 공유할 수 있게 되었다. 사이버 커뮤니티는 팬에 대한 대중스타의 일방적 영향력을 제어하는 기반이 되고 팬과 스타 간의 상호작용을 가능하게 하였다.

(2) 대중문화의 수용에 대한 비평과 논의

대중문화를 낮은 수준의 문화로 보는 이론가로는 위대한 인간의 정신적 유산, 인류 최고의 완성적인 관념으로 제한하는 매튜 아놀드(M. Arnold)와 대중문화는 단지 비문화이자 반문화에 불과하다고 한 리비스(F. R. Leavis)가 있다. 매튜 아놀드는 진정한 문화의 의미를 두 가지로 보았다. 첫 번째는 문화가 곧 지식체계라는 점에 있어 문화가 물질적 문명과 차이가 있으며 그 지식체계는 완전무결한 지적 체계로 우수한 인간 사고와 표현의 정수임을 의미하고, 두 번째는 이성과 신의 의지가 널리 퍼지도록 노력하는 것으로서 문화가 갖는 빛과 아름다움은 문화 자체가 인간에게 도덕적 · 사회적 이득을 준다는 성격을 명확하게 해준다고 하였다(하윤금, 2003).

그러나 진정한 문화의 영역에 포섭되지 않는 대중문화는 이들에게 있어서

단지 결핍의 상징, 인간의 삶을 몰개성화로 이끄는 기제(mechanism)로 평가될 뿐이다. 나아가 대중이 대중문화의 공허한 텍스트와 생산물들을 소비한다는 것은 삶의 기본적이고 진정한 욕구에 대한 대리만족과 억압의 형태에 지나지 않고 따라서 대중문화를 소비하면 할수록 진짜 욕구에 대한 만족은 더욱 어렵고 이와는 상반되게 대중의 공허감은 더욱 커져 이러한 순환적 작용에 따라 대중문화는 더욱 널리 소비된다고 보았다. 그 결과 대중문화의 중독자를 양산하며 그들에게 대중문화의 향유는 지루함과 산만한 시간 죽이기 사이에서 충족되지도 못하며 끊임없이 오가는 하나의 문화적 악몽일 뿐이라는 것이다.

하지만 대중문화산업이 미치는 효과를 긍정적으로 평가하는 이론가는 대중문화의 성격에 대한 상반된 논의를 제시한 프랑크푸르트 학파의 편입문화론과 벤야민 등이 핵심으로 놓여 있다(이민희, 2001). 먼저, 편입문화론은 후기 자본주의 사회의 문화산업에 의해 생성되는 대량적 문화는 그 문화를 소비하는 대중으로 하여금 수동적 수용자로 위치짓게 하며, 나아가 소수계급의 이데올로기적 지배에 포섭되고 대중문화의 상업성에 매몰되게 한다. 또 수용자는 대중문화를 소비함으로써 탈개성화되며 수동적인 소비 대중에 머무른다. 이에 따르면 대중문화와 문화산업은 대중의 비판적 의지와 창의력을 마비시키고, 저항정신을 고갈시키며, 동시에 변혁의 의지까지 앗아간다. 이와 관련하여 대중문화의 소비를 통해 비판력과 저항력을 상실하고, 감각적인 삶에 탐닉하는 현대인을 마르쿠제(Marcuse, 1968)는 일차원적 인간으로 개념화한 바 있다.

반면에 벤야민(Benjamin)은 현대 문화산업이 갖는 대중문화의 독특성으로 인해 과거의 소극적이고 수동적인 문화적 수용 체제로부터 현대인이 해방되고 있음을 예언하고 있다. 텍스트와 수용자 대중 간의 미시적인 힘의 관계를 주목한 그에 따르면 문화산업은 문화적 텍스트의 수용에 있어 대중이 기존의 수동적 위치로부터 벗어나 능동적 문화소비를 하는 주체로 전환시켰다고 보고 있다(김미진 · 김동규, 2013).

(3) 청소년의 대중문화 수용에 미치는 영향에 관한 논의

청소년기 대중스타의 수용 경험이 갖는 부정적 기능으로는 지나친 수용과 의존적 경향으로 인한 편집증적인 성향을 나타내며 이로 인한 발달과업에 지장을 초래한다. 그리고 과한 집단적 동질성은 청소년 팬클럽 단체를 새로운 이익단체로 변모시키며, 문화산업 이면에 숨어 있는 상업성의 희생자가 될수도 있다. 또한 문화적 포퓰리즘의 경향에 종속될 수도 있다. 이러한 부정적 영향은 긍정적인 측면이 과도성을 갖거나 스타에 대한 지나친 의존성에 기인한다.

그러나 대중스타의 수용 경험이 갖는 긍정적 기능을 살펴보면, 자아정체감 및 집단적 정체감과 소속감이 형성되고 다양한 문화 경험을 통한 적극적인 사회 참여의 기회가 된다. 그리고 청소년기에 가지는 스트레스와 현실 불만 해소의 기능을 가지고 있어 건전한 사회성 형성에 도움이 된다. 뿐만 아니라 문화적 소비와 생산자로서의 경험도 제공하는 계기가 된다(전동만, 2025).

문제는 청소년들의 대중문화 및 대중스타 수용 현상이 어느 정도의 수준에서 어떻게 전개되고 있는지에 대한 정확한 실태 파악이 우선시되어야 하며 그에 따른 사회적 이해와 적절한 지원방안을 제시할 수 있을 것이다. 이에 따라 제기되어야 하는 과제와 대응 방안을 수립하여야 할 것이다. 이러한 논의는 적극적인 대중문화의 향유자인 청소년 팬클럽은 대중문화산업을 뒷받침할 소비층을 활성화하고 스타, 기획자, 미디어가 독점하던 권력을 청소년 소비자들도 공유하게 하며 일정 영역에서는 청소년의 참여가 가능하다는 점에서 긍정적으로 바라볼 수 있을 것이다.

(4) 청소년 대중문화의 세계화

네트워크 기술의 발전은 정보사회의 특징적인 현상으로서, 국가 간 문화적 및 물리적 경계를 넘어 글로벌 네트워크를 형성하는 추세를 가속화하고 있다. 월드 와이드 웹(World Wide Web)은 지리적 제약과 물리적 거리감을 극복하여 세계적인 정보 교류의 장을 마련했으며, 이는 각 지역 대중문화의 확산이 단순히 물질적인 차원에 머무르지 않고 소셜 미디어(SNS), 손수제작물(UCC), 유튜브(YouTube) 등 다양한 매체를 통해 집단 문화 정체성 공유, 지식 형성, 그리고 문화 간 상호 교류 증진으로 이어짐을 보여 준다(이주연, 2020).

Chapter 05

청소년의 여가문화

1. 청소년 여가문화의 개념

1) 청소년 여가문화의 개념

청소년 여가문화는 사회적 구조로서 기능하며, 이는 청소년 개인이나 집단의 실제 삶 속에서 구체적인 활동을 통해 재생산됨으로써 전승되고, 시대적 변화에 따라 반문화 또는 새로운 문화로 변화하는 변증법적 과정을 거친다(유진이, 2008). 여가는 그 의미 자체가 복잡하고 역동적이며, 총체적인 특성으로 인해 명확한 개념 규정 및 정의가 어려우며, 시대적 흐름과 사회 구성원의 의식 구조에 따라 다양한 형태로 개념화되어 왔다(양선정, 2001).

여가를 말하는 영어 레저(Leisure)는 그리스어 스콜레(Schole)에서 찾을 수 있다. 스콜레는 학문, 철학, 명상 등을 통해 자기계발과 발전을 추구하는 문화적이고 창조적인 개념을 담고 있다(박상호, 1999). 또한 노아마이어(Neumeyer)는 여가를 일상 생활에 필요한 활동을 마친 후의 자유 시간, 즉 노동이나 다른 의무에서 벗어난 시간으로 정의하였다. 카라스(Karas)는 여가를 노동이나 개인의 생존과 직접적인 관련이 없는 자유로운 개인 시간으로 보았으며, 그는 여가를 의무적인 활동에서 벗어나 자유롭게 사용할 수 있는 시간, 즉 임의적이거나 비의무적인 시간이라고 정의하기도 하였다(이종각, 1989). 허준(2009)에 따르면, 현재까지 널리 인정되는 여가 개념은 크게 활동, 시간, 주관적 경험의 세 가지 측면에서 고찰될 수 있다. 먼저, 시간의 개념으로서 여가는 근대 산업사회의 기술 발전과 노동시간 단축으로 인해 출현하였으며, 일과 분리된 자유 시간을 의미하는 것으로 오늘날 가장 일반적으로 통용되고 있다(송원익, 2004). 두 번째, 활동 개념으로서 여가는 자유 시간 중에서도 경제적 목적이나 의무에서 벗어난 자유로운 활동만을 지칭하며, 이는 자유 시간 중에도 여가로 분류될 수 없는 활동이 존재함을 시사한다(허준, 2009). 마지막으로 여가는 주관적 경험의 일환으로, 개인의 내면적 마음가짐에 의해 기능적으로 발현된다. 다시 말해, 여가는 개인 고유의 가치관, 감정, 과거 경험, 주관적 태도 등을 내포한다는 것이다. 따라서 여가는 개인에게 있어 자율적인 선택에 따라 활동에 사용되고, 이를 통해 자기계발을 위한 다양한 가치를 창출하는 기회가 되어야 한다(유용식, 2003).

2) 청소년 여가문화의 중요성

청소년기의 여가는 신체적, 심리적, 지적 발달에 있어 교육만큼 중요한 역할을 한다(권이종 · 김천기 · 이상오, 2010). 또한, 적당한 여가 활동은 신체적인 건강을 유지할 수 있도록 도움을 줄 뿐 아니라, 학업 스트레스 해소에도 효과적이다. 여가활동은 주로 집단적인 상호작용을 통해 이루어지기 때문에, 청소년의 사회성 및 협동심 함양에도 기여할 수 있다. 그리고 균형 있는 여가활동은 단순한 오락적 기능을 넘어 청소년의 욕구 불만 해소, 열등감 감소, 자존감 향상 등에도 긍정적인 영향을 미칠 수 있다.

청소년들의 여가는 휴식분산형, 관람집중형, 활동몰입형의 세 가지로 나누어 볼 수 있다(노순규, 2012). 첫 번째는 휴식분산형 놀이와 여가는 학업이나 바쁜 일상 등으로 얻는 스트레스를 풀기 위한 활동으로 음악감상, 친구와의 대화, 음주, 흡연 등을 꼽을 수 있다. 두 번째는 관람집중형 놀이와 여가의 대표적인 것으로는 영화 감상이나 텔레비전 시청을 들 수 있다. 여성가족부의 수탁 과제로 한국청소년정책연구원이 2013년 수행한 '청소년매체이용실태조사'에 따르면, 우리나라 청소년들은 여가 활용의 상당한 시간을 텔레비전이나 유튜브 등의 영상물을 시청하는 것으로 조사되었다. 이 조사 결과에 따르면, 우리나라 청소년들은 평일에는 2시간, 주말에는 하루 평균 4시간을 텔레비전 시청에 소비하고 있다(배상률 외, 2013). 마지막으로 활동몰입형 놀이와 여가의 대표적인 예로 게임, 운동하기, 악기 연주 등을 들 수 있다(노순규, 2012).

청소년문화에 대한 사회적 관심은 대부분 청소년들의 여가문화를 중심으로 인식된다. 청소년이 가족과 학교에서 탈출하고자 하는 욕구가 생길 때 건전한 여가활동이 이루어지면 비행이나 문제를 일으키지 않고 긍정적인 자아정체성을 성취하는 건강한 삶을 추구할 수 있다. 청소년들이 좋아하는 취미나 특기 활동을 살려 자기 표현을 할 수 있는 기회를 갖게 되면 그들이 가족과 학교에서 쌓인 욕구 불만은 감소된다. 그러므로 청소년이 여가를 즐기기 위한 레크리에이션은 단순한 놀이와 오락이 아닌 청소년들의 생활에 필수적인 목표로 취급되어야 할 것이다(권이종 외, 2010).

2. 현대사회에서의 청소년 여가문화

1) 청소년의 소셜 미디어 여가문화

노순규(2012)는 인터넷, 디지털, 모바일, 자유, 엽기 등을 21세기 대한민국 청소년문화의 핵심적인 키워드로 규정하였다. 청소년 정보통신기술의 이용이 증가함에 따라, 정보기술을 통한 청소년들의 적극적 자기 표현, 공유 행위의 확산, 그리고 주류문화에 대한 도전이 증가하는 경향이 강화되고 네트워크를 통한 감정적 행위, 일시적 공동체 지향 및 사회 참여 행위가 증가하고 있다(이경상, 2014). 이 같은 문화 현상과 트렌드가 시사하는 바는 청소년문화에 있어 소셜 미디어가 차지하는 위상과 청소년 여가문화에 기여하는 소셜 미디어의 기능이다. 즉, 소셜 미디어는 청소년 하위 문화 구성과 강화를 위한 소통 기능의 주요 축으로 기능하고 있으며, 디지털 원주민(digital native)이라 불리는 청소년 세대의 소셜 미디어 사용의 일상화는 그 자체로 청소년문화를 대변한다. 디지털 원주민이란 신조어를 만든 프렌스키(Prensky, 2001)는 기성세대와는 달리 청소년 세대는 어린아이가 성장하며 모국어를 자연스럽게 습득하고 구사하듯 디지털 미디어의 이용과 이에 따른 생활양식이 자연스럽게 몸에 배어 있다고 강조한다. 일상에서의 디지털 매체 수용 및 활용의 본질적인 차이에 따른 생활양식의 간극은 디지털 원주민과 기성세대인 디지털 이민자(digital immigrant) 간의 문화의 이질성을 두드러지게 한다.

디지털 원주민으로 함께 엮이는 10대와 20대이지만 소셜 미디어의 이용 행태를 비교해 보면 눈에 띄는 차이를 보인다. 10대 청소년은 20대 청소년보다 온라인 만남에 대한 거부감이 덜하며, 소셜 미디어상의 만남이 실제 만남보다 진정성이 있다고 느끼는 경우도 20대보다 더 많은 것으로 나타났다(강민주, 2013). 한국청소년정책연구원의 최근 조사에서도 10대 청소년은 신뢰와 의사소통 면에서 온라인 친구를 오프라인 친구 수준으로 긍정적으로 평가하였다(배상률, 2015). 즉, 오프라인 공간에서 사귄 친구 못지않게 SNS를 통해 알게 된 친구와의 관계도 청소년들에게 소중해지고 있는 것이다.

소셜 미디어는 재미와 즐거움, 일상생활 기록, 정보 공유, 사회적 관계망 형성 등 다양한 기능을 제공한다. 10대 청소년의 소셜 미디어 사용 이유에 있어 20대 및 기성세대와의 두드러진 차이점은 재미와 즐거움의 목적으로 소셜 미디어가 폭넓게 활용된다는 점이다(강민주, 2013 ; 배상률 외, 2015). 이종임(2014)은 디지털 원주민의 특징으로 “문화 테크놀로지의 소비 과정에서 가치가 창출되는 노동과 오락의 계속적인 교차"를 들고 있다. 소셜 미디어를 위시한 온라인상에서는 콘텐츠 생산이란 노동활동이 여가활동으로도 정의되며, 디지털 원주민들은 문화 생산자이자 소비자인 프로슈머(prosumer)로서 역할에 익숙한 세대다. 앞서 살폈듯이, 우리나라 청소년의 전반적 여가활동 중 미디어 소비활동이 차지하는 비중은 상당히 크다. 텔레비전, 게임 등 미디어를 활용한 여가활동과 함께 최근 들어 소셜 미디어 등 디지털 미디어를 활용한 프로슈머로서의 여가활동이 차지하는 비중이 꾸준히 증가하고 있으며, 이 추세는 시간이 갈수록 더욱 강화될 것으로 예상된다(배상률 외, 2013 ; 이종임, 2014 ; 한국청소년정책연구원, 2015).

2) 현대사회에서 청소년 여가문화의 중요성

현대사회의 속도감 있고 면밀한 변화는 어떤 측면에서는 발전과 진보를 의미하지만, 지나치게 급격하고 철저한 변화는 인간에게 혼란을 야기할 수 있다. 사실적인 면에서 시간과 부의 정도 또는 산업기술의 수준은 여가활동을 가능하게 하는 데 의미있게 기여한다. 그러나 과학기술 문명의 눈부신 발전과 경이적인 디지털화에 의해서 추진된 산업물질문명의 병폐는 인간이 인간을 신뢰하지 못하고 인간보다는 디지털과 기계를 더욱더 신뢰하고 의지하게 된다(이희범, 1997). 상호 존중 태도가 실종되는 이러한 상황 속에서 인간에 대한 예의와 권위는 필연적으로 소멸될 수밖에 없을 것이다. 현대사회의 두드러지는 특징인 디지털화는 생산력 증대를 통해 노동시간 단축과 여가시간 확대를 필연적으로 야기했으며, 이는 경제적 측면뿐 아니라 오늘날의 노동생활과 여가생활 양면에 걸쳐 막대한 변화를 가져왔다(이종각, 1989).

청소년문화에 대한 현대사회의 관심은 대부분 여가문화를 중심으로 인식되고 있다. 청소년이 가족과 학교에서 탈출하고자 하는 욕구가 생길 때 건전한 여가활동이 이루어지면 비행이나 문제를 일으키지 않고 긍정적인 자아정체성을 성취하는 건강한 삶을 추구할 수 있다. 청소년들이 좋아하는 취미나 특기 활동을 살려 자기 표현을 할 수 있는 기회를 갖게 되면 그들이 가족과 학교에서 쌓인 욕구 불만은 감소된다. 그러므로 청소년이 여가를 즐기기 위한 레크리에이션은 단순한 놀이와 오락이 아닌 청소년들의 생활에 필수적인 목표로 취급되어야 할 것이다(권이종 외, 2010).

『몽구스 크루』(신여랑, 2006)는 청소년 여가활동으로 춤 문화를 보여주는 비보이들을 다룬 작품으로 이 시대 청소년과 문학의 간극을 당대 안으로 바짝 좁히고, 청소년 소설의 흐름을 '지금, 여기'로 향할 수 있게 한 작품이다(오세란, 2007). 주인공 오진구와 오몽구는 형제이지만 형 진구가 "애들을 물어뜯고 꼴찌를 도맡아 할 때 모범생 몽구는 착한 어린이 상과 경시대회에서 상도 받는다"(신여랑, 2010). 그런데도 엄마는 형 진구만 감싸고 돌아 몽구는 서운하다. 진구는 초등학교 시절 지진아였지만 지금은 '몽구스 비보이 나인'으로 불리며 비보이계의 황제이다. 진구에게 춤은 삶의 전부이다. 진구와 팀을 이룬 승이와 영진도 춤이 좋아서 만나 '몽구스 크루'라는 팀을 이룬다. 이들은 춤을 추면서 "또래 집단들 간의 인간관계 및 사회관계를 형성"(권이종 외, 2010)한다.

비보이들은 춤에 몰입하여 즐거움을 경험하고 자신의 존재를 확인한다. 진구와 몽구 형제, '몽구스 크루' 팀원들 모두가 춤에 열정을 쏟는다. 춤은 자기 도취적 기능을 갖고 있다. 청소년들은 음악을 듣고 춤을 추면서 분위기에 도취되어 자신들의 감정과 행동양식을 춤으로 표출한다(권이종 외, 2010). 사고만 일으키던 지진아 진구가 춤을 추면서 자신의 존재를 확인하고 문제행동도 줄어든다. 청소년들이 춤을 추면서 "스트레스를 해소하고, 청소년기의 반항 및 공격성이 약화"(권이종 외, 2010)되는 면모가 비보이 진구를 통해 제시된다.

몽구는 대학입시 준비와 비보이의 삶 사이에서 갈등한다. 몽구는 비보이 팀이 해체되면서 춤을 추는 것이 형 때문인지, 진정으로 하고 싶은 일인지 고민한다. 진구는 다른 비보이 팀으로 옮기지만 새 팀원들과 부적응 문제를 겪으며 팀에서 쫓겨난다. 진구가 혼자 거리에서 춤을 추는 장면은 진정으로 춤을 좋아하는 진구의 존재감을 드러내 준다. 이런 형을 본 몽구는 형의 춤에 대한 열정을 인정하게 된다. 몽구는 형 진구와의 갈등을 해소하고 진구를 리더로 다시 팀을 이룬다(신여랑, 2006).

> 오진구에게 춤은 분노였고, 슬픔이었고, 사랑이어서 이토록 오만할 수도 이토록 절망할 수도 있다는 걸. 그리고 나의 분노와 슬픔은 춤이 아니라 고작 열등감, 시기, 질투 때문이었다는 걸. 나는 오진구의 손을 잡았다(신여랑, 『몽구스 크루』, 2006).

몽구는 춤에 대한 동경이 막연한 것이 아니었다는 점을 인정하면서 진정으로 춤을 추고 싶었다는 것을 인식하게 된다. 『몽구스 크루』는 대학 입시 공부보다 춤 연습에 몰두하는 몽구를 통해 행복은 결과가 아니라 과정임을, 무엇인가에 대한 '몰입'은 세상의 어떠한 슬픔이나 외로움도 이긴다는 단순한 진리를 확인하게 해준다(오세란, 2007). 『프루스트 클럽』과 『몽구스 크루』에서는 청소년들이 자신의 일상에서 탈출해 즐거움을 추구하는 청소년 여가문화가 소통의 매개체로 기능하는 장(場)이 제시된다. 2000년 이후 청소년 세대는 이전의 청소년 세대나 기성세대에 비해 행동하고자 하는 욕구가 훨씬 크며, 자신의 문제에 개방적이고 진솔한 면모가 청소년 소설에서 형상화된다. 『프루스트 클럽』의 윤오와 나원은 여가 활동을 통해 삶의 문제를 진솔하게 표출하며 문제를 해결해 나간 반면에 효은은 여가 활동이 중단되었을 때 삶에 대한 탈출구를 마련하지 못한 상태에서 부정적 정체성을 형성하게 된다. 『몽구스 크루』는 청소년들이 진정으로 원하는 즐거움과 행복을 추구하는 춤에 대한 열정을 통해 자신의 삶에 대한 존재 의미를 확인하며 자아정체성을 성취하는 여가문화를 보여 준다. 청소년 소설에서는 청소년들의 주체적인 여가문화 경험이 신체적 · 심리적 · 지적 발달과업을 수행하며 자아정체성을 성취하는 소통의 장(場)이 되는 새로운 청소년문화 양상이 확인된다(박경희, 2016).

위와 같이 청소년기에 생길 수 있는 갈등, 문제, 스트레스 등 부정적인 상황에서의 긴장은 여가활동을 통해 해결해야 하며, 공부가 학교생활에서 뿐만 아니라 성인이 되어서도 계속할 수 있게 하려면 학업과 여가활동을 양립시킬 수 있는 훈련이 젊을 때부터 필요하므로 청소년기의 여가활동이 필요하다고 주장하고 있다. 또한, 적극적인 여가활동은 건전한 청소년문화를 발달시키고, 원만한 대인관계 형성으로 현대 사회에 잘 적응할 수 있는 능력을 배양할 수 있다(서재복 · 윤추호, 2008).

3. 청소년의 여가문화 속 팬덤문화

1) 청소년의 소셜 미디어 팬덤문화

청소년의 문화 활동에서 두드러지는 팬덤문화는 특정 스타나 장르를 지지하는 팬들이 자발적으로 형성한 모임을 지칭하며, 일반적으로 비공식적이며 하위 문화적인 성격을 띤다(이동연, 2001). 팬덤의 정의를 살펴보면, '광신자'를 뜻하는 영어의 'fanatic의 fan'과 '영지' 또는 '나라'를 뜻하는 접미사 'dom'의 합성어로서 특정한 인물(특히 연예인)이나 분야를 열성적으로 좋아하거나 몰입하여 그 속에 빠져드는 사람[2])으로서 청소년들 사이에서 대중 가수나 배우를 추종하는 팬덤 현상은 청소년의 하위 문화를 구분 짓는 하나의 기준이 될 수 있다. 팬클럽 활동 등을 통해 청소년들은 자신들이 좋아하는 스타가 산출하는 문화상품을 소비하면서 서로의 동질성을 확인하고 공유하며 자신들의 고유한 문화양식을 만들어 나가고 있다(한국청소년정책연구원, 2015).

2) 네이버 위키피디아 참조(2025년 1월 17일 검색)

청소년 팬덤문화에 대한 관점은 다양하며, 이에 따라 팬덤의 목적 또한 상이하게 규정된다. 피스크(Fiske, 1992)는 팬덤이 지배 문화에 변혁을 가져올 수 있다는 점과 대중문화 참여 양상에 주목했으며, 젠슨(Jenson, 1992)은 팬덤을 병리적으로 취급하는 사회적 시각을 비판하고 팬덤을 문화적 주체로 평가하는 것에 대한 인식 부족을 지적했다. 더불어, 그로스버거(Grossberg, 1992)는 팬덤문화와 소비의 쾌락 사이의 특별한 관계를 강조하였으며, 젠킨스(Jenkins, 1992)는 팬의 문화 생산 활동을 주목하여 팬을 소비자와 생산자 모두로 규정하였다(정재민, 2010).

팬덤 현상은 학교생활 적응이나 학습활동을 제외하고 청소년에게 전반적으로 긍정적인 영향을 미치고 있다(배상률 · 이창호, 2016). 팬덤 활동 참여는 청소년들의 자아탄력성에도 긍정적인 영향을 미쳤다(안은미 · 김지선 · 전선율 · 정익중, 2013). 성별로 보면 여자 청소년의 경우 오프라인 팬덤활동이, 남자 청소년의 경우 온라인 팬덤 활동이 자아탄력성에 영향을 미치는 것으로 나타났다. 이 같은 결과는 팬덤 활동이 청소년의 긍정적 여가활동이 될 수 있다는 것을 보여 주는 것이다. 청소년기의 팬덤 활동은 자아정체감 형성과 수립과정에도 긍정적인 영향을 미치고 있으며 다양한 문화 경험을 체득하는 기회를 제공해 주기도 한다(한국청소년정책연구원, 2015).

또한, 소셜 미디어 플랫폼의 확산은 청소년들의 팬덤 참여를 증진시키는 동시에 미디어 중독 성향을 강화하는 복합적인 영향을 미쳤으며, 이는 종래의 대중매체를 통한 간접적 팬덤 형성 방식과는 구별되는 특징이다(한미화 · 나은경, 2022). 하지만 소셜 미디어의 등장과 더불어 다채로운 플랫폼들이 부상했으며, 이러한 플랫폼들은 개인 맞춤형이며 여과되지 않은 소통을 촉진하는 특징을 지닌다. 과거 가수나 연예인 중심이었던 팬덤 활동은 현재 콘텐츠 제작자, 버추얼 아티스트, 유튜브를 포함한 플랫폼 기반 창작자로까지 확대되었으며, 유튜브, 인스타그램, 메타 플랫폼 등 다양한 온라인 플랫폼 전반으로 퍼져나가고 있다(오승태, 2025).

그리고 소셜 미디어 환경에서 청소년들은 콘텐츠 제작자를 넘어 '인플루언서'라는 명칭으로 지칭되는 이들이 자신들의 콘텐츠 소비에 상당한 영향을 미치는 존재로 인식하고 있다(조경민, 2024). 정보 기술의 진보에 따라 인터넷을 위시한 여러 스마트 기기가 등장했으며, 이는 다양한 소셜 미디어 플랫폼의 형성을 야기했다. 이러한 플랫폼 환경 내에서 팬덤은 자연스럽게 스타나 인플루언서에 대한 신뢰를 기반으로, 그들이 제시하는 상품을 재해석하고 생산 및 소비하는 프로슈머적 특성을 갖게 되었다(이치형, 2022).

이와 같이 최근 스마트폰과 같은 디지털 기기의 발전과 함께 온라인 팬덤 활동이 눈에 띄게 증가하고 있으며, 팬들은 소셜 미디어 플랫폼을 통해 자신이 선호하는 스타의 활동을 실시간으로 공유하고 소통할 수 있게 되었다(김수아, 2014). 소셜 미디어의 보급 확대는 팬들이 콘텐츠를 수동적으로 소비하는 것을 넘어 생산에도 참여하는 프로슈머형 팬덤문화 확산에 일조하였으며, 팬들이 원작을 재창조하여 만들어 내는 팬픽(fanfic)이 이러한 현상을 잘 보여 준다(이승환, 2015). 최근 급속하게 퍼지고 있는 밈(meme) 비디오는 수용자들의 적극적인 참여를 통해 패러디 등의 변형된 형태로 확산되는 양상을 보이며, 이는 디지털 융합 문화와 참여 문화의 중요한 특징으로 자리 잡고 있다(김수철 · 강정수, 2013). TV 팬덤의 경우에도 시청자들은 온라인 게시판에서 프로그램에 대한 의견을 나누는 것을 넘어 스토리라인 수정을 요구하거나 관련 콘텐츠를 직접 제작하는 등 적극적인 참여 양상을 보인다(최윤정, 2015).

K-pop(한국대중가요)의 열풍은 소셜 미디어의 발달과 함께 국가적 차원을 넘어서서 국제적 팬덤문화를 만들어 내고 있다. 특히 유튜브(YouTube)는 한국 가요를 좋아하는 전 세계 팬들이 감정적 친밀감을 느끼고 공동체의식이나 연대를 경험하는 주요한 플랫폼이 되고 있다(심두보 · 노광우, 2012). 손승혜(2013)는 2PM의 초국가적 팬 포럼인 Wild2Day 회원들에 대한 분석을 통해 이들이 온라인 팬활동을 통해 개인적 만족과 더불어 다른 문화에 대한 열린 태도를 갖게 되고 스타를 매개로 폭넓은 문화적 관계를 형성하고 있다는 것을

밝혀냈다. 또한, 이들은 한국어를 배우고 한국 문화에 대해 관심을 가지며 한국 문화를 알리려는 노력을 적극적으로 하였다.

이처럼 팬덤의 소셜 미디어 활용은 기존의 팬덤문화를 확장하고 사회적 기술을 신장시키는 데 있어 큰 역할을 하고 있다(김수아, 2014). 아울러 소셜 미디어의 확산은 한국의 대중스타에 관심이 있는 전 세계인들의 글로벌 팬덤문화를 형성하는 데 크게 기여하였다. 이렇듯 청소년의 일상생활에서 소셜 미디어 이용이 보편화됨에 따라 팬과 스타 간의 접근성과 소통 기회가 높아지는 현실에서 나타나는 다양한 현상을 주의 깊게 들여다보아야 하며, 나아가 청소년의 하위 문화로서 자리매김한 팬덤문화를 살피고, 소셜 미디어가 스타와 팬 간의 관계와 소통을 어떻게 강화시키고 확장시키는지 확인하여야 할 것이다.

2) 특정하게 구성되는 어떤 문화 '팬덤문화'

그로스버거(Grossberg, 1992)는 팬덤을 '특정하게 구성되는 어떤 문화'를 뜻하는 문화 구성체로 파악하고, 문화의 본질보다는 문화적 실천의 효과들에 주목한다. 문화의 수용에 있어서 현상에 대한 문화적 실천들의 접합(articulation)과 축적을 통해 다양한 문화 구성체들의 활동이 이루어지게 된다는 점을 설명한다. 즉, 현상에 대한 문화적 실천들의 접합과 축적을 통해 다양한 문화 구성체들의 활동이 이루어지게 된다는 것이다. 이를 설명하기 위해 문화 구성체와 대중문화를 설명하는 틀로 특정 개념을 제시한다(장수한, 2020).

첫째, 감수성(sensibility)이다. 감수성은 특정한 문화적 실천들이 가능하도록 하는 수용자와 특정 문화 형태를 가진 집단 사이의 관계를 설명한다. 다양한 범주의 팬이 존재하는 이유는 이들마다 서로 다른 감수성을 가지고 있기 때문이다. 이는 수용자들의 욕망이나 환상, 즐거움 등의 효과를 줄 뿐 아니라 그것이 향유되는 집단에 접합되어 투쟁의 영역을 구성한다고 주장한다

(Grossberg, 1992).

둘째, 팬이 문화적인 텍스트와 관계를 맺는 것은 정서를 통해서라고 본다. 여기서 정서는 문화적인 효과에 의해 사회적으로 구성된 정서로서, 이러한 느낌이 대중의 삶 속에서 에너지를 분배해 주는 활력소가 된다.

그로스버거(Grossberg, 1992)는 하위 문화 구성 집단들이 이러한 문화 구성체들이며 문화 구성체 내 구성원들이 감수성을 공유하고 그것을 실천으로 이끄는, 일종의 감수성(affective sensibility)에 기반을 둔 문화실천으로 개념화하고 주목해야 한다고 말한다. 팬이 문화적 텍스트와 갖는 관계는 삶에 대한 감정으로서의 정동의 영역에서 생겨난다. 여기서 말하는 감정은 주관적인 경험이 아닌 문화적 효과에 의해 사회적으로 구성된 것을 의미한다.

나아가 이 과정에서 그로스버거(Grossberg, 1992)는 사회와 구조에 대한 정치성과 저항성이 비롯될 수 있다고 보았다. 이렇게 그로스버거는 문화 구성체 개념에 '감수성(sensibility)' 개념을 활용함으로써 고정되지 않고 변화해 가는 여러 문화들에 대한 논의를 수행하였다. 또 젠킨스(Jenkins)는 미디어 사용자들이 적극적으로 미디어를 변형하고 공유하면서 정보를 추구하는 현상을 가리켜 컨버전스(convergence)로 지칭하며, 미디어 사용자들이 형성하는 상호작용적인 참여문화(participatory culture)의 특징에 대해 논의하였다. 컨버전스란 '미래의 어떤 시점에 도달하게 될 종착점이 아니라 다양한 교차에서 발생하고 있는 현재 진행되는 과정'으로서, 참여성을 핵심으로 하는 컨버전스 문화가 확산됨에 따라 복합적이고 역동적인 특징이 강조되고 때로 여러 개념이 상충되어 나타날 수 있다(Jenkins, 2006). 따라서 참여의 가능성을 확대하는 것은 문화적 다양성을 위한 최선의 기회임을 나타낸다. 중요한 것은 참여문화에 부응하지 못한 수용자는 퇴보할 수밖에 없다는 점이다. 이러한 참여 문화는 기존의 수동적 미디어 관객성이라는 개념에 대조적인 모습을 나타낸다. 새롭게 등장한 이러한 문화 속에서 팬들은 참여에 있어 더욱 뛰어난 능력을 보여 주는 것이다(Jenkins, 2008).

Chapter 06

청소년의 사이버 문화

1. 사이버 공간과 청소년문화

1) 사이버 공간의 개념과 문화

'사이버(cyber)'라는 용어는 수학자 노버트 위너(Norbert Wiener)가 창시한 '사이버네틱스(cybernetics)'에서 유래했으며, 1984년 윌리엄 깁슨(William Gibson)의 소설 『뉴로맨서』 이후 '사이버'라는 비과학적인 허구와 가상 세계를 지칭하는 용어로 변형되어 널리 사용되고 있으며, 이는 모든 형태의 정보 소통 및 제어를 포괄하는 개념으로 사용되고 있다(홍성태, 2001).

깁슨이 말하는 사이버 공간은 허구적인 개념으로서, 세계의 모든 정보가 집적된 공간이며, 컴퓨터를 매개로 인간의 의식이 육체를 벗어나 존재할 수 있는 곳으로서 이는 마치 4차원 세계처럼 인간 지식의 총체를 재현하며, 육체 없이 모니터를 통해 좌표 사이를 이동하거나 마천루 위를 비행하는 듯한 이미지로 묘사된다. 또한, 정보만으로 구축된 그곳의 특성상, 정보 조작능력을 가진 자에게 막대한 권력이 주어지며, 심지어 불멸성까지도 가능하게 한다. 이러한 점에서 깁슨의 사이버 공간은 정보조직의 미래적 형태를 제시하는 매력적인 개념인 동시에, 해커 또는 경제적 이윤을 추구하는 세력에 의해 권력과 지배구조가 재편되는 디스토피아적 미래사회의 가능성을 시사한다(팀 조단, 2002).

사이버 문화는 사회 구성원으로서 인간이 습득하는 지식, 신앙, 예술, 도덕, 관습 및 여타 능력과 기능을 모두 포함하는 복합적인 총체로서, 이것이 바로 타일러(E. Tylor)가 정의한 문화의 개념이다(김동인, 2002). 최근 사이버 공간(cyberspace)은 단순한 가상공간을 넘어 현실과 경계가 모호해지는 현상을 보이며, 웹사이트, 블로그, 전자게시판, 온라인 게임, 메타버스, 소셜 미디어 등 온라인상에서 이루어지는 모든 형태의 인간 소통 행위를 아우르는 공간(space)으로 확장되었다. 21세기를 시작하면서 현실 세계의 구성 요소들이 사이버 공간에 그대로 투영되는 현상이 두드러지고 있으며, 가상공간은 현대 사회의 필수적인 부분으로 자리매김하였다. 더불어 사이버 공간에서 파생된 고유한 문화 현상인 사이버 문화는 현대 문화의 중요한 축을 형성하게 되었다. 현대 사회에서 미디어는 드라마, 예능, 광고 등을 통해 현실을 매력적으로 재구성하여 대중에게 전달하며, 이는 사람들에게 현실을 넘어선 욕망을 불어넣는 중요한 요인으로 작용하기도 한다(김성수, 2023).

즉, 사이버 문화는 사이버 공간에서 나타나는 포괄적인 문화 현상을 지칭하며, 이는 사이버 공간 고유의 특징이 반영된 결과물이라고 할 수 있다(김동인, 2002).

2) 청소년의 사이버 문화 수용

(1) 사이버 문화 수용의 개념

청소년들은 학교에서만 존재하는 인격체가 아니다. 청소년들은 1990년대 이후 인터넷 보급에 맞추어 본격적으로 형성되기 시작한 청소년과 사이버 공간 및 문화에 관한 분위기가 확산되면서 청소년들의 삶에 깊숙이 접속되고 있으며, 이러한 공간을 청소년들은 현실과 동반되는 동일한 효과를 가진 공간으로 인식(Sherry Turkle, 1995)하고, 자신의 존재감을 확인하며, 삶의 영역을 넓혀 가고 있음을 보여 주고 있다(Howard Rheingold, 1993).

사이버 문화 수용이란 사이버 공간 이용자들이 사이버 공간에서 정보기술을 활용하여 정보를 생산하거나 소비하고, 분배하거나 활용함에 있어서 당대의 건전한 시민문화의식이나 가치에 기초하여 행동하거나 내적인 변화를 가져오는 것으로 정의한다. 이러한 점에서 사이버 문화 수용은 외면적인 행동의 변화뿐만 아니라 내적인 가치체계와 태도 변화까지도 포함하는 개념이다(이기식, 2007).

(2) 사이버 문화 수용이 청소년에게 미치는 영향

사이버 공간에서 일어나는 사이버 문화 수용이 청소년에게 미치는 영향을 특성별로 구분하여 인간적, 기술적, 내용적, 맥락적 특성 등 네 가지로 살펴보고자 한다(이기식, 2007).

① 인간적 특성

사이버 문화 수용에 영향을 미치는 첫 번째 요인은 사이버 공간을 활용하는 사람(human), 인간적 요소의 속성으로 아젠(Ajzen, 2002)의 연구를 기초로 하여 다섯 가지로 나누어 볼 수 있다.

- **사이버 공간에 대한 태도** : 사이버 공간 활용에 대한 개인의 태도는 긍정적 또는 부정적 인식에 따라 다양한 사이버 문화를 형성하는 중요한 요인으로 작용한다. 이는 사이버 공간에서 표출되는 악성 댓글을 사회적으로 용인하지 않는 분위기가 조성된다면 그 발생 빈도와 수위는 자연스럽게 감소할 것이고, 그렇지 않고 방관적인 태도가 지속된다면 악성 댓글 문제는 더욱 심각해질 것이기 때문이다.

- **주관적 규범**(norm) : 타인이 나의 행동에 대해 어떠한 기대나 믿음을 가지고 있는지에 대한 인식의 정도를 의미하며, 특히 준거집단의 지지 또는 반대 가능성에 대한 판단을 포함한다. 개인이 작성하는 댓글의 내용 및 빈도는 타인의 지지 또는 반대 정도에 영향을 받는다는 주장이다. 예를 들어, 타인의 명예를 훼손할 우려가 있는 댓글이라 할지라도, 작성자가 주변의 동조를 기대한다면 유사한 내용의 댓글을 반복적으로 게시할 가능성이 높아지며, 이는 궁극적으로 바람직하지 않은 사이버 문화를 형성하게 될 우려가 있다.

- **행동 통제성**(preceived controllability) : 사이버 공간에 대한 접근성 및 그 공간 내에서의 활동 가능성을 개인이 제어할 수 있는 능력을 의미한다. 예를 들어, 타인의 반대나 비판에도 불구하고 '대수롭지 않다'는 식의 안일한 인식은 신성모독적 댓글의 게시 지속으로 이어질 가능성이 높으며, 이는 곧 사용자의 자기 통제력에 따라 상이한 사이버 문화를 형성하게 될 것이다.

- **감정의 표출** : 인터넷을 매개로 하여 개인적 차원의 감정 표현뿐 아니라 사회 전반에 스며 있는 다채로운 감정을 드러내는 현상이 나타난다. 감정 및 욕구 표출은 개인에 따라 표현 강도를 조절하거나 온라인 상에서는 표출을 자제하는 등 다양한 형태를 보이지만, 사이버 문화 형성에 있어 중요한 요인으로 작용할 가능성이 있다(이호영 외, 2008).

- **인구론적 특성**(demographic data) : 사이버 문화에 대한 수요는 성별, 연령 등의 인구학적 변수의 영향을 받을 수 있다. 예를 들어 장년층의 경우, 청소년층과 달리 사이버 문화에 대한 적응이 상대적으로 느리게 진행될 수 있다.

② 기술적(사이버 매체적) 특성

사이버 문화에 영향을 미치는 요소 중 하나로서, 인터넷과 사이버 공간의 결합으로 나타나는 사이버 매체적 특성과 그 구체적인 속성을 살펴보고자 한다.

- **취약성**(vulnerability) : 인터넷의 바이러스 및 해킹에 대한 취약성은 사이버 공간 내에서 사용자 간의 진정한 소통을 저해하고 불신을 조장할 가능성을 내포하고 있다.
- **익명성**(anonymity) : 온라인상에서 자신의 신원 및 사회적 위치를 은폐하는 것을 의미하는 사이버 공간에서의 익명성은 사이버 문화의 중추적인 역할을 담당하는 한편, 다양한 문제 상황을 초래할 가능성 또한 내포하고 있다. 그중 하나가 악플, 선플 등의 댓글 문제이다.
- **융합성**(convergence) : 방송통신 융합과 같은 디지털 융합 기술의 출현은 사이버 문화에 새로운 양상을 가져오고 있다. 예를 들어 아이팟, PMP, DMB, P2P와 같은 다중미디어기기들의 출현과 방송통신 융합 추세는 사이버 공간 이용자를 증가시켰고, 이는 사이버 공간이 '제2의 생활공간'으로 자리매김하는 데 기여하였다.
- **복제성**(copy) : 사이버 공간에 존재하는 콘텐츠와 저작물을 사용자의 기기에 저장하거나, 네트워크를 통해 전송하는 것을 일컫는다. 정보통신 기술의 급격한 진보, 대표적으로 웹2.0, UCC, P2P의 활성화는 콘텐츠와 저작권이 있는 저작물에 대한 완벽한 복제를 가능케 하고 있으며, 더 큰 문제는 바로 복제기술의 발달로 인해 불법 복제가 쉬워지는 반면, 이를 적발하고 규제하는 것은 더욱 어려워지고 있다는 데 있다.
- **등가성**(equalities) : 개개인의 의견이 동일한 비중과 가치를 가진다는 것으로 표현의 자유성을 높이는 사이버 문화에 기여하고 있는 측면도 있

지만, 사이버 공간을 훼손하는 일부 개인의 의견도 동일하게 취급되는 한계를 가진다.

③ 내용적 특성

사이버 문화 수용은 사이버 공간을 활용하는 장(sphere)의 유형에 의해서도 영향을 받는다. 이러한 내용적 특성을 다섯 가지로 나누어 살펴보면 다음과 같다.

- **댓글의 장** : 댓글이란 온라인 플랫폼에서 사용자들이 특정 주제에 대한 의견을 게시하고 열람하는 행위를 의미하며, 이는 온라인 토론 공간에서 게시글 작성 못지않게 정보의 수용에도 관심이 증가하고 있음을 시사한다.[3] 다시 말해, '읽기'를 통한 수동적인 참여 방식이 '쓰기'를 통한 능동적인 참여 방식보다 더욱 선호되는 경향을 보인다.
- **토론의 장** : 사이버 공간 이용자는 다양한 목적을 가지고 공개 토론에 참여하여 자신의 의견을 제시하며, 온라인 토론 문화의 정착은 건전한 민주주의 발전에 기여할 뿐 아니라, 신뢰할 수 있는 정보 네트워크 구축에도 필수적이다(이기식, 2007).
- **관계(relation)의 장** : 사이버 공간은 토론, UCC 제작, 저작권 공유, 댓글 작성 등의 활동을 위한 플랫폼으로 사용되지만, 그 근본적인 목적은 인간관계의 형성, 유지, 확장에 있다고 여겨진다. 다만, 인터넷 사용 시간의 증가가 가족 또는 친구와의 관계 개선으로 직결되는지에 대한 논쟁은 지속되고 있다(이호영, 2008).

3) 인터넷 게시판에서의 읽기는 실생활의 대화에 비해서는 상당히 능동적인 행위로 볼 수 있기 때문이다. 다중미디어로서의 인터넷은 오프라인 현장에서 일어나는 행위와 온라인 의견 교화행위를 동시에 결합할 뿐만 아니라 의견을 올리고, 댓글을 달고, 실시간으로 현장을 보는 상호 융합이 이루어진다(권상희 · 김익현, 2008).

- **사회참여**(social participation)**의 장** : 정보 네트워크를 기반으로 사회 이슈에 대한 의견 개진 및 시민운동 전개를 아우르는 문화적 현상은 사이버 공간을 사회 참여의 장으로 활용하는 사용자들의 적극성을 보여 준다. 온라인 이용자들은 행위 주체로서 이슈 중심적인 운동일수록 정보 네트워크를 기반으로 결집하여 행동에 나설 가능성이 있다는 분석이 제기되었다(이호영, 2008).

- **정보의 장** : 정보의 검색과 전달, 나아가 소통에 이르기까지 인터넷을 기반으로 이루어지고 있다. 흔히 언급되는 집단지성(group intelligence)은 인터넷을 기반으로 하는데, 이는 인터넷상의 풍부한 정보와 자료, 그리고 소통을 통해 실현될 수도 있다.

④ 맥락적 특성

사이버 공간에서의 문화를 수용하는 데는 사이버 공간 이용자들이 처한 맥락적 요소가 영향을 미치는 것으로 나타난다. 이것은 사이버 공간 이용자들이 처한 연건을 뜻하며, 매락적 요소는 여러 학자에 따라 다양한 의견을 있을 수 있지만 다섯가지로 나누어 보고자 한다.

- **오프라인 환경**(user's offline environment) : 사이버 공간 이용자들의 주변 환경은 사이버 문화 형성에 일정 부분 영향을 미칠 수 있다. 예를 들어, 개인이 오프라인 상황에서 과도한 스트레스에 노출될 때, 온라인 활동을 통해 이를 해소할 수 있는 가능성이 존재하는 것이다.

- **온라인 환경**(user's online environment) : 사이버 공간이라는 환경적 특성은 이용자들의 사이버 문화 형성에 영향을 미칠 수 있는 요인으로 작용할 수 있다. 이는 사이버 공간에서 심각한 스트레스를 경험하는 경우, 다양한 온라인 방식을 통해 이를 해소할 수 있다는 것이다.

- **사이버 윤리**(cyber ethics) : 사이버 공간에서 요구되는 윤리적 지침을 의미

한다[4](이기실, 2007). 주관적인 판단 기준에 따르면 안티댓글 작성이 용인될 수 있으나, 사이버 윤리적 관점에서는 이러한 행위가 엄격하게 금지되어야 한다는 인식이 지배적일 수 있다.

- **편재성**(pervasiveness) : 인터넷 매체 활용이 많은 사람에게 나타나는 특징을 의미한다. 이러한 사이버 공간의 편재성은 이용자로 하여금 자신들의 행동이 유발할 수 있는 영향력과 파급력을 사전에 인지하고 특정 행동을 선택하도록 유도할 가능성이 있다.
- **사회구조의 변화**(change of social structure) : 사이버 공간이 사회구조에 미치는 영향은 직·간접적으로 그 근본을 뒤흔들 만큼 중대한 변화를 야기하고 있다. 이는 소수의 콘텐츠 제공자가 다수의 사이버 공간 이용자에게 상당한 영향력을 행사할 수 있다는 점에서 점진적인 사회 변화가 나타나고 있는 현상이다.

2. 청소년의 온라인 게임 문화

1) 청소년의 온라인 게임문화

게임(game)은 인간의 역사와 함께 공존해 왔다. 게임이 '사냥감'이라는 의미로도 쓰이는 것을 보면 인류가 생존을 위해 자연과 치열하게 투쟁하기 시작한 시기부터 게임이라는 말이 사용되었음을 알 수 있다. 하지만 게임에 놀이 기능이 강화되면서 생산적 노동활동에 대립되는 호사적·낭비적·소모적 요소로 폄하되어 오늘날까지 우리에게 인식되고 있다(조민식, 2012). 하지만 기술의 발달과 생산 활동의 강화에 따라 여가에 대한 수요가 증대되었고, 20

4) 많은 사람들에 의해 지배되고 있는 윤리규범에 대한 판단을 의미한다.

세기 후반 IT 혁명으로 인해 발생한 컴퓨터 게임은 현시대의 대표적인 여가 문화로 부상하였다. 특히 네트워크를 기반으로 한 온라인 게임의 출현은 청소년 여가활동의 주요 수단으로서 청소년 일상 문화 전반에 걸쳐 그 파급 효과가 갈수록 증대되고 있다(차영민, 2019). 우리나라의 경우 1998년 엔씨소프트의 리니지를 시작으로 같은 해 미국 블리자드사의 스타크래프트가 청소년층 사이에서 큰 인기를 끌면서 급속히 발전된 온라인 게임은 고스톱과 같은 단순한 카드게임, 카트라이더와 같은 레이싱게임, 서든어택, 아바 등의 1인칭 슈팅 게임으로 확대되고 다양화되어 왔다(조민식, 2012). 최근에는 League of Legends, 배틀그라운드 등의 게임이 성행하여 청소년들 사이에서 인기를 끌고 있다. 이러한 온라인 게임들이 대중화되면서 게임은 청소년들에게 생활의 일부가 되고 있다.

그리고 입시교육에 시달리고 있는 우리나라 청소년들에게 온라인 게임은 기존 현실에서 벗어나 있는 또 다른 세상으로서 기능하고 있다. 현실적으로 이렇다할 여가 수단을 보유하지 못한 청소년들은 온라인 게임에 몰입해 가는 경향을 보이고 있다. 이 같은 온라인 게임 몰입은 단순히 청소년들이 게임을 즐기는 시간이 늘어난다는 것을 뜻하는 것이 아니라 온라인 게임이 청소년의 새로운 문화로 자리 잡고 있다고 말할 수 있다(조민식, 2012).

우리나라는 전체 가구 중 93%가 인터넷에 연결되어 있고, 연령이 만 3세 이상 5천만 국민 중 4천 7백 3십만 명 이상이 인터넷을 이용하고 있으며, 인터넷은 정보검색이나 소통을 위한 도구에 그치지 않고, 쇼핑과 뱅킹은 물론 새로운 비즈니스를 창출하는 기반이 되고 있다(한국지능정보사회진흥원, 2022). 우리나라에서 모바일 기기를 보유하고 있는 사람은 만 6세 이상 인터넷 이용자의 99.9%이며, 세부적으로는 '스마트폰' 99.9%, '노트북 컴퓨터' 44.3%, '태블릿 PC' 23.2%, '웨어러블기기' 8.6%로 나타났다(한국지능정보화진흥원, 2022), 또한, 10대 청소년들의 일주일간 인터넷 사용시간은 24.9시간으로 COVID-19 대유행이 시작되기 전인 17.6시간에 비하여 2020년 10시간, 2021년은 7.3시간

이상 증가한 것으로 조사되었다(여성가족부, 2022). 그리고 온라인 게임의 보급과 함께 곧바로 이어진 청소년의 사이버 일탈 행위들은 대체로 과도한 게임중독 선에서 연구가 종료되고는 했다(조민식, 2012).

청소년문화의 특성은 문화생산자 · 문화소비자로서의 역할 증대라고 할 수 있다. 한국 사회에서 청소년문화는 1990년대 이후로 컴퓨터 문화와 네트워크 기술의 발달로 가상공간에서의 새로운 문화가 생겨났고, 문화를 이끄는 세대의 연령이 점차 낮아져 청소년들이 새로운 문화를 주도하기 시작하면서 주목받기 시작했다(김민서, 2019).

주도문화라고 하는 것은 한 사회를 확정짓고 지배하는 면모를 지닌 문화로서 현존하는 자본주의 문화 자체를 의미한다. 즉, 그 시대를 주도하고 대표하는 문화를 의미한다. 이러한 주도문화의 문화세력은 청소년이 주도하고 있다. 주도문화의 가장 대표적인 것은 'UCC 문화'이다(장수한, 2020). UCC란 'User Created Contents'의 약어로 일반 인터넷 사용자가 스스로 제작한 콘텐츠 등이 인터넷을 통해 유포되는 것을 말한다. 블로그와 미니홈피 등이 1일 미디어 시대를 개척한 이후 글과 사진만이 아닌 동영상을 통한 UCC가 활성화되어 인터넷 문화의 중심으로 자리 잡고 있다. 문화소비자와 문화생산자의 구분이 사라지고, 특히 청소년을 맹목적인 문화수용자 또는 문화소비자로 인식하였으나, UCC의 등장은 청소년이 더이상 문화소비자가 아닌 문화생산자로서 또는 생산자이자 동시에 소비자인 프로슈머로서의 역할과 기능을 수행하고 있다(정재민, 2007, 장수한, 2020 재인용).

또한, 청소년문화의 특성으로는 재미를 추구하고 본능적인 것을 좋아하는 느낌의 문화, 가상공간에서 풍부한 지식을 얻게 되고 현실에서 접하지 못하는 것들을 간접적으로 체험하고 경험하게 되는 유비쿼터스 문화, 의식주와 문화생활을 영위하는 소비의 주체로서 소비문화, 영상 세대에 태어나 콘텐츠를 기획하고 영상 제작, 방송을 진행하는 등의 인터넷 창작문화, 청소년기는 정체성이 확립되지 않은 시기로서 주변의 여러 사람을 모방하면서 자신을 형성하는 모방문화 등으로 이해할 수 있다(오윤선 · 황인숙, 2016).

청소년문화를 기성세대의 시각으로 바라보는 관점에서는 미숙한 문화, 비행문화, 하위문화, 대항문화, 새로운 문화 등으로 설명하기도 한다(정하성 · 유진이, 2012). 청소년문화는 늘 '위험하고', '한심한', '걱정거리'로 보는 시선은 청소년문화가 결코 중심의 위치를 가지고 있지 않으며 여전히 주변, 변방, 금기, 비주류의 위치에 속해 있음을 말해준다(장수한, 2010). 하지만 오늘날의 청소년들은 빠르게 변화하는 시대에 적응하면서 대중문화, 디지털문화 등을 이끌어 가는 주체가 되었고(오윤선 · 황인숙, 2016), 청소년문화는 주변이 아닌 당당한 중심이고 주류문화라고 할 수 있다.

이처럼 청소년문화는 기성세대의 문화와 차이가 크다. 경제적 · 사회적 흐름에 따라 빠르게 변화하며 새롭게 형성되고 있다. 청소년의 발달욕구를 반영하며, 사회 구성원으로 성장해 가는 주체로서 이해하고 그들의 문화를 사회적인 하나의 문화로서 인식하고 이해할 필요가 있다(김민서, 2019).

2) 온라인 게임과 청소년

가정 내에서 부모들이 학령기 아동이나 청소년에게 스마트폰을 제공하는 경우가 많아지면서 아동 · 청소년의 온라인 게임에 대한 몰입과 의존이 사회문제로 부각되고 있다(서울경제신문, 2019년 1월 10일자). 실제로 학령기 아동 청소년의 온라인 게임을 하는 시간과 그것의 변화 추이를 확인하여, 그것을 강제적으로라도 조절하려는 시도도 있을 정도이다(김동하, 2017).

2000년 이후 급속히 발전하고 있는 한국의 온라인 게임은 특히 청소년층의 일상에 깊숙이 침투되고 있다. 1990년대 후반 이후 급속하게 발달한 인터넷과 온라인 게임은 청소년 여가문화를 크게 바꾸어 놓았다. 10대 청소년들의 99.5%가 매일 인터넷을 이용하고 있고 인터넷 이용시간은 주 평균 24.9시간에 이른다(여성가족부, 2022). 또한 인터넷 이용 주요 이유는 게임이다. 한국

콘텐츠진흥원의 2024년 게임이용자 실태조사 연구에 따르면 현재 게임 이용률은 전체 평균 59.9%를 보이고 있다. 여기서 중요한 것은 10대 청소년층의 게임 경험률이다. 만 9세 이상 19세 미만 청소년들을 살펴보면 나이가 어릴수록 대체로 게임을 이용한 비율이 증가하고 있다. 특히 10대 청소년의 경우 91.9% 이상이 현재 게임을 이용하고 있는 것으로 나타났다. 플랫폼별로 살펴보면 스마트폰의 보급으로 인해 쉽게 접할 수 있는 모바일게임이 91.7%로 가장 이용률이 높았고, 다음으로 온라인 게임(PC 게임)이 53.8%, 콘솔게임 26.7%, 아케이드 게임 15.1%를 차지해 청소년들에게 온라인 게임이 큰 영향을 끼친다고 볼 수 있다.

(1) 모바일 게임 문화

온라인 게임이 청소년들의 일상에 급속히 파고든 요인 가운데 하나가 1998년 이후 생겨난 PC방이다. 한국은 높은 인구 밀도로 인해서 집과 집, 방과 방 사이의 거리가 지극히 짧다. 공간 자체도 좁기 때문에 자신의 집이나 자신의 방에 있다고 해도 나만의 공간이라고 하기 힘든 측면이 있다. 또한 가족 간의 위계가 엄격하기 때문에 자녀는 부모의 방에 함부로 들어갈 수 없지만, 부모는 자녀들의 방을 쉽게 드나들 수 있다. 즉, 윗사람에게는 집이 사적·개인적 공간일 수 있지만, 아랫사람에게는 전혀 그렇지 않다는 것이다. 가족 간의 유대를 중요하게 생각하는 풍토도 또 다른 한 요인이라고 볼 수 있다(전동만, 2025).

이러한 상황 속에서 디지털 시대를 살고 있는 오늘날 청소년에게 있어서 온라인과 스마트폰을 이용한 미디어 게임은 중요한 놀이문화이자 또래와의 사회적 교류 수단으로 자리 잡았다. 2022년에 한국콘텐츠진흥원에서 전 국민을 대상으로 실시한 '게임이용실태조사'에 따르면, 십대 청소년의 약 86%가 게임을 하는 것으로 나타났으며, 전체 게임 이용률은 2020년 이후로 꾸준히 증가하는 추세를 보이고 있다(한국콘텐츠진흥원, 2022). 이는 스마트폰의 높은 보급률과도 밀접한 관계가 있는데, 실제로 전체 게임이용자 중에 모바일 게임 이용률이 84%로 가장 높은 비율을 차지하고 있다. 또한 청소년의 경우는 전체 응답자 중 82%가 온라인에 접속하여 여러 사람과 함께 게임을 즐기는 것으로 나타났으며, 게임을 하는 이유에 대해서도 '스트레스 해소를 위해서' 혹은 '지인이나 친구들과 어울려 게임을 하고 싶어서'라고 응답한 경우가 85%로, 청소년들에게 있어 게임은 여가이자 사회적 교류 수단으로 활용되고 있음을 짐작할 수 있다. 아울러 게임은 청소년들만의 전유물이 아니라 가족이 함께 즐기는 여가문화로 확산되고 있는 추세인데, 실제로 취학 자녀가 있는 부모 응답자의 경우, 조사 대상자의 약 60%가 자녀와 함께 게임을 한다고 응답하였으며, 이는 20~30대 부모의 경우는 그 수치가 70% 이상으로 높아지고 있어서 젊은 부모의 경우는 대다수가 자녀와 함께 게임을 즐기는 것으로 나타났다(한국콘텐츠진흥원, 2022).

이와 같이 디지털미디어의 보급과 활용이 크게 확대되면서 인터넷이나 스마트폰을 이용한 게임은 청소년들뿐만 아니라 전 연령대에 걸쳐 일상생활에서 중요한 여가문화이자 사회적 소통의 수단이 되고 있음을 부인할 수 없다. 그러나 이와 동시에 발달과정 선상에 있는 청소년에게 있어서 과도한 게임은 여전히 부정적 발달 결과를 초래할 수 있다는 우려 또한 적지 않다. 즉, 게임이 가지고 있는 폭력성, 선정성, 경쟁적 속성은 아동의 공격성, 충동성, 자기조절능력에 부정적 영향을 미친다는 연구 결과들이 지속적으로 지지되고 있다(DeLisi, Vaughn, Gentile, Anderson, & Shook, 2013 ; Gentile et al., 2011). 따라서 청소년의 경우는 주변 환경에서의 적절한 지도와 개입이 필요하다는 사실에 대해서는 비교적 일관된 의견이 제시되고 있다. 이에 정책적으로도 「청소년보호법」에 의거하여 지난 2011년부터 게임 셧다운제를 유지해 왔으나, 정보통신기술이 발달하면서 개인과 가정에서의 높은 디지털미디어의 보급과 활용으로 인해 더이상 온라인 게임을 물리적으로 차단하는 것의 실효성에 의문이 제기되어 결국 2022년에 폐지되고 청소년 게임의 통제권과 책임은 온전히 부모와 가정환경으로 넘겨지게 되었다(김동하, 2023).

모바일 게임은 청소년들만의 전용물이 아닌 부모와 가족 구성원 전체에게 중요한 여가문화로 정착하고 있는 상황에서 부모 스스로는 온라인 및 모바일 게임을 즐기면서 자녀에게만 통제적 방법을 적용하는 것은 모순적이기 때문에 효과적인 양육 태도로 보기 어렵다. 따라서 청소년의 온라인/모바일 게임을 무조건 통제하고 차단하기보다는 급변하는 디지털디미어 환경에 적응하기 위해 올바르게 사용할 수 있도록 하는 일관된 중재와 개입 방법이 필요한데 이에 대한 방안 마련이 반드시 필요할 것이다.

(2) 온라인(PC) 게임 문화

청소년들은 온라인 게임에 직접적으로 참여하여 게임 속 가상공간에서 다른 게임 이용자들과 능동적으로 상호작용한다는 점에서 수동적인 텔레비전 시청과 많은 차이가 있다(김기석, 2017). 1990년대 초반의 대부분 게임은 컴퓨터와 사람이 하는 게임이었다. 그러나, 1990년대 후반 인터넷 보급으로 인하여 사람과 사람이 온라인 게임 공간을 통해서 소통하며 게임을 즐기는 상황으로 변화하였다. 이처럼 온라인 게임 공간에서 사람과 사람이 상호작용하면서 게임을 즐기게 된 최초의 상호작용 게임은 전략 시뮬레이션 게임인 '스타크래프트'이다. '스타크래프트'를 통해 '길드'가 생성되고 '스타크래프트'를 배우기 위해 커뮤니티가 만들어지는 등 사람들 간의 상호작용이 게임을 매개로 시작되었다고 볼 수 있다(김양은, 2009).

청소년들은 게임 속 가상공간에서 캐릭터를 통해 자신을 표현한다. 게임을 즐기면서 캐릭터를 성장시키고 가상공간 속에서 자아의 만족을 이끌어낸다. 청소년들은 현실에서 충족되지 못한 만족감을 온라인 게임의 캐릭터를 통해 충족시키고자 한다. 이들은 게임상에서 다른 게임 이용자들로부터 자신을 인정받기 위해 지속적으로 게임에 몰입한다. 온라인 게임은 청소년들이 학교에서 보내는 시간 이외에 많은 시간을 소비하게 하는 여가문화 중

하나이다(한국청소년정책연구원, 2010). 이렇게 온라인 게임은 하나의 문화로서 다양한 상호작용이나 사회적 관계 형성, 그 외 또 다른 문화 형성의 가능성이 있다.

청소년들에게 게임은 입시 위주의 교육에서 비롯된 학업 스트레스에서 벗어나기 위한 하나의 방편이다. 이는 여가를 향유할 수 있는 일상생활의 중요한 부분이다. 특히, 최근 스마트폰이 확산되고 이로 인해 스마트폰 전용 게임 개발업자들에 의해 개발된 스마트폰용 게임으로 청소년들 사이에서 크게 인기를 끌고 있다. 최근 조사에 따르면, 청소년들의 하루 평균 게임 이용 시간은 주중 초등학생 60분, 중학생 102분, 고등학생 69분으로 나타났다(통계청, 2023). 따라서 청소년의 온라인 게임 사용에 대한 부정적인 시각은 이들이 실제로 공부보다 게임을 더 많이 하기 때문에 생겨난 것은 아니다. 이것은 한국의 현실에서 많은 청소년이 입시와 시험을 앞둔 조건에 있는 현실 때문에 온라인 게임이 상대적으로 공부 시간을 잠식한다는 우려에서 비롯된 것으로 보인다(이동연, 2014).

3) 청소년의 온라인 게임 행동 유형에 대한 변화

한국콘텐츠진흥원의 2023년도 게임 이용자 패널 연구(4차년도) 결과에 따르면, 청소년기에 나타나는 학교급 변화 및 성인 진입과 같은 생애주기적 변화 시점에는 게임으로 인한 문제적 게임 행동이 발생하더라도 청소년의 성장 및 발달과정, 환경 변화에 대한 통제력 증가 등으로 인해 특별한 외부 개입 없이 자연스럽게 해소될 가능성이 높다고 분석되었다.

첫째, 중·고등학교 진학과 함께 학업 부담 증가, 진로 고민, 환경 변화 등의 사회심리적 요인들이 작용하면서 게임 행동 유형 지속 비율이 감소한 것으로 나타났다.

둘째, 청소년의 게임 이용 시간 및 지속 시간과 같은 게임 행동 특성의 경향과 게임 행동 유형 간의 관계 분석 결과, 게임 이용 시간이나 지속 시간이 과몰입 등 문제적 게임 행동에 직접적인 영향을 미친다는 근거는 불충분한 것으로 드러났다.

셋째, 게임 내에서 자유로운 선택과 행동을 추구하는 것을 의미하는 게임 자율성의 경우, 청소년층에서 지속적으로 높은 수준을 유지하는 것으로 확인되었다. 그리고 게임을 잘 활용하는 능력, 즉 게임 리터러시의 구성 요소 중에서도 게임 이용 시간 자기조절능력에 대한 성인의 인식은 전반적으로 높게 나타났으며, 특히 성인 집단은 청소년 집단에 비해 해당 인식 수준이 상대적으로 높았고, 연령대가 높아질수록 더욱 향상되는 경향을 보였다. 청소년의 경우 성장기에 중요한 자기조절능력에 대한 인식 교육이 부재할 경우 잘못된 공격성이나 화, 기질 등의 문제행동을 표출할 수도 있다(전동만, 2024).

넷째, 청소년의 게임 행동 유형과는 무관하게, 청소년 스스로 인지하는 게임 이용 문제 수준은 감소 추세를 보였으며, 학부모 조사에서도 자녀의 문제적 게임 행동 수준이 지속적으로 감소하는 경향이 나타났다. 이것은 부모-자녀와의 긍정적인 의사소통이 바탕이 되었을 경우 부모와 자녀의 신뢰에서 나타나는 현상으로 보아야 될 것이다(전동만, 2025).

마지막으로 청소년의 게임 행동 유형과 게임 행동 특성을 분석한 결과 과거의 게임 이용 시간과 지속 시간을 전년 대비 게임 이용 시간과 지속 시간의 증가량에서 청소년은 일평균 게임 이용 시간의 경우 감소하는 것으로 나타났다. 그리고 게임 욕구와 관련한 변수는 확률을 의미 있게 설명하는 것으로 나타났다. 특히, 게임윤리 변수는 일반 이용자군 포함해서 확률을 증가시키는 반면, 과몰입군과 과몰입위험군 확률은 감소하는 것으로 확인되었다. 한편, 게임 자기 인식 수준은 일반 이용자군 포함 확률을 감소시키고 과몰입위험군 포함 확률은 증가시키는 것으로 나타났고, 게임 리터러시 변수는 청소년의 확률은 감소시키는 반면 가상 캐릭터 육성과 전략유능감은 확률을 증가시키는 것으로 분석되었다. 게임 이용과 관련한 문화적 특성을 파악하기 위해 청소년이 주로 어떤 게임을 이용하는지를 분석한 결과, 청소년은 전략 시뮬레이션이나 장르를 중심으로 개인이나 팀, FPS[5] 단위로 대전하는 게임을 많이 이용하는 것으로 나타났다. 또, 전체 게임 이용자가 많이 이용하는 게임은 성별, 학교급, 연령대와 무관하게 해당 게임을 많이 이용하는 것으로 나타났으며, 특정 학교급, 연령대에서 많이 이용하는 게임은 다양하게 나타나는데 이는 또래문화의 특성으로 이해할 필요가 있다.

한편 게임 행동 유형과 게임 이용 관련 소비행태 간의 관계를 분석한 결과 과몰입 수준과 게임 관련 지출의 증가를 뒷받침할 증가는 확인되지 않았다. 청소년의 경우 연령대가 높을수록 게임과 관련한 지출 규모가 증가하는 반면 성인은 연령대가 높아질수록 게임과 관련한 지출 규모가 감소하는 것으로 나타났다. 이는 게임과 관련한 소비 및 지출에 영향을 미치는 주요 요인 중 하나는 지불의사 금액이었는데, 이 비율이 증가할 때 청소년의 지출금액은 평균적으로 4.7% 증가하는 것으로 확인되었다.

한편, 심리적 요인 중에서 청소년은 부모와의 관계에서 삶에 대한 만족도가 게임과 관련한 지출에 가장 큰 영향을 미치는 것으로 확인되었다. 게임 이용자의 심리적 요인 중 주의집중 비과잉행동 수준 등의 요인은 과몰입위험군을 포함해서 부모와의 삶의 만족도 확률을 감소시키는 요인으로 작용하는 것으로 나타났다.

사회적 관계와 사회적 신뢰 등 사회적 요인과 게임 행동 유형 간의 관계를 분석한 결과, 처음 만나는 사람에 대한 신뢰 수준이 높거나, 온라인 관계가 많은 경우 사회적 관계와 사회적 신뢰의 확률은 감소하는 것으로 나타났다. 이러한 결과는 게임과 관련한 사회적 관계에 있어 오프라인 관계가 게임과 관련한 사회적 규범 등 행동양식의 학습과 밀접한 관계가 있기 때문인 것으로 판단된다.

5) FPS(First-Person Shooter)는 1인칭 슈팅게임으로서 몰입형 환경으로 구성되었다(2024년 12월 25일 네이버 검색).

학습 요인과 관련한 요인 중 학업성취 만족과 관련한 변수는 과몰입위험군 확률과 밀접한 관계가 있는 것으로 나타났다. 전년도 학업성취 만족 수준이 높거나, 전년대비 게임시간이 증가할수록 학업성취 만족률은 증가하는 반면, 과몰입위험군의 학업성취 만족률은 감소하는 것으로 나타났다.

이러한 연구 결과에서 게임 이용이 게임 이용장애의 직접적 원인이라는 근거는 확인하기 어려우며, 오히려 게임 이용자에 내재된 게임윤리, 게임 리터러시 등의 요인을 비롯한 심리적 요인, 사회적 요인, 학업성취, 생애주기의 변화 등이 특정 게임 행동 유형에 포함될 확률을 유의미하게 설명하고 있었다. 또 청소년이 인식하는 게임 행동 문제가 청소년의 학부모가 인식하는 자녀의 게임 행동 문제 수준은 조사가 계속될수록 감소하고 있다는 점에서 문제적 게임 행동이 현상으로 나타나더라도 이는 다른 외생 요인이 작용할 가능성이 높고 특별한 의료적 개입이 없더라도 사라지는 현상일 가능성이 제기되었다.

3. 청소년 사이버 문화의 과제

1) 청소년의 사이버 문화의 문제점

(1) 청소년의 사이버 불링

청소년의 사이버 불링은 사이버 공간에서 이루어지는 학교폭력으로 사이버 공간에서 의도적이고 반복적인 욕설과 모욕, 협박 등으로 타인에게 피해를 끼치는 폭력행위(Shariff & Gouin, 2006)로서 '디지털 기기나 정보기기를 활용한 타인에 대한 괴롭힘 행위'라고 정의한다(조춘범 · 이현, 2020 : 129). 오늘날의 청소년들은 인터넷 게임이나 SNS의 일상적인 사용과 함께 사이버 불링 피해로부터 노출될 가능성이 훨씬 높아졌다(이승출 · 이성규, 2022). 또한 사이버 불링이란 용어는 학자에 따라서 정의가 다양하게 나타나는데, 공통점을 정리하면 이메일, 문자메시지, 동영상, SNS 등 커뮤니케이션 기술을 이용하여 다른 사람들에게 해악을 끼칠 의도로 정교하고, 반복적이고 적대적인 행위를 하는 것이다(송지연, 2016 ; 한희정 · 정혜진, 2014 ; Patchin & Hinduja, 2010 ; Peter & Petermann, 2018).

스미스 외(Smith et al., 2008)는 사이버 불링을 "쉽게 자신을 방어할 수 없는 희생자에 대해 전자 형태의 접촉을 사용하여 반복적으로 그리고 시간이 지남에 따라 집단이나 개인이 수행한 공격적이고 의도적인 행동"이라고 정의하고 있다. 그 외의 개념을 살펴보면 다음 〈표 6-1〉과 같다.

〈표 6-1〉 사이버 불링의 개념

출처	사이버 불링의 개념
UNICEF (2022)	사이버 불링은 디지털 기술의 사용으로 괴롭힘을 당하고, 소셜 미디어, 메시징 플랫폼, 게임플랫폼 및 휴대전화에서 발생할 수 있으며, 그것은 표적이 되는 사람들을 무서워하거나, 화나게 하거나, 부끄러워하는 것을 목표로 하는 반복적인 행동이다.
송지연 (2016)	상대방에게 상처를 주거나 해를 입히려는 목적을 가지고 일부러 한 학생을 반복적으로 공격하기 위한 수단으로 카카오톡, SNS(facebook, 인스타그램, 트위터 등), 카페와 같이 온라인 공간에서 스마트폰이나 컴퓨터를 사용하여 괴롭히는 행위이다.
한국정보화진흥원 (2013)	스마트폰이나 컴퓨터를 통해 욕설과 협박, 괴롭힘 행위들이 발생하는 경우와 SNS 등의 사이버 공간에서 원하지 않는 폭언과 음란물을 보내는 행위 및 거짓 정보 유포행위이다.
Patchin & Hinduja (2010)	컴퓨터, 휴대전화 및 기타 전자 장치의 사용을 통해 가해진 고의적이고 반복적인 피해 주는 것을 말한다.
Tokunaga (2010)	개인 또는 집단에 의해서 공격적인 메시지를 반복적으로 보내면서 타인에게 위해를 가하거나 불편감을 주기 위함이라고 정의한다.
Slonje & Smith (2008)	전자 컨텍스트(예 : 전자메일, 블로그, 인스턴트 메시지, 문자 메시지)에서 발생하는 반복적이고 의도적인 침략으로 정의되며 쉽게 자신을 방어할 수 없는 사람을 대상으로 한다.

출처	사이버 불링의 개념
Smith et al. (2008)	쉽게 자신을 방어할 수 없는 희생자에 대해 전자 형태의 접촉을 사용하여 반복적으로 그리고 시간이 지남에 따라 집단이나 개인이 수행한 공격적이고 의도적인 행동이라고 정의한다.
Peter & Petermann (2018)	정보통신 기술을 활용하여 공격 대상을 반복적이고 의도적으로 괴롭히거나 해치려 하거나 당황하게 하는 것을 말한다.

출처 : 저자 정리.

청소년의 사이버 불링 유형을 살펴보면 방송통신위원회 외(2023)에서 발표한 「2022년 사이버 폭력 실태조사」에서 사이버 폭력을 사이버(인터넷, 스마트폰 등) 공간에서 언어, 영상 등을 통해 타인에게 피해 혹은 불쾌감을 주는 행위를 의미한다고 정의하고 있으며, 다음과 같이 8개의 유형으로 나타내고 있다.

① '사이버 언어폭력'은 인터넷, 휴대전화 문자서비스 등을 통해 욕설, 거친 언어, 인신 공격적 발언 등을 하는 행위이며, ② '사이버 명예훼손'은 사실 여부와 상관없이 다른 사람/기관의 명예를 훼손하는 글을 인터넷 · SNS 등에 올려 누구나(불특정 다수) 볼 수 있게 하는 행위, ③ '사이버 스토킹'은 특정인이 원치 않음에도 반복적으로 공포감, 불안감을 유발하는 이메일이나 문자(쪽지)를 보내거나, 블로그 · SNS 등에 방문하여 댓글 등의 흔적을 남기는 행위, ④ '사이버 성폭력'은 특정인을 대상으로 성적인 묘사 혹은 성적 비하 발언, 성차별적 욕설 등 성적 불쾌감을 느낄 수 있는 내용을 인터넷이나 휴대전화를 통해 게시하거나 음란한 동영상, 사진을 퍼뜨리는 행위, ⑤ '신상정보 유출'은 개인의 사생활, 비밀 등을 인터넷, SNS 등에 언급 또는 게재하거나 신상정보(이름, 거주지, 재학 중인 학교 등)를 유포하는 행위, ⑥ '사이버 따돌림'은 인터넷 대화방이나 스마트폰, 인스턴트 메시지 등에서 상대방을 따돌리는 행위, ⑦ '사이버 갈취'는 인터넷에서 사이버 머니(게임), 스마트폰 데이터 등을 빼앗는 행위, ⑧ '사이버 강요'는 인터넷이나 휴대전화를 통해 다른 사람에게

그 사람이 원치 않는 말과 행동을 하도록 강요하거나 심부름을 시키는 행위로 규정하였다.

윌라드(Willard, 2006)는 사이버 불링을 7개의 유형으로 분류하였는데 ① '플레밍(flaming)'은 특정인을 자극해 일부러 논쟁 또는 분란을 일으켜 특정인이 문제가 있음을 드러나도록 하는 의도적 행위로 상대방을 화나게 하거나, 무례하고 상스러운 메시지를 온라인 그룹에 보내거나, 이메일이나 문자메시지를 보냄으로써 서로 싸우는 것이며, ② '사이버 괴롭힘(cyber harassment)'은 누군가에게 반복적으로 불쾌하고 모욕적인 메시지를 이메일이나 문자메시지의 형태로 지속적으로 보내는 것, ③ '명예훼손(denigration)'은 온라인 게시판에 타인의 명예를 훼손하는 글이나 사진 또는 루머나 가십거리를 게시하거나 유포하는 것, ④ '위장하기(impersonation)'는 다른 사람인 것처럼 가장하면서 그의 평판이나 교우관계에 손해를 입히고, 곤란을 겪을 만한 자료나 게시물을 온라인에 등록하는 것이다. 그리고 ⑤ '폭로(outing)'는 의도적으로 공유하고 싶지 않은 예민하거나 창피한 사적 정보가 폭로되는 것이다. 이외에도 ⑥ '소외와 배척(exclusion and ostracism)'은 온라인 그룹에서 누군가를 고의적으로 소외시키거나 배제 시키는 것, ⑦ '사이버 스토킹(cyber stalking)'은 인터넷 게시판, 대화방, 이메일 등 정보통신망을 이용하여 상대방이 원하지 않는 접속을 지속적으로 시도하거나 욕설 및 협박 내용을 담고 있는 메일을 지속적으로 보내는 것 등이 있다. 이와 같이 사이버 불링의 유형에서 인터넷이라는 매개체를 통하여 가해경험과 피해행동이 발생한다는 것을 알 수 있다(김진화, 2023).

그 외의 유형으로 지인 능욕, 딥페이크, 알페스와 같은 새로운 유형의 사이버 불링 역시 발생하고 있다. 먼저, '딥페이크(deepfake)'는 머신러닝이나 AI 기술을 활용하여 기존 인물의 얼굴, 특정 부위를 실제와 유사하게 합성하는 영상편집물이다(Raymond, 2019 ; 안갑철, 2021). 그리고 딥페이크와 유사한 '지인 능욕'은 여성의 사진 또는 여성을 성적으로 합성한 사진을 신상정보와 함께 유포하여 성 착취물로 만든다는 차이점이 있다(안갑철, 2021). 마지막으로, '알페스(RPS, Real Person Slash)'는 왜곡된 성적 패러디 물을 뜻하는데(Wang, 2017), 주로 배우, 정치인, 역사적 인물과 같은 실제 인물을 기반으로 형성되는 동성애적 판타지물을 동경하는 팬덤을 지칭한다(Wang, 2017).

이와 같이 청소년 사이버 불링은 사이버상에서 일어나는 폭력이 일반적인 학교폭력과는 다르게 상대방의 얼굴을 보지 않고 폭력을 행사하기 때문에 피해 학생의 심리적·정신적 고통이 얼마나 심각한지 가해학생이 알 수가 없고 피해자의 감정을 인지하지 못하기 때문에 죄책감을 덜 느끼고, 폭력의 강도는 점점 더 세질 수밖에 없다는 것이다(이창호·신나민·하은빈, 2014). 사이버 불링 경험 청소년의 통계는 교육부(2018)의 자료에 따르면 학생 10명 중 3명이 사이버 불링을 경험한 것으로 보고되었다(최정현·김도연, 2019).

(2) 청소년의 SNS중독

청소년은 사이버 공간에서 SNS(Social Networking Service ; SNS)란 매체를 통하여 인터넷 기반의 소통과 자기 표현의 매체로, 사람들 간 사회망을 구축하고 사회관계를 형성하며, 흥밋거리나 활동 등을 실시간으로 교류하도록 특화된 온라인 서비스이다(Kelsey, 2010). 청소년은 SNS라는 가상공간을 통해 자신을 표현하고, 다양한 사람들과 사회적 관계를 맺으며 자기만족을 경험하기도 하고 또래 간의 친밀감을 높이는 반면 자신이 속한 집단을 보호하고 외부와의 경계를 위해 따돌리거나 소문을 내는 등의 공격성을 드러내기도 한다(김상림, 2018). 청소년의 SNS의 사용은 대인관계의 확장, 소통의 기회로 친밀감, 유대감을 강화할 목적으로 사용하는 특징을 가지고 있으며(권혜민, 2016), 자신을 드러내기 힘들어했던 사람들이 SNS를 통해 온라인상에서 간편하고 다양한 방식으로 자신의 관심사와 개성을 표현할 수 있게 되었다(오윤경, 2012).

SNS는 청소년들에게 사회적 관계 형성 및 유지, 또래 사이에서 관심사를 공유하는 데 유용하다는 점에서 청소년기 발달적 요구를 충족시킬 수 있는 도구가 되고 있으며, 청소년은 SNS 상에서 또래와 상호작용을 하면서 즉각적인 피드백을 주고받고, 자신이 또래관계에서의 향력에 대한 결과를 즉각적으로 확인이 가능하기 때문에 SNS에 더 쉽게 몰두하게 된다고 하였다(권석만, 2018). 특히 청소년들은 새로운 미디어 기기를 빠른 적응력으로 받아들이고 있으며, 이러한 미디어 기기를 사용하여 SNS 모바일 채팅을 통해 또래와의 활발한 의사소통을 하고 있지만 SNS의 활용과 영향력 증가에 따라 무분별한 정보 확산, 사생활 노출, 지나친 사용으로 인한 대화 단절과 같은 역기능과 중독 문제가 대두되고 있다(오윤경, 2012).

인터넷 이용 시간이 증가함과 동시에, 2020년에는 인터넷 서비스를 통한 비대면 활동 또한 대폭 증가하였으며, 특히 연령대별로 10대에는 온라인교육, 20~30대는 화상회의, 40~50대는 인터넷쇼핑 · 뱅킹, 60대 이상은 동영상 서비스 이용률이 증가하는 등 연령별로 비대면 서비스 이용 특성이 두드러지면서, 계층별로 디지털 이용이 극대화한 것으로 나타났다(한국지능정보사회진흥원, 2020). 그리고 기존의 사회적 문제였던 인터넷 중독과 휴대전화 중독의 문제들이 모바일로 대체되어 보다 심화된 스마트폰 중독으로 이어지는 양상을 보이고 있으며, 스마트폰 중독은 그 특성상 인터넷 중독과 휴대전화 중독의 문제가 동시에 복합적으로 나타나고 있다(황경혜 · 유양숙 · 조옥희, 2012). 스마트폰은 사용자가 쉽게 사용하고 집착할 수 있는 편리성, 즉시성, 관계성, 정서성 등을 내포하고 있다고 하였다(김동일 · 정여주 · 이윤희, 2013), 따라서 '스마트폰 중독'이나 'SNS중독'은 특별한 이유 없이 스마트폰을 자주 확인하거나 가족이나 친구와 있는 자리에서도 대화 없이 스마트폰에 몰입하고, 스마트폰이 없을 경우 불안감을 느끼는 부작용이 있다고 하였다(조성현 · 서경현, 2013). 스마트폰 중독의 주요 원인으로 소셜네트워크서비스이며(피승정, 2012), SNS 중독의 원인은 아직 공식적으로 진단명으로 인정되지는 않지만, 화학적인 중독과 유사한 중독증상 고유의 특성을 포함하고 있고(Andreassen, 2015 ; Griffins, Kuss, & Demetrovics, 2014, Kuss, & Griffins, 2011), 일상생활에서 수행해야 할 활동들을 방해함으로써 부정적인 영향(이정화 · 김호영 · 강정석, 2017)을 미친다고 하였다. 그리고 SNS중독이라는 용어를 살펴보면 '온라인상의 대인관계에 과도하게 몰입하여 금단 및 내성이 나타나며, 일상생활에 지장을 주는 것'이라고 하였으며, 'SNS 사용에 대한 집착과 금단 증상을 보이고 과하게 소통하고 몰입하며 너무 많은 시간 투자로 인해 일상생활이 어렵고 스스로 행동을 제어할 수 없는 상태'로 정의하였다(임지숙 · 양난미, 2020). SNS 과다사용으로 인한 학업성적 및 업무 효율성 저하, 다른 활동에 대한 흥미 실추, 가족과의 대화 단절, 시력 저하, 수면 부족, 병리적 자기애, 사회적 지지, 스트레스 등의 변인과 관련이 있는 것으로 나타났다(우공선, 2011 ; 이영미, 2016).

그리고 청소년은 SNS를 통한 끊임없는 자기 노출은 개인정보 유출, 사이버 불링, 자기 과시, 왜곡된 자아상 및 부적절한 의사소통으로 인한 갈등과 같은 부작용(안지은 · 우도현 · 성현아 · 배성만, 2020 ; 오윤경, 2012)과 SNS를 지나치게 이용하게 되면 우울, 불안, 외로움 등의 심리적 문제를 불러일으키고 정체성을 형성해 나가는 중요한 시기인 청소년에게 있어 SNS중독은 일상생활과 학교생활, 나아가 인간관계에도 좋지 않은 결과를 초래하고 있다(조소연 · 정주원, 2017).

2) 청소년 사이버 문화의 과제

현대 청소년들이 사이버 공간을 이용하는 목적은 매우 다양하다. 인터넷을 통해 가장 많이 이용하는 것은 온라인 게임이며, 그 다음으로 소셜 미디어 등의 과다사용으로 인터넷 중독 현상이 발생하고 있다. 아울러 사이버 공간의 익명성과 비대면성으로 인한 범죄와 학령기에 있는 청소년들의 주의력 결핍, 읽기쓰기능력 저하, 범죄인식 결여 등 많은 종류의 신체적 · 정신적 · 윤리적 문제가 심각하게 나타나고 있다(오윤선 · 황인숙, 2016). 그렇다고 청소년들의 사이버 문화를 걱정하고 일방적인 통제를 하는 것은 올바른 대처 방안이 아니며, 청소년들의 소통의 장으로서 정보를 주고받으며, 상호 간에 긍정적인 영향을 줄 수 있는 공간의 의미는 지속 가능하도록 하여야 한다(신지희 외, 2022). 따라서 청소년들의 사이버 문화에서 발생되는 문제의 원인을 파악하고 구분하여 사이버 공간에서의 건전한 사이버 문화를 조성할 수 있도록 하여야 할 것이다.

최근 들어 사이버 범죄가 증가함과 동시에 나날이 흉포해지고 있는 실정이다. 2018년 n번방 사건으로 인하여 사이버 공간에서의 범죄가 본격화되었음을 확인하는 계기가 되었다. 이러한 n번방 사건의 경우 메신저 앱을 통한 성 착취물 제작과 유포 혐의가 있는 대표적인 사이버 공간에서의 디지털 성범죄이다(신지희 외, 2022). 이러한 사건을 통해서 청소년의 사이버 범죄가 다른 성인 범죄와 구분되지 않을 정도로 교묘하게 발생하고 있다는 것을 확인하였다. 이러한 범죄로 인해 우리 사회의 제도적·법적 변화가 나타나기 시작하였다. 이로 인해 청소년이라고 하여 사이버 공간에서 행해지는 범죄 형태의 행위들이 가볍게 처리되는 경우는 없어졌다고 봐도 과언이 아닌 실정이다(전동만, 2024). 따라서 청소년들의 사이버상에서 행해지는 범죄행위에 대한 문제의식과 처벌에 대한 인지가 우선되어야 할 것이다(신지희 외, 2022). 이에 구체적인 대안을 몇 가지 제시하고자 한다.

첫째, 청소년은 사이버 범죄에 단순하게 노출되었다 하더라도 쉽게 모방하여 따라 하게 되는 경향이 있다. 이는 애플리케이션에 대한 제한적 개발의 필요성을 시사함과 더불어 비행친구와의 접촉을 통제시킨다면 청소년의 사이버 범죄 문제 해결에 도움이 될 것이다(신지희 외, 2022).

둘째, 청소년이 사이버 범죄에 대한 올바른 정의를 정립할 수 있는 교육을 통해 비우호적인 태도를 갖게 하는 것이 예방에 도움이 된다. 따라서 여러 미디어와 인터넷에 무분별하게 게시되는 광고나 별다른 조건적인 제한 없이 설치나 로그인이 가능한 애플리케이션의 확대를 규제하여 청소년들이 사이버 범죄 가해의 원인 요소에 노출되거나 접촉할 수 있는 기회를 줄이는 환경 조성을 하는 것이 중요하다(신지희 외, 2022).

셋째, 청소년에게 유익한 콘텐츠 개발과 보급이 이루어져야 한다. 예를 들어 학습 분야, 진로탐색 분야, 여가활용 분야, 놀이 분야 등 청소년문화 전반에 걸쳐서 자기 표현에 능숙하며, 개인과 집단에 유익한 정보를 획득하고 건전하고 유익하게 활용할 수 있는 콘텐츠를 국가 차원에서 개발하여 보급함으로써 사이버 문화의 순기능을 부각시키는 것이 필요하다(오윤선 · 황인숙, 2016).

넷째, 청소년은 사이버 공간에서 발생하는 다양한 심리적 · 정서적 피해를 경험할 경우 스스로 통제할 수 있는 능력이 상실하게 되어 외현화된 문제를 일으킬 수 있다(정여주 · 두경희, 2014). 이에 청소년의 자기 통제력을 강화시킬 수 있는 교육 및 상담 프로그램을 통해 청소년이 스스로 자신의 행동을 조절하여 문제행동을 예방하는 것을 기대해 볼 수 있을 것이다.

마지막으로, 청소년의 사이버 폭력 현황으로 '2023년 사이버 폭력 실태조사'에 의하면 사이버 폭력의 이유로 '상대방이 나에게 그렇게 했기 때문에 나도 그랬다'라는 보복성으로 사이버 폭력 가해행동을 한다는 것이다. 이것은 사이버 폭력 피해경험이 곧 가해행동으로 이어지므로, 사이버 폭력 피해경험에 대응하고 가해행동 예방을 위한 교육 프로그램이 교육 현장에서 형식적인 교육이 아닌 필수 과목과 같이 실천되면 사이버 폭력이 감소되는 효과가 나타날 수 있음을 의미한다(전동만, 2025).

Chapter 07

청소년의 성 문화

1. 청소년의 성 문화 특성

1) 성과 성 문화

청소년 성폭력 및 성매매 문제의 심화는 사회적으로 청소년 성 문화에 대한 체계적 지도 방안의 필요성을 증대시켰으며, 이는 청소년들의 성에 대한 왜곡된 인식, 성 지식 부족, 그리고 인터넷 음란물 확산이라는 복합적인 원인으로 인해 바람직한 성 태도 형성에 어려움을 겪는 데서 기인한다(김송한, 2018).

청소년 성 문화는 사회 환경에 상당한 영향을 받으나, 기성세대의 성 문화가 이미 쇠퇴적 경향을 보이는 실정이다. 정부는 성 예방 교육의 중요성보다 「성매매특별법」을 통해 성매매 행위를 일률적으로 금지하고 있지만, 이는 미성년자 보호에 초점을 맞춘 단편적인 조치에 불과하며 근본적인 해결책이 될 수 없다. 그러므로 현재 만연한 성 문화의 건전한 방향 전환을 위해서는 가정, 학교, 사회, 정부 차원의 체계적인 교육 시스템 구축과 주체적인 성교육 시행이 시급하다.

현대 청소년들의 이성관은 성인의 시각에서도 과감하고 개방적이며, 이성

교제는 일반적인 현상으로 자리 잡고 있다. 이성 교제 시작 연령은 점차 낮아지고 있으며, 성관계에 대한 태도 역시 상호 합의와 사랑을 전제로 허용적인 경향을 보인다. 이러한 변화 속에서 우려되는 점은 미성숙한 청소년들의 성 경험 증가이며, 이는 청소년들이 성 문제에 대한 심층적인 고민을 안게 하지만, 가정과 학교에서는 이러한 문제에 대한 실질적인 지원이 부족한 실정이다.

성은 생물학적 구분인 'sex', 사회문화적 구성인 'gender', 그리고 포괄적인 태도인 'sexuality'로 구분되는 다층적 개념이다. 'Sex'는 생물학적 남녀 구분을 의미하며, 'gender'는 사회문화적 학습을 통해 형성되는 남성성/여성성 및 성 역할과 연관된다. 'Sexuality'는 개인의 성에 대한 감정, 사고, 환상, 꿈, 가치관, 신념 등을 아우르는 전반적인 개념으로서 성적 성격이라고도 칭할 수 있다. 따라서 성적 지향은 성 정체성과 밀접한 연관성을 지니는 것으로 사료된다. 그러므로 성 문화는 특정 사회 구성원들이 성에 관하여 공유하는 총체적인 삶의 양식을 의미하며, '청소년 성 문화'는 청소년들이 공유하는 성에 대한 가치관, 태도, 감정, 행동 등 성 관련 전반적인 생활양식을 지칭한다(장수한, 2020).

2) 청소년기 성 문화 발달

인간 발달은 수정된 순간부터 시작되어 죽는 날까지 한평생 계속되며 매 단계에서 일어난다. 그래서 발달은 연령의 증가와 관련된 일련의 변화를 의미한다. 발달은 모든 신체 기관에서 일어나기 때문에 성적 발달도 연속적인 과정 안에서 이루어진다(김청송, 2017). 또한 성(性)은 출생부터 죽음에 이르기까지 전 생애 관점에서 보면 개인의 모든 부분이자 자연스럽고 건강한 부분이다(김유현, 2018 ; 정선경 · 한경근, 2015).

청소년기는 성적 성숙과 함께 생물학적 발달로 인해 빠르고 급격한 신체

성장과 남녀 모두 이차 성징을 경험하면서 성에 더욱 민감하게 반응하고 느낀다. 그 변화가 급격하고 빠르게 일어나기 때문에 청소년들은 성장과 발달을 방관하거나 미래 자신의 모습에 불안해한다. 또한 청소년들은 성과 관련된 자의식을 높이기도 하고 반발하기도 한다. 그로 인해 혐오, 불안, 수치 등 다양한 정서를 경험하며 성적 표현을 불결하게 생각하기도 하고, 성적인 고민도 많아지는 시기이다. 청소년들의 성 고민은 성 지식(생식기관 기능, 임신, 출산, 피임 등)의 정보와 경로에 관한 것, 성적 욕구, 성 관련 심리, 자위행위, 이성 교제, 직 · 간접적인 성관계, 성매개감염질환, 성 관련 장애, 근친 강간 등이다(신동윤 · 정명희, 2022).

그리고 또한 청소년기는 성적인 존재로서 스스로 성에 대해 결정하고, 자기 자신을 확립하는 시기이다. 청소년기의 발달과업 중 하나인 성 주체성 확립이 지연되거나 실패하게 되면 사소한 욕구 좌절에도 쉽게 성 문제와 성적 발달장애를 일으키고, 본능적 충동이 증가하여 학교 및 사회생활에서 부적응 문제를 초래할 수 있다(신동윤 · 정명희, 2022). 청소년기의 높은 성적 욕구와 성적 관심과 충동의 증가는 자연스러운 발달 과정이다. 또한 성에 대해 자신의 가치관을 정리하고 긍정적인 견해와 식별력을 갖는 것은 매우 중요한 발달과제이다. 대다수 청소년은 발달과업을 원만하게 이행하지만 적절한 교육이나 환경적 영향으로 필요한 도움을 받지 못할 경우 개인의 발달에 어려움을 겪거나 사회적 일탈 행동으로 이어질 수 있다(김수련, 1996).

청소년들은 자신의 감정과 느낌을 어떻게 표현하는가에 대해서 생활 속에서 자연스럽게 교육받거나 훈련받은 경험이 없어서 친밀함을 느끼는 상대가 무슨 생각을 하는지 또한 무엇을 원하는지 직접 상대와 건강하게 소통하지 못하는 어려움을 느끼고 있다. 또 많은 경우 인터넷을 통한 다양한 가상공간에서 떠돌아다니는 성 정보를 통해 쾌락 중심으로 성을 인식하고 있다. 주변에서 쉽게 구할 수 있는 성적 동영상이나 성적 이미지 등을 통해 욕구를 자극하거나 해결했던 경험들은 성을 오락, 기술로 여기는 문제를 낳는다. 청소년들에게 유입된 성 지식과 테크닉은 성기 중심적이며, 남성성을 강조한 부정적인 영상물이나 포르노인 경우가 많다. 남자 청소년들은 이를 통해 욕구를 소비하면서 폐쇄적인 결속을 다지는 경험을 가지는데, 그러면 여성을 '성적 쾌락'과 '수동적인 대상'으로 이분화하는 위험에 빠지기 쉽다(이권명희, 2018). 그리고 청소년들의 성적 행동을 성비행이나 일탈 행위로 간주하고 있다. 그렇기에 청소년의 성을 기피하는 태도와 기성세대의 무관심은 청소년들의 성을 문제라고 보는 시각만 키우고 있다. 기성세대의 입장에서 청소년의 무분별한 성 문제가 사회 전반적인 도덕성 상실로 이해될 수 있으나 청소년의 입장에서 보면 성 문제는 부모나 교사, 기성세대의 일방적이며 권위주의적이고, 폐쇄적인 성 인식 및 성교육에 대한 저항으로도 이해될 수 있다(김신영, 2005).

3) 청소년의 성 문화 의식

흔히 성 태도라고 일컬어지기도 하는 성 의식은 다양하게 정의된다. 이러한 정의를 살펴보면 다음과 같은 몇 가지 특성을 발견할 수 있다. 첫 번째, 범주적 특성이란 채규만과 정민철(2004)은 성 의식을 "성에 대한 가치관을 기반으로 형성되는 태도, 행동, 지식 등을 포괄하는 개념"으로 정의하며 그 범주를 광범위하게 설정하고 있다. 백혜정과 김은정(2008)은 성 의식을 개인 내부에 존재하는 성에 대한 신념과 선호의 형태 및 강도로 정의하며, 이는 채규만과 정민철(2004)의 정의와는 다르게 행동적 요소를 배제하고 인지적 요소만을 포함하는 개념으로 제시된다. 둘째, 성 의식의 구성적 특성이란 성의식을 형성하는 요소들이 무엇인지를 탐구하는 것이다. 일례로 김윤정과 이창식(2003)은 성 태도를 "성에 대한 인지적 요소, 즉 성에 대한 개방성, 허용성, 쾌락성 등이 결합된 형태"로 정의한 바 있다. 김주희 외(2003)는 일본 학계의 분류 체계를 참고하여 성 태도를 성적 허용성, 도구성, 교류성, 그리고 책임성의 네 가지 하위 영역으로 세분화하여 연구를 진행하였으며, 이명화(1998)는 성 개념의 광의성, 성 인식의 긍정성, 성 평등성, 그리고 성 허용성을 기준으로 유형을 구분하여 성 태도를 규명하였다. 세 번째, 성 의식은 그 근본적인 가치적 특성으로 인해 도덕성을 기반으로 분석될 수 있으며, 이러한 접근법을 통해 다양한 학자들이 성 의식의 유형을 분류하고자 노력해 왔다(박은하, 2016).

청소년기에 나타나는 행동 양상으로 음주, 흡연, 약물 남용, 폭력, 성 관련 문제, 디지털 성범죄 등을 대표적으로 꼽을 수 있다. 더욱 우려스러운 점은 청소년의 위험 행동이 단발적으로 그치지 않고 음주, 약물 사용, 폭력, 성 경험 등과 같이 복합적으로 나타나는 경향을 보인다는 것이다. 또한, 이러한 문제행동들은 서로 연관되어 하나의 문제행동이 다른 문제행동을 유발하는 디딤돌 역할을 하며, 이미 특정 위험 행동을 경험한 청소년 집단은, 위험 행동 경험이 전무한 청소년 집단보다 여러 위험 행동을 중복적으로 실행할 가능성이 상당히 높다(Duncan, Strycker, & Duncan, 1999 ; Lorraine V. Klerman, 1988 ; Jone E. Donovan & Richard Jessor, 1985 ; 오금숙, 2004).

사회학습이론(Bandura, 1996)은 개인의 행동 형성에 있어 소속 집단의 영향력과 상호작용을 통한 학습을 강조한다. 청소년기의 성에 대한 가치관 및 태도 형성은 가정, 학교, 또래 집단, 대중매체 등의 사회화 과정과 밀접한 관련이 있으며, 성장 과정에서의 경험, 강화, 지식 및 경험의 축적을 통해 더욱 발달한다. 청소년기에 나타나는 애정 표현은 단순한 행위를 넘어, 그들의 인식 체계 내에서 구축된 틀에 따라 발현되고 경험을 통해 강화되면서 태도 형성에 지속적인 영향을 미치게 된다. 즉, 행동보다 앞서 나타나는 태도는 경험을 통해 구축되기도 하며, 특히 청소년기에 형성된 성에 대한 태도는 이후의 성적 가치관에 지대한 영향을 미치는데, 이는 유년 시절의 성적 경험, 성 지식 습득 시기 및 범위, 주변 인물의 태도 등에 기인한다(Hurlock, 1973). 한편 비행 청소년의 성폭력 문제는 사회화 과정에서 체득된 성차별적 여성관과 남성성에 기인하며, 이러한 인식은 청소년 비행집단의 또래 문화 속에서 학습 · 실행 · 강화됨으로써 성관계와 성폭력의 경계를 모호하게 만든다(오금숙, 2004).

2. 청소년의 성 문화

1) 청소년기의 성 문화 심리

홀(Hall)은 『청소년기』라는 그의 저서에서 청소년기를 '질풍노도의 시기'로 표현하였다. 이것이 청소년기의 보편적인 발달 특성을 나타내는 것이라고는 말할 수 없지만, 이러한 표현에는 대부분 공감하고 있다(장수한, 2020).

청소년기는 정서적 불안정성과 격렬함이 두드러지는 시기로 널리 알려져 있으며, 헐록(Hurlock, 1975)은 사춘기에 나타나는 급격한 신체적 · 생리적 변화가 청소년의 심리적 변화에 큰 영향을 미친다고 주장했다. 청소년기에 나타나는 심리적 변화로는 신체적 · 생리적 변화로 인해 고립에 대한 욕구가 커지면서 프라이버시를 중시하고 가족과 분리된 혼자만의 시간을 선호하게 되는 현상과, 감정 기복이 심해지고 쉽게 흥분하거나 화를 내는 경향을 보이는 정서성의 증가를 들 수 있다. 또한 청소년기의 과도한 수줍음, 신체 변화에 대한 예민한 반응, 자신감 저하와 같은 불안 증세는 급격한 신체적 · 생리적 변화에서 기인한다고 분석되었다(장수한, 2020).

청소년기에 나타나는 이러한 심리적 변화는 일상에서 쉽게 관찰될 수 있으며, 이는 혼자 지내는 시간을 선호하거나, 잦은 외모 단장, 사이버 공간에서의 자아 구축, 사적인 영역에 대한 집착, 과도한 수줍음이나 감정 기복 등으로 표출된다. 이처럼 민감하고 격정적인 청소년기의 정서 상태는 성적 태도에도 반영되어, 자신의 성적 매력에 대한 인식과 외모에 대한 예민한 반응으로 나타난다. 방 안에서나 길을 가다가도 거울만 있으면 들여다보고, 옷이나 머리 모양에 무척 신경을 쓴다. 또한 이성 앞에서 부끄러움을 잘 타면서도 때로는 지나치게 호들갑을 떨기도 하며, 짝사랑을 잘 하고, 그리워하는 대상에 대해 가슴앓이를 많이 한다. 이성을 대할 때, 외모를 지나치게 중시하는 이들의 특징은 '얼짱'이나 '몸짱'처럼 뛰어난 외모에 빠르게 호감을 느끼고, 이러한 외적인 요소를 그 사람의 내면과 동일하게 여기는 데서 드러난다. 자신이 좋아하는 사람에 대해서는 맹목적으로 추종하면서 싫어하는 대상에 대해서는 무조건 배척하는 양상 등도 청소년들에게 많이 발견되는 특성들이다. 이와 같은 양상들은 모두 청소년들의 성 심리를 반영하는 것이라고 할 수 있는데, 이들이 경험하는 이성 혹은 성에 대한 감정 상태는 변화와 강도가 매우 커서, 때로는 청소년 스스로도 자신의 감정을 통제하지 못하는 경우가 종종 발생하게 된다(장수한, 2020).

2) 청소년의 성 문화 행동

청소년기는 다른 어떤 발달 단계보다도 성적 에너지가 왕성한 시기라고 할 수 있다. 그러나 성적 욕구 해소 방식에 있어 청소년기에는 자위행동을 통해 스스로 조절하고 억제하는 반면, 결혼 후에는 부부관계를 통해 이를 해소한다는 차이점이 존재한다. 청소년 성 행동에 영향을 미치는 요인은 학교 성교육, 매스미디어, 선정적인 출판물, 영상물, 또래 집단의 압력 등 다양하게 존재하지만, 혼전 성관계에 가장 큰 영향을 주는 요인은 데이트로 여겨진다(이세희, 2006). 연구 결과에 따르면, 전체 응답자의 과반수가 이성교제 경험이 있다고 응답하여 청소년기의 높은 이성에 대한 관심을 확인할 수 있었으며, 남학생의 경우 이성교제 및 자위행동 경험 모두 여학생보다 높은 것으로 드러났다(이유정, 1995).

박찬비(2001)의 연구 결과에 따르면, 학년에 따라 이성교제, 키스 및 애무 경험, 성 경험의 발생 비율에 유의미한 차이가 있었으며, 이러한 성 행동은 상급 학년으로 갈수록 증가하는 것으로 확인되었다. 한편 청소년들이 이성교제를 할 때, 성 행위를 허용할 수 있다는 사람은 과거에 비해 점차 늘어나고 있는데, 성 행동을 처음 경험하는 시기도 점차 빨라지고 있다.

청소년들이 성에 대해 개방적이고 성 경험의 시기가 빨라지는 데에는 여러 가지 원인이 있을 수 있으나, 무엇보다도 청소년들이 사용하고 있는 인터넷의 영향도 매우 크다고 할 수 있다. 청소년들은 이성과의 만남을 쉽게 가질 수 있는 온라인 공간에서, 1 : 1 채팅이나 집단 만남을 통해 성 욕구와 성 행위를 자유롭게 표현하는 것이 익숙해지게 된다. 더욱이 청소년들의 주(主) 생활 공간이 스마트폰이나 컴퓨터상의 온라인으로 이동하면서 청소년들은 성에 대한 정보에 무차별적으로 노출되고, 네티즌들 간에 성에 대한 감정과 욕구를 자유롭게 표출시키는 문화가 정착되고 있다.

3) 청소년의 성 문화 역할

청소년들의 성 역할 태도의 형성에 주요하게 작용하는 것은 크게 두 가지 측면으로 나누어 볼 수 있다. 첫째, 청소년들을 둘러싸고 있는 구조적인 요인들이다. 학교 등에서 받는 직접적인 성평등 교육의 효과는 차치하고, 가족과 부모, 종교 등과 같이 청소년들의 일상생활과 직접적인 관계가 있는 구조는 청소년들을 환경적으로 제약하여 성 평등에 관한 가치 형성에 중요한 역할을 한다. 사회적 차원에서의 여성의 지위가 상승한 것은 인과관계의 방향이 어떠하든지 간에 성 역할에 대한 사회적인 가치와 문화적 규범과 관련이 있다. 가족과 부모는 청소년들과 일차적인 관계를 형성하기 때문에 가부장 가족 형태에서 탈피한 평등한 가족 형태를 띨수록, 그리고 어머니의 사회적 역할이 많을수록 그러한 가족 속에서 사회화된 청소년들의 성 평등 의식이 높을 수 있다는 것은 충분히 예상해 볼 수 있다. 종교는 또 다른 환경적 구조요인으로 작용한다. 가족과 부모가 청소년들이 선택할 수 없는 강제적인 구조의 형태를 띠고 있다면, 종교는 선택할 수 있는 자발적 구조라고 할 수 있다. 그러나 청소년들의 종교 선택은 대부분 부모에 의해 태어날 때부터 혹은 성장 과정에서 부모와 가족의 종교적 배경에 따라 결정된다. 그런데 문제는 그 종류와 종파를 막론하고 대부분의 종교는 성에 대해서 보수적 성격을 지니고 있고 성 역할에 대한 가르침도 전통적인 가부장 구조를 유지하고 있다는 것이다. 따라서 종교적 믿음 혹은 종교에 노출되는 빈도가 높을수록 보수적인 성 역할 태도를 유지할 가능성은 높아진다고 추정해 볼 수 있다(김정규, 2010).

둘째, 청소년들의 성 역할 태도는 개인적인 성격 혹은 기질 등과 관련이 있을 수 있다. 전통적인 가부장 사회에서는 남성다운 가치와 여성다운 가치가 다르게 규범화되었다. 따라서 성 역할 사회화 과정에서 아들에게는 주로 독립심과 책임, 자존감과 사회적 성취, 그리고 적극성과 공격적 성향 등과 같은 기질을 강조해 왔고 딸에게는 이러한 가치를 덜 강조해 왔다. 따라서 남성적인 가치에 속한 기질과 성향을 어느 정도 띠고 있느냐에 따라 성 평등 의식에 미치는 영향의 정도가 다르게 나타날 수 있다. 그런데 중요한 점은 청소년들의 성별에 따라 이러한 기질과 성향이 성 역할 태도에 미치는 영향이 상반될 수 있다는 것이다. 예를 들어, 남자 청소년들의 경우 자존감과 사회적 성취 등과 같은 남성적인 가치를 강조하는 성향을 많이 지닐수록 전통적인 성 역할 태도를 고수할 경향이 크다고 추측해 볼 수 있다. 그러나 여자 청소년들의 경우는 정반대로 자존감과 사회적 성취와 같은 기질을 많이 가질수록 오히려 보다 진보적이고 평등한 성 역할 태도를 지닐 확률이 더 높다. 왜냐하면, 여성의 역할 증대와 지위 상승은 기존의 가부장적 사회에서의 남녀 구분의 문화적 규범을 탈피하는 데서부터 시작한 것이고 남녀의 성 평등 의식은 자존감과 사회적 성취와 같은 전통적인 남성적인 가치를 양성적인 가치로 환원하여 사회적 성공을 위해 중요한 가치로 여성들에게도 강조되었기 때문이다(김정규, 2010).

청소년들의 성별 차이는 성 역할 태도에 중요한 영향을 미친다. 물론 생물학적인 차이에서 오는 결정 요소들이 있겠지만, 이보다는 성별에 따른 사회화 과정에서 청소년들을 둘러싸고 있는 구조적 요인과 개인적 기질 등이 차별적으로 영향을 미치고 있다고 생각해 볼 수 있다. 일반적으로 남자 청소년은 가부장적 가치를 나타내는 남성성이, 여자 청소년들은 여성성이 높은 것은 우리 사회의 전반적인 문화적 규범이 여전히 가부장적이기 때문이다. 그렇지만 성별에 다른 성 역할 태도는 남자 청소년과 여자 청소년 간에 차이가 있는데 주로 여자 청소년들의 성 평등 의식이 더 높은 것으로 나타난다(오윤자, 2003). 이것은 여자 청소년들보다는 남자 청소년들이 전통적인 성 역할에 대한 고정관념을 더 많이 지니고 있는 데 반해, 여자 청소년들은 변화해 가는 사회의 성에 관한 문화적 규범을 더 적극적으로 받아들여 양성 평등적인 성 역할 태도를 취하는 경향이 높아졌기 때문이라고 생각할 수 있다(김소정, 2008 ; 이윤석, 2004). 결국 성 역할 태도에 미치는 여러 가지 사회적 · 개인적 요인은 청소년들의 성별에 따라 차별적으로 그 효과가 나타날 수 있다.

청소년기에는 성 역할 집중화 현상이 일어난다. 성 역할 집중화 현상이란 성 역할에 대한 고정관념이 증가하는 것을 말한다. 우리 사회의 보편적인 성 역할 고정관념 속에는 여자의 경우에는 부드럽다, 따뜻하다, 수동적이다, 의존적이다, 얌전하다, 나약하다 등이 있으며, 남자의 경우에는 딱딱하다, 냉정하다, 공격적이다, 독립적이다, 강하다 등이 지배적이다.

성 역할 집중화 현상은 남녀 청소년 모두에게 나타나지만, 특히 여자들에게 더 보편적인 현상이라고 할 수 있다(허혜경 · 김혜수, 2002). 청소년기에 성 역할 집중화 현상이 일어나는 이유는 청소년기의 발달적 특성 때문이라고 볼 수 있는데, 사춘기 동안 남성적, 여성적 외모와 신체 조건을 갖게 된 청소년들은 부모와 사회가 요구하는 성 역할에 대한 기대를 갖게 되고, 이성에 대한 관심이 증가하면서 보다 고정적인 성 역할에 충실하게 된다.

청소년들의 성 역할 태도에 미치는 여러 요인이 단편적으로 영향을 미치지는 않지만, 청소년들의 성별에 따라 각각의 성이 내재하고 있는 여러 가치와 개념이 서로 복잡하게 맞물리고 연결되어 있다. 따라서 성 역할 태도는 청소년들의 성별에 따라 민감하게 형성되는 것이다. 그러므로 청소년들의 바람직한 성 역할 태도를 지니게 하기 위해서 시행되는 여러 교육이나 환경이 성별에 따라 차별적이고 구체적으로 이루어져야 한다.

가족 안에서 일어나는 일차적 사회화는 성 역할 태도에 상당한 영향을 미치고 있으므로 이를 배제한 성 평등 교육은 큰 성과를 얻기 힘들다. 따라서 청소년들뿐만 아니라 부모들을 대상으로 하는 성 역할과 관련된 프로그램과 재교육도 꾸준히 함께 진행되어야 한다. 사회적인 변화에 따라 어머니들의 직업 활동이 꾸준히 증가하고 있음은 남자 청소년들이 여성들의 사회적 역할에 대한 시각을 바꾸게 함으로써 효과적인 성 평등 태도를 가지는 데 지속적으로 기여할 것으로 생각된다.

3. 청소년 성 문화의 과제

1) 청소년의 성 문화 문제

현재 우리나라 청소년에게 성은 위험한 것, 금지해야 하는 것이다. 청소년들은 성적 자기 결정권을 갖지 않으며, 성적 주체로 존재할 수 없다. 어른이 될 때까지 금욕해야 하며, 성적 위험 상황에 노출되지 않도록 경계하고 조심해야 한다. 청소년들의 성적 일탈을 가능한 한 억제하는 방향으로 성교육이 이용되어 온 것이다(박은하, 2017). 따라서 청소년에 대한 기존의 성교육 한계를 극복하고 다양한 성교육 방향을 구체적으로 탐색해 보는 방향의 재설정이 필요할 것이다.

오늘날 청소년은 성적 쾌락과 성적 충동만을 강조하는 상업적인 대중매체에 지속적으로 노출되어 성 태도와 성 행동을 비롯하여 성적인 취향에도 영향을 받고 있으며, 음란물에 점진적으로 중독되면서 죄의식 없이 성행위에 집착하고 모방 충동에 사로잡히게 된다. 또한 상품화된 성 산업이 발달함에 따라 10대 미혼 부모 급증, 인공임신중절, 성매매, 성폭력, 불법 촬영, 불법 촬영 유포 등 청소년 성 문제 심각성이 가속화되고 있다(신동윤 · 정명희, 2022).

청소년 성 문제란 이차 성징을 겪고 있는 청소년기에 여러 가지 신체적인 변화를 경험하는 데에서 자연스럽게 일어나는 성적 욕구를 긍정적으로 순화하지 못하는 경우 발생하는 문제를 말한다(박철현, 2014). 청소년의 성 문제는 올바른 성에 대한 교육과 수용 정도에 따라 달라질 수 있다. 그리고 성에 대한 올바른 가치관이 정립되지 않은 상태에서의 성 경험과 그에 따라 파생되는 임신, 낙태, 성매매, 불건전한 이성교제 등을 청소년에게 발생하는 성 문제로 볼 수 있다(김아름, 2019).

청소년의 성 문제에 영향을 미치는 요인을 몇 가지로 요약하여 살펴보면 다음과 같다. 첫 번째, 개인 내적 요인이다. 청소년 성 문제에 영향을 미치는 개인 내적 요인으로는 자기 통제력과 공격성이 제기되며, 공감 능력도 부족하다는 것이다(손병덕, 2014).

두 번째, 가정환경 요인이다. 가정환경은 청소년의 첫 번째 사회화가 일어나는 곳으로 청소년 성 문제 행동에 중요한 영향을 미칠 수 있다. 청소년 성 문제들은 대부분 가정환경 요인이 원인으로 작용한다. 특히 약화된 가족관계로 인한 애착 결핍이나 애착 외상, 정서적 고독과 같은 친밀감이 부족한 가정환경은 성 문제와 관련이 높다(송원영, 2013). 가정 내에서 부모-자녀 간 성 지식에 관한 교육이나 대화는 자녀가 성 관계를 경험하는 시기에 매우 중요하다(Whitaker & Miller, 2000).

세 번째, 또래 및 학교환경 요인이다. 청소년기는 가정보다 또래와 학교에서 보내는 시간이 많아지면서 성과 관련된 고민을 친구와 의논하거나, 학교에서 진행되는 성 교육, 보건교사 등이 중요한 요인으로 작용한다. 또한 친구집단의 성 태도와 지속적인 이성교제가 성 문제의 관련 요인으로 나타나고 있다. 그리고 교사로부터 위로와 격려를 덜 받는다고 느낄수록, 또래 관계에서 성매매를 경험한 선배나 친구가 많고, 선배의 압력이 클수록 성 행위에 영향을 주기도 한다(신동윤 · 정명희, 2022).

네 번째, 유해매체 요인이다. 현대 청소년은 영상과 미디어를 통해 정보를 얻는다. 청소년은 책을 읽듯 영상을 읽고, 미디어를 활용한다(박일준 · 김묘은, 2019). 인터넷 관련 플랫폼과 IT 기술을 통해 청소년들은 음란물을 보면서 성적 호기심과 성관계가 이루어지며, 그로 인해 여성을 성적 도구로 이용하여 성적인 폭력 행동 유발에서부터 유사한 음란물 제작 및 유포와 같은 성적 일탈, 음란물 중독에 빠지게 한다. 음란물은 성 평등 인식을 무디게 만드는 강력한 도구가 될 수 있고 잘못된 성 지식을 형성하게 한다. 또한 영상매체나 음란물 내용은 청소년들의 인지 및 기억 과정에서 성적 욕구나 폭력성을 활성화시키고, 이는 궁극적으로 모방 행동으로 나타난다(신동윤 · 정명희, 2022).

2) 청소년 성 문화 교육에 대한 배경 및 고찰

우리나라 청소년 성 교육은 1950년대에 '정결 교육'으로 시작되었는데(김정옥, 2001) 이후 1960년대에 인구가 폭발적으로 늘자 정부는 인구 증가 억제 정책을 펼치게 되었고 가족계획사업을 통해 '순결교육'을 하게 된다. 1982년 교사용 『초중고 학급 지도를 위한 성 교육 지침서』를 발간하면서 '성 교육'이란 용어가 사용되는데 기존 순결교육에서 생물학적 지식이 추가되었지만 구체적인 성 지식이나 개념을 담기보다 성 교육에 대한 규범적인 내용만 다루었다(오영희 외, 2006). 2000년에는 교육인적자원부가 '성교육의 원년의 해'로 지정하고 학교 성 교육 기본 계획을 수립하게 되고(김수자, 2019), 2001년에 '학교 성 교육 활성화 지침'을 개발하여 연 10시간 이상의 성교육을 실시하도록 권장하였다. 그러나 구체적인 규정은 마련되지 않고 학교 재량에 맡겼다. 이후 2007년 「학교보건법」 개정으로 보건교과 안에서 성 교육이 실시될 수 있는 법적 기반이 마련되었다(이상은, 2023).

2004년 「성매매 방지 및 피해자 보호 등에 관한 법률」에서 성매매 예방교육 실시를 담고 있고, 2006년 「가정폭력 방지 및 피해자 보호 등에 관한 법률」에서는 가정폭력 예방교육을 다루고 있으며, 2010년 「성폭력 방지 및 피해자 보호에 관한 법률」에서 성 폭력 예방교육을 실시하도록 되어 있어 학교에서는 폭력예방교육을 의무적으로 시행하게 되며 이러한 폭력예방교육은 청소년 학교 성 교육의 한 축을 이루게 된다. 이후 사회적으로 성폭력과 같은 성 관련 문제가 심각하게 부각됨에 따라, 2013년에는 학교 성교육 시간을 연간 15시간 이상으로 법제화하였으며, 이 중 3시간 이상은 폭력예방교육에 할애하도록 의무화되었다. 아울러, 학교 성 교육은 보건교육의 범주 내에서 폭력예방교육을 포함하여 실시되고 있으며, 성 교육 관련 교과, 보건 선택과목, 그리고 창의적 체험활동 시간을 통해 이루어지고 있다(이지수, 2017). 2014년에는 「양성평등기본법」의 개정을 통해 폭력예방교육이 성 평등 관점을 기반으로 통합적으로 운영되도록 규정되었다.

교육부는 2015년 이러한 성 교육의 목표를 "성 관련 과학 지식 습득, 건전한 성 가치관 확립, 행복한 삶을 위한 역량 및 태도 함양"으로 설정하고, 학교급별 및 발달 단계별 성 교육 내용을 구체화한 국가 수준의 '성 교육 표준안'을 발표하며 학교 성 교육의 지침으로 삼을 것을 강조하였다. 하지만 해당 표준안은 성 차별적 요소, 성적 다양성 및 다양한 가족 형태의 배제, 성 폭력에 대한 왜곡된 인식 강화 등의 문제점을 지적받고 있다(한국성폭력상담소 · 한국여성의전화, 2015, 이상은, 2023 재인용).

성 평등 교육은 성 평등 개념의 이해와 성 평등 실천을 목표로 성인지 감수성을 함양하고자 하는 교육 프로그램을 뜻하며 페미니즘 교육이라는 이름으로 실시되기도 한다(이상은, 2023). 페미니즘 교육은 교육받는 존재들을 수동적인 존재로만 보지 않고 변화의 주체로 인정하며 문화를 만들어 가는 존재로 인식하는 것으로, 페미니즘 사상과 실천을 교육철학 및 교육방법에 접목시켜 페미니스트 페다고지 개념으로 발전했다(이상은, 2023). 안재희(2020)는 페미니스트 페다고지를 "페미니즘 관점을 통해 교육 내에서 드러나지 않는 성 불평등과 젠더 문제를 논의하고 성 평등 교육을 실천하는 것"이라고 하였다. 페미니스트 페다고지는 '경험'을 학습의 자원으로 활용한다(이예슬, 2020). 프리드만(Freedman, 2009)은 개인의 경험을 나누는 것은 타인의 경험에 대한 사회적 맥락을 이해하도록 돕고 그것이 자신의 지적·정치적 이해로 변화할 수 있다고 말한다. 교육 참여자의 경험을 가져와 학생들의 통찰을 드러나게 하고, 이미 알고 있던 것을 표현함으로써 학생들에게 새로운 의미를 갖게 할 수 있다(이상은, 2023).

3) 청소년 성 문화 교육의 필요성 및 교육 현황

인터넷이나 스마트폰을 통한 음란물 범람은 청소년들에게 왜곡된 성 의식과 성 행동을 부추기고, 청소년의 디지털 성범죄는 급격히 증가하고 있다. 여기에는 카메라를 이용한 불법 촬영과 불법 촬영물 유포, 청소년을 노리는 랜덤 채팅앱, 데이트폭력 등 중대한 범죄까지 포함되어 있다. 이에 새롭고 다양한 양상으로 가속화되고 있는 청소년 성 문제의 경각심을 높이고 효과적으로 대처하기 위해 청소년 성 교육과 상담이 절실히 필요하다(전동만, 2024).

그리고 국가적 차원에서 청소년들이 성에 대한 정보를 주로 성인물, 음란성 게임, 미디어 및 인터넷 또는 또래를 통해 얻고 있는 데 반해 기존 학교의 성 교육은 이론 중심의 단편적인 지식 전달 위주로 진행된다는 점이 지적되며, 청소년의 눈높이에 맞는 성 교육에 대한 필요성이 제기되었다. 또한 일부 지역에서는 멀티미디어와 다양한 설치물을 활용한 참여형 성교육이 실시되어 성과를 거두고 있으나, 한정된 지역에서만 교육 서비스가 제공됨으로써 지역 간 불균형이 발생하였고, 전국적으로 통일된 효과적인 성교육을 실시할 필요성이 커졌다(여성가족부, 2023).

이에 청소년정책자문위원회 성 문화분과위원회는 전국에 청소년성문화센터를 설치 · 운영하는 사업을 국가청소년위원회에 2006년 7월 건의하여 국가청소년위원회에서는 전국 16개 시 · 도에 청소년성문화센터 설치 · 운영을 추진하기로 하여, 2007년 국가청소년위원회 소관 정부 예산안에 신규 사업을 반영하여 진행하기로 하였다. 법률적 진행 사항과 역할은 다음과 같다(여성가족부, 2023).

① 2007년 4월, 민간 성 교육 관련 전문가 등으로 구성된 청소년성문화센터 설립추진단은 표준 콘텐츠 및 운영 매뉴얼을 개발하여 전국적으로 통일된 콘텐츠를 갖춘 청소년성문화센터의 설치 · 운영의 토대를 마련하였다.

② 2010년 4월, 「아동 · 청소년의 성 보호에 관한 법률」 개정으로 아동 · 청소년의 건전한 성 가치관 조성과 성범죄 예방을 위한 아동 · 청소년 대상 성교육 전문기관인 청소년성문화센터의 법적 근거가 마련되었다.

③ 2011년에는 45인승 버스를 개조하여 청소년성문화센터의 주요 콘텐츠를 탑재하여 농산어촌 등 교육 접근성이 어려운 지역 등에 찾아가는 성교육이 가능한 이동형 청소년성문화센터 2개소를 신규로 도입하였다.

청소년문화센터의 역할은 아동 · 청소년이 다양한 도구와 매체를 활용한 자기 주도적 참여를 통해 아동 · 청소년의 건강한 성 가치관 정립 지원 및 성범죄 피해를 예방하고, 대상별로 특화된 성교육 프로그램을 기본적으로 추진하고, 발달 단계별 양성 평등 이해적 인권 통합교육 프로그램을 마련하고 교육을 실시한다. 그리고 아동 · 청소년을 대상으로 체계적 · 전문적인 성교육을 위해 2007년 청소년성문화센터 운영 표준 프로그램인 'SAY' 매뉴얼을 개발하였고, 이후 변화된 상황에 맞게 매뉴얼을 리뉴얼하고 있으며, 2015년에는 아동 · 청소년의 발달 단계별 특성 등을 반영한 전문적 교육 프로그램인 'SAY 2'를 개발하여 현재 운영 중이다. 또한, 2019년부터 이동형 청소년성문화센터의 특성을 반영한 프로그램 매뉴얼을 개발하여 진행하고 있다(여성가족부, 2023).

한국양성평등교육진흥원(2024)에서는 학교 및 장애 아동 · 청소년 성 인권교육은 양성평등 이해적 관점에서 아동 · 청소년에게 타인의 권리를 존중하고 평등한 관계를 맺을 수 있는 능력을 함양하는 체계적인 성교육을 학교에서 성 인권 교육'을 서울, 부산, 충북, 충남, 전북, 경북, 경남, 제주 등 8개 시 · 도에서 초 · 중 · 고등학교 학생을 대상으로 성 인권 및 성 평등, 관계와 소통 등 다양한 주제를 가지고 강의와 함께 아이들이 직접 발표하고 토론하는 참여형 방식으로 학교의 보건교사 또는 전문 강사가 수업을 진행한다. 주로 보건교사가 중심이 되어 표준 프로그램에 따라 수업이 운영되고 있다.

IT 기술의 발달과 함께 진화하는 디지털 성범죄와 관련한 피해가 점점 늘고 유형도 다양해지자 정부는 2017년 「디지털 성범죄 피해 방지 종합 대책」을 마련하고 4대 추진전략 중 하나로 디지털 성범죄 예방교육을 실시하도록 하였다. 2020년 N번방 사건이 전 국민의 공분을 가져오고 이를 계기로 디지털 성범죄 관련 법률의 개정[6]이 이뤄지고 디지털 성범죄 예방교육의 필요성이 대두되면서 성 폭력 예방교육은 디지털 성 범죄 예방교육으로 전환하게 된다.[7] 디지털 성 범죄 예방교육도 성인지 관점으로 인권 침해를 다뤄야 하

6) 2020년 5월 19일 「형법」, 「성폭력범죄의 처벌 등에 관한 법률」, 「아동청소년 성보호에 관한 법률」, 「범죄수익은닉의 처벌 등에 관한 법률」, 「전기통신사업법」, 「전기통신망 이용촉진 및 정보보호 등에 관한 법률」이 개정되었다.

7) 2021년 서울시교육청은 120개교 1,200학급을 대상으로 '학교로 찾아가는 디지털 성범죄 예방교육'을 계획, 실시하였다(서울시교육청(2021). 『2021 서울교육중요업무계획』).

는 것은 성 폭력 예방교육과 크게 다를 바 없어 보인다. 그러나 문제는 폭력 예방교육에만 집중하게 되면 성은 위험하고 조심해야 하는 것으로 결론짓고 보호의 관점으로만 치중하게 된다는 것이다. 성 범죄로부터 아동과 청소년을 보호하고 범죄를 예방하기 위해서는 성적 주체인 아동과 청소년의 성적 권리와 행복추구권을 보장하고 역량을 강화하는 교육이 필요하다(이상은, 2023).

Chapter
08

청소년의 언어문화

1. 청소년 언어문화의 이해

1) 청소년 언어문화의 개념

인간은 언어를 통하여 자신의 생각과 감정을 상대방에게 전달하거나 타인이 어떻게 표현하는지를 보고 상대방의 생각과 감정을 전달받는다. 이처럼 언어는 의사소통 수단이 되기도 하고, 더 나아가 동시대를 살아가는 구성원들의 생각이나 신념, 성격, 심리 상태, 인격 등을 나누는 사회적 도구로도 사용되어져 왔다(강미영 · 정혜경, 2017).

일반적으로 언어문화는 일상의 언어생활 또는 언론, 문학, 출판 등 언어에 의하여 이루어지는 모든 문화를 통틀어 이르는 말로, 언어를 매개로 이루어지는 모든 문화를 말한다. 이런 개념을 놓고 본다면 언어라는 수단을 통해 문화가 형성되고 끊임없이 발전을 거듭한다고 볼 수 있다. 그러나 그 사회나 문화가 형성되고 발전되는 매개체인 언어는 특정 언어공동체의 생각과 인식뿐만 아니라 그 사회나 문화의 속성이 반영될 수밖에 없기 때문에 언어는 인간의 사고와 사회 또는 문화를 이해하는 통로 역할을 하게 된다. 사회가 변화하고, 문화가 변화하게 되면 그와 관련된 언어 또한 변화하게 된다. 농경

문화와 관련된 어휘들이 농경문화가 달라짐에 따라 없어지는 경우가 허다하며, 사회구조가 새롭게 재편되고, 새로운 문화가 형성되면서 그에 따른 어휘들이 새롭게 등장하게 된다. 따라서 사회 · 문화적 특성이나 속성이 언어 속에 반영되므로, 언어를 통해서 사회 · 문화적 특성이나 속성을 이해하는 것은 지극히 당연한 일일 것이다(김봉국, 2024).

언어는 문화를 반영하는 그 자체이고, 문화는 언어뿐만 아니라 문학, 예술, 관습, 관념(이 자체가 문화이기도 하지만) 등 다양한 형태로 표출된다. 또한 언어와 문화의 관계는 다음의 글에서도 확인된다(윤여탁, 2015).

> 언어는 문화의 일부분이며, 또한 문화는 언어의 일부분이다. 즉, 이 둘은 밀접하게 얽혀 있어서 언어든 문화든 그 중요성을 잃지 않으면서 둘을 떼어낼 수는 없다. 특수한 도구적 학습(말하자면, 학문적인 원문을 연구하기 위해 한 언어의 독해력만을 습득하는 경우처럼)을 제외하면, 제2 언어 습득은 또한 제2 문화의 습득이기도 하다(Brown, 2007).

2) 청소년문화와 언어의 관계

디지털 시대의 커뮤니케이션은 그 특성상 과거의 모든 미디어 형태를 통합하는 양상을 보이며, 이는 서적, 영화, 텔레비전, 전화, 사진기, 녹음기 등 개별 기능을 갖던 다양한 매체들이 컴퓨터라는 단일 기기로 수렴되는 현상에서 확인된다. 컴퓨터는 학습, 문화, 비즈니스 영역에서 무한한 가능성을 지닌 공간을 제공하며, 인터넷은 컴퓨터를 통한 의사소통을 가능하게 했다. 이러한 인터넷 환경은 의사소통 방식에 상당한 영향을 미쳤으며, 특히 키보드 활용 중심의 효율적인 의사소통 형태로의 변화를 촉진했다. 이러한 변화에는 언어적 규칙보다 경제성과 흥미 추구의 경향이 더 크게 작용하는 것으로 분석된다.

바티스타 몬딘(Battista Mondin, 1981)[8]은 권위 있는 문화 정의를 분석하여 언어, 관습, 기술, 가치를 문화의 근본적이고 핵심적인 구성 요소로 제시하였다. 다만 문화인류학자들이 경제, 정치, 교육을 문화의 기본 요소로 간주하는 관점도 존재하므로, 문화의 토대 요소에 대한 제시는 연구자의 입장에 따라 상이할 수 있다. 언어는 문화를 형성하는 핵심 요소로서, 특정 사회 집단의 문화는 그들이 언어를 고안하는 시점에서 비롯되며, 언어는 문화와 더불어 발전하는 경향을 보인다. 또한, 한민족의 혼인 문화가 언어에 포괄적으로 투영된다는 점을 고려할 때, 문화로서의 언어 연구는 사회문화 탐구 및 해석의 필수적인 출발점임을 강조한다.

미국의 문화인류학자 워프는 워프-사피어(Whorf-Sapir) 가설을 통해 인간의 사유, 판단, 현실 해석이 언어에 의해 매개된다고 주장하며, 언어가 제시하는 제약으로 인해 개인이 지각하는 현실 세계는 언어의 한계를 초월할 수 없다고 보았다. 또한, 그는 언어가 인간의 행동과 사고방식 형성에 근본적인 영향을 미친다고 역설했다.[9] 워프-사피어 가설에 대한 현대의 지지도는 미미하며, 대다수 언어학자들은 언어와 사고 간의 상호 형성 관계에 대한 논의에 큰 관심을 두지 않는다. 오히려, 언어와 문화에 대한 연구는 문화적 상대성을 인정하고, 인류 보편의 인지적 및 감정적 경험을 탐구하는 방향으로 나아가고 있다.

화법(話法)이 인지(認知)에 미치는 영향에 대한 이론적 배경으로 폭스 가설(Fox hypothesis)이 제시된다. 폭스 가설은 연설 내용이 빈약할지라도, 연설자가 적법한 권위를 지니고 뛰어난 전달 능력을 발휘할 경우, 해당 주제의 전문가 청중조차 연설자를 유능하게 평가한다는 주장을 제시한다. 연구 결과는 언어표현 방식이 대상 인지에 상당한 영향을 미침을 명확히 보여 주며, 학술 논문 평가에 있어 내용의 깊이보다는 문장 구조의 복잡성이 주요 변수

8) 바티스타 몬딘(2002). 『전환기의 새로운 문화모색』. 이재룡 역(서울 : 카톨릭출판사).
9) 서하석(1996). 『문화권 간의 의사소통』. 서울 : 형설출판사, 16-18.

로 작용한다는 점을 시사한다. 구체적으로, 동일한 내용을 쉬운 어휘와 간결한 문장으로 제시한 논문이 해당 분야 전문가들로부터 낮은 평가를 받았다는 사실은, 언어적 요소가 인지 과정에 미치는 결정적인 영향을 뒷받침한다. 즉, 본 연구는 언어 사용이 대상 지각에 미치는 영향력을 옹호하는 입장이다.

기성세대가 청소년 언어문화에 대해 가지는 우려는 표면적인 현상에 기인한 것일 수 있다. 청소년문화는 기존 문화의 영향을 받아 형성되며, 언어는 이러한 문화적 연속성을 파악하는 데 중요한 매개체이다. 청소년 언어의 특징을 분석함으로써 청소년들이 인지하는 사회·문화적 양상을 규명하고, 그들이 처한 맥락을 파악하여 청소년 삶에 대한 심층적인 이해를 도모할 수 있을 것이다(변윤언, 2003).

3) 청소년 의사소통의 특징

정보통신 기술의 발달과 더불어 미디어는 정보의 확산과 소통의 주요 통로로 기능하며, 우리의 일상에 복잡다단하고 유기적인 방식으로 영향을 미치고 있다(한국지능정보사회진흥원, 2023).

디지털 시대의 의사소통은 이전의 모든 매체를 흡수하고 통합하는 형태를 띤다. 책, 영화, 텔레비전, 전화, 사진기, 녹음기 등의 모든 미디어를 컴퓨터 하나에서 이용할 수 있도록 하는 의사소통의 편리함과 용이함을 지닌다. 복합적인 속성의 멀티미디어가 동시적인 속성을 지닌 단일화된 디지털 미디어로 변화하는 것이다. 이제는 인터넷에 접속하는 순간 수많은 자료를 손쉽게 찾을 수 있다. 도서관에 가서 도서 분류 기호를 보고 그 책을 찾지 않아도 책에 관한 정보를 쉽게 검색할 수 있는 것이 인터넷이다. 인터넷 자료는 손쉽게 복제가 가능하며 또한 완전한 복제다. 게다가 어느 것이 원본인지 알 길이 없다. 이렇게 검색이 손쉬운 대신, 개인정보의 유출도 손쉽다(변윤언, 2004).

디지털 시대에는 실사와 허사를 구분하지 못하는 경계의 모호함이 발생하고, 인간이 한번에 모든 것을 할 수 있도록 몰입하게 만들었다. 따라서 청소년 세대의 문화 이해는 디지털 문화를 이해하는 것과 깊은 관련이 있다. 사이버 공간을 확보한 청소년 세대는 일과 놀이와 여가와 경제 등의 모든 문화 활동을 이곳에서 자유롭게 해 나갈 것이기 때문이다. 디지털의 발전은 프랑스 사회학자 부르디외(Brurdieu)가 말한 양산적 핵심문화(core media)와 다양하게 세분화된 특정 취향의 주변문화(peripherial media culture)의 구분까지도 희석시킬 수 있다. 디지털은 인터넷 접속이라는 손쉬운 방법으로 핵심문화의 공유성과 주변 문화의 다양성과 세밀한 분화의 유동성까지도 가능하게 해주기 때문이다(변윤언, 2004).

특히, 청소년들은 어느 세대보다도 스마트 기기에 삶의 중요한 가치를 부여하고 있으며 미디어의 변화에 빠르고 민감하게 반응하며 활용에도 적극적인 태도를 보인다. 한국언론진흥재단(2022)의 미디어 이용 조사에 의하면, 청소년이 일주일간 사용하는 미디어는 모바일 인터넷 98.3%, 텔레비전 97.4%, PC 인터넷 80.3% 순으로 나타나 2019년에 비해 미디어 이용이 전체적으로 상승하였다. 게다가, 청소년의 스마트폰 과의존은 40.1%로 다른 세대보다 높은 수치를 보이고 있다(한국지능정보사회진흥원, 2023). 따라서, 미디어의 영향력이 지대한 환경 속에서 성장하는 청소년들이 올바른 가치관을 정립하고 정보를 비판적으로 분석하며 건강한 디지털 시민의식을 함양할 수 있도록 미디어 교육의 필요성이 더욱 높아지고 있다(최윤정 · 이종혁, 2021).

또한, 디지털 미디어의 발달로 다양한 사람들과 디지털 공간에서 관계를 맺고 소통하는 것이 가능해짐에 따라, 청소년의 의사소통 능력은 더욱 중요해졌으며 핵심역량으로 부상하고 있다. 청소년 시기의 의사소통 능력은 학업적 성취뿐 아니라 자존감, 자아 탄력성, 그리고 삶의 만족도에도 큰 영향을 미치는 것으로 나타났다(김지성 · 김화수, 2012). 교육부는 2015년 보고서에서 청소년의 의사소통 능력 함양의 중요성을 강조하며, 이는 디지털 정보사회에서 개인 삶의 질 향상과 국가 경쟁력 제고에 필수적인 요소라고 명시하고 있다.

청소년들은 직접적인 대면 교류뿐 아니라 미디어를 통한 소통 방식 역시 활발하게 사용하고 있다는 점을 이미식(2019)은 지적한다. 미디어는 청소년의 삶 전반에 걸쳐 중요한 환경적 요인으로 작용하며, 그들의 의사소통 방식에도 상당한 영향력을 행사한다. 이러한 흐름에 발 맞춰 미디어 교육 역시 기존의 일방적인 강의 형식에서 벗어나 학습자들의 주도적인 참여를 이끌어 내는 방향으로 변화하고 있다(김경희 · 정윤경 · 오연주 · 정지영, 2022).

학교교육 현장에서 미디어 교육을 실시하는 과정에서 교사–학생 간, 학생–학생 간 상호 의견 교류 및 소통 중심적인 학습 방식이 활용되고 있으며, 이는 학생들의 의사소통 능력에 일정 부분 영향을 줄 수 있을 것으로 예상된다. 초기 청소년을 대상으로 신문 활용 교육을 실시한 결과, 의사소통 능력 중에서도 자기 의사 표현 능력에 긍정적인 영향을 미친다는 것이 강민경(2012)의 연구를 통해 확인되었다. 한편, 주동범(2023)은 미디어 사용량이 많아질수록 학생들의 의사소통 능력이 저하되는 경향을 보고하였다. 부모가 가정에서 자녀에게 미디어 교육을 실시할 경우, 미디어 메시지에 대한 분석적 평가와 의견 교환을 도모하고, 나아가 콘텐츠 제작 및 참여를 독려하는 방향으로 구성되어야 하며, 이는 궁극적으로 자녀의 의사소통 능력 함양에 기여할 것으로 예상된다.

2. 청소년의 언어생활

1) 청소년 언어 형태의 특징

청소년이 사용하는 언어 형태의 현상을 몇 가지 살펴보면 다음과 같다(박용성, 2008).

① 집단적 소란 현상

통제되지 않은 장소에서 청소년들이 소집단으로 놀이나 대화를 하는 경우 필요 이상으로 떠들어 주위를 소란스럽게 하는 현상을 말한다.

② 경음화와 고성화 현상

원래 말이 갖는 부드럽고 온화한 느낌은 줄어들고 날카롭고 건조한 어감이 증폭되는 경음화와 옥타브가 올라가 흥분케 하는 고성화되는 현상을 말한다. 예를 들어, '작다–짝다', '장–짱', '과방–꽈방', '간다–깐다', '잡새–짭새' 등이 그것이다.

③ 은어, 속어, 욕설의 증가

자기들만의 비밀스러운 언어세계를 향유하며, 기성세대를 따돌리고 동지적인 결합을 이루어 내는 은어, 속어의 증가와 일상 언어생활에 욕설이 증가하고 있는 현상이 나타난다(이정복 · 양명희 · 박호관, 2006).

청소년이 사용하는 은어와 속어 그리고 이러한 언어를 사용하는 이유를 살펴보면 다음과 같다(박용성, 2008).

가. 은어 : 특수한 집단이나 계층 또는 자기들끼리 비밀스럽게 사용하는 언어를 말한다. 은어의 필요성과 이유는 다음과 같다.

첫째, 자기 집단의 이익과 비밀을 유지하기 위함이다.

둘째, 사회 풍자와 신선한 표현력 조장을 위함이다.

셋째, 조직에 대한 소속감과 집단의식을 강화시키기 위함이다.

넷째, 금기의 목적에서이다.

다섯째, 일시적 쾌감의 발로와 욕구 불만의 표출과 사회구조의 복잡성에 의해서이다(박연자, 2008).

나. **속어** : 장난기 어린 표현이나 사람들의 주목을 끌기 위한 수단으로 대화에서 신선한 느낌을 주기 위한 말놀이를 말한다. 속어의 발생과 사용되는 이유는 다음과 같이 정리할 수 있다.

첫째, 유머 있게 말을 하기 위함이다.

둘째, 반항적인 심리와 냉소적인 심리에서이다.

셋째, 기이한 표현을 써서 타인을 놀라게 할 심리에서이다.

넷째, 사태를 쉽게 표현하면서도 대화 상대 간에 친밀감을 유지하기 위함이다(이정복 · 양명희 · 박호관, 2006).

다. **청소년들이 은어와 속어를 사용하는 이유**

첫째, 새롭고 자극적인 말을 만들어 내고, 이것을 친구들 사이에서 퍼뜨리는 것을 자랑으로 삼고 있다.

둘째, 또래 집단에서 소외되거나 뒤처졌다는 느낌을 갖지 않기 위함이다.

셋째, 강박관념이나 스트레스를 해소하기 위해 불평, 불만이 담긴 은어를 사용한다(박연자, 2008).

④ 청소년의 SNS 언어 사용 특성

소셜 네트워크 서비스(SNS)는 사용자들이 개인적인 일상이나 견해 등을 제약 없이 공유하고 상호 교류할 수 있는 온라인 기반 미디어 플랫폼이며, 카카오톡은 그 대표적인 예시로 실시간 소통이 가능하고 가장 폭넓게 사용되는 전자 매체 수단 중 하나이다. 이러한 카카오톡은 여타 통신 수단과 유사하게 구어체적인 성향이 강하게 드러나는 '준구어적' 특성을 지닌다. 또한, 카카오톡은 스마트폰 환경에서 시공간 제약 없이 실시간으로 동시적·연속적 대화가 가능하다는 특징을 가지며, 이는 문자 메시지 대비 의사소통 활용도를 증대시켰다. 유사 매체인 페이스북 메시지, 트위터 등과 달리 이모티콘 및 무료 통화 기능을 통해 감정 표현의 다양성을 더함으로써 차별성을 확보하고 있다(조민수, 2021).

카카오톡 대화는 전통적인 구어 의사소통과는 달리, 발화자와 청자 간의 실시간적인 상호작용을 수반하지 않으며, 문자언어 형태로 변환되어 수신자에게 전달된다. 이러한 과정은 실제 발화에 비해 상당한 시간적 지연을 야기하며, 결과적으로 구어에서 흔히 나타나는 축약 및 생략 현상이 일반 구어보다 훨씬 강하게, 빈번하게 나타나는 경향을 보인다. 허상희(2016)는 카카오톡의 언어 형식을 분석하여, 해당 현상을 통신 매체 전반에서 발견되는 일반적인 언어 변화로 규정하였다. 구체적으로 발음대로 적기, 음절 축약, 자음 및 모음 변형 등을 지적하며, 이러한 카카오톡 언어 사용이 사용자에게 미치는 영향을 연구하였다.

카카오톡 대화는 비대면 의사소통의 특성상, 구어에서 나타나는 화자의 감정 표현을 위한 억양, 강세, 표정 등의 비언어적 요소를 전달하는 데 제약이 따른다. 이러한 한계를 극복하기 위해 사용자들은 구어의 준언어적 요소를 글자로 표현하기 위해 새로운 언어 표현과 이모티콘을 적극적으로 활용하여 소통하며, 실시간 메시지 교환의 용이성을 바탕으로 일상 대화와는 차별화된 초성 대화 방식을 구사한다(조민수, 2021).

2) 청소년 언어와 또래관계

청소년이 지각하는 주관적 행복 수준은 인지, 사회, 개인 내적 기능과 함께 청소년기의 문제행동뿐만 아니라 정서적인 문제에까지 전반적인 삶에 영향을 미친다(Suldo & Huebner, 2006). 삶의 만족 정도를 나타내는 심리적 안녕감은 사람들이 일상생활 사건을 경험하면서 느끼는 정서이며, 환경에 대한 개인의 반응 또는 환경의 자극 간의 상호작용의 결과로, 개인이 지각하는 행복감 혹은 총체적 감정을 의미한다(Ryff & Keyes, 1995). 따라서 심리적 안녕감이 높은 청소년은 학교나 사회생활 적응에 대한 삶의 만족도가 높은데, 자기효능감, 스트레스, 사회적 지지 등에 의해 영향을 받는 것으로 나타났다(정현주, 2005).

전 생애를 걸쳐 신체 · 인지 · 정서적으로 급격한 변화를 경험하는 청소년기 삶의 만족은 평생을 좌우하는 중요한 역할을 하게 되는데, 청소년기는 학교급에 따라 학습량, 또래관계, 성적에 대한 부담감, 부모관계 등 이들이 처한 환경에 따라 만족감의 차이를 보인다. 유미숙 외(2013)는 행복의 결정 요인 16개에 대해 다루었는데, 발달단계에 따라 행복의 필요조건과 인지 정도가 차이가 있고, 학년이 높아질수록 행복감이 낮아지는 경향이 있다고 보고하였다. 선행 연구에서는 청소년기 삶의 만족에 영향을 미치는 변인으로 스트레스 대처, 사회적 지지(또래관계, 교사관계), 자기효능감, 자아존중감, 모애착, 학교 적응, 부 애착, 성별, 학교급, 부모의 양육태도, 우울 등이 나타났다(박미애 외, 2013 ; 신승배, 2016). 또한, 성은모와 김균희(2013)는 가정의 경제적 수준이나 또래관계, 학교 환경 등과 같은 개인의 환경 특성이 직접 영향을 미치지는 않지만 간접적으로 높은 영향을 미친다고 하였다(김현주 외, 2019).

또래 의사소통은 대인관계에서 중요한 역할을 하며 긍정적인 또래 지지와 소통을 통해 삶의 만족도를 향상시킬 수 있다. 청소년 삶의 만족은 청소년을 둘러싼 가정, 학교, 사회를 중심으로 평가한 삶의 상태로, 청소년 자신의 삶과 그 속에서 이루어지는 관계, 자신이 속한 집단에 대한 만족으로 이해할 수 있다. 삶의 만족에 대한 평가는 긍정적 정서가 높아지면 대인관계(친구, 동료, 지인 등)가 확장되고 대인관계의 질이 높아지는 것으로 나타났다(Lyubomirsky,

King, & Diener, 2005). 이처럼 대인관계를 통해 느끼는 만족감과 수반되는 긍정적인 정서는 각종 영역을 확장시켜 신체적 · 지적 · 사회적 자원을 보다 더 많이 축적할 수 있다고 예상된다(김현주 외, 2019).

선행 연구에 의하면 또래관계를 안정적으로 지각한 집단일수록 생활만족도가 높고, 또래관계가 삶의 만족도에 유의한 영향을 미치고 있음이 보고되었다. 또한 교사나 또래의 지지가 높으면 긍정적 정서 경험이 높아지고 이로 인해 학교 적응과 삶의 만족도가 높아지는 것으로 나타났다(김현주 외, 2019). 학교급별 초기 청소년의 경우, 또래관계가 삶의 만족도에 가장 높은 영향 요인으로 나타났는데, 이는 청소년들의 부모와의 애착이 점차 친구에게로 전환되는 것으로 볼 수 있다(조은정, 2008 ; 최유선 · 손은령, 2015). 학교에서 친구들과 많은 시간을 보내면서 이루어지는 또래 의사소통을 통한 사회적 지지는 청소년들의 스트레스를 완화하여 정서적 취약점을 보완하는 역할을 할 수 있다. 또한, 또래와의 의사소통을 통한 인간관계와 삶의 질을 매개하는 변인으로 자기 효능감이 중요한 역할을 하며, 사회적 지지에 대한 인식이 자기 효능감에 영향을 주어 삶의 만족도를 높인다(김의철 · 박영신, 2008 ; 정문경, 2014).

따라서 또래 간에 긍정적인 의사소통을 통해 친구의 지지를 많이 받을수록, 자기 효능감이 높을수록 청소년의 행복감을 높일 수 있을 것으로 예측할 수 있다. 또래관계에서 지지나 소통이 부정적인 정서와 자기 효능감과 관련이 있다는 연구 결과는 또래 의사소통이 삶의 만족에 영향을 미치는 과정에서 자기 효능감과 우울이 매개변인으로 작용할 수 있음을 시사한다. 정서 조절 전략으로 개입하는 우울과 인지적 기능의 자기 효능감은 개인 삶의 만족에 긍정적 영향을 줄 수 있는 변인으로 알려져 있기 때문이다(김현주 외, 2019).

학교에서 대부분의 시간을 보내는 청소년의 경우, 교사관계나 또래관계와 같은 사회적 지지 등에 의해 정신건강이 좌우된다고 보는 것이 일반적인 견해이다. 불안, 우울과 같은 부적 정서는 청소년 삶의 만족을 저하시키는 요인이다(Huebner & Dew, 1996). 선행 연구에 따르면 삶의 만족은 자신의 삶을 통해 불안, 슬픔, 우울감과 같은 부정적 정서의 경험과 즐거움, 편안함, 행복함을 느끼는 정도의 긍정적 정서의 경험으로 이해된다. 긍정 정서가 부정 정서의 경험보다 많을 때 삶의 질이 높고 행복하다고 할 수 있으므로, 삶의 질을 높이기 위해서는 부정적 정서의 경험보다 긍정적 정서의 경험을 높여야 한다(김명소 외, 2003 ; 허재홍, 2011). 또한 또래와 교사와의 부정적 관계가 우울이나 자살 충동에 유의한 영향을 주고, 학년이 올라갈수록 행복지수는 감소하고 우울이 높아지므로, 긍정 정서의 경험 빈도가 초등학교에 비해 중학교, 고등학교로 진급할수록 낮아지는 환경을 개선할 수 있는 구체적인 방안이 필요하다.

청소년들의 정서에 영향을 미치는 연구들에서는 청소년의 우울이 증가되더라도 친구와의 또래 의사소통을 통한 지지가 높을수록 우울은 낮아질 수 있고, 또한 또래 의사소통은 삶의 만족과의 상호작용을 통해 청소년의 우울을 감소시킬 수 있을 것이라고 보고하고 있다. 이러한 맥락에서 또래관계가 우울에 유의한 영향을 주는 것은 또래 의사소통을 통한 지지가 낮은 사람은 삶의 만족을 경험하지 못할 수도 있다고 한다(김현주 외, 2019).

3) 청소년의 언어생활 실태

청소년은 미래 우리 사회를 이끌어 나갈 후속 세대이다. 즉, 어떤 사회적 변화나 개선이든 그것이 이루어지기까지 오랜 시간이 걸린다는 점을 감안해 볼 때, 이미 기성의 사회 질서에 익숙해지고 이를 고착시키고 있는 기성세대보다는 향후 새로운 사회 질서를 만들어 갈 청소년들에 더 주목할 필요가 있다. 청소년 문제에 주목해야 하는 까닭은 일상적인 사회적 차별이 대부분 언어 표현을 통해 이루어지기 때문이다. 실제로 청소년들이 누군가를 차별하는 데 있어 외모, 학업성적, 장애 등 차별의 이유를 불문하고 "놀림이나 조롱", "인간적 무시, 모욕" 등 언어적 방식이 매우 비중 있게 사용되고 있다는 보고를 참고해 볼 때, 청소년의 사회적 차별 문제를 논의할 때에 그 언어 표현의 측면에 초점화하여 논의할 필요성이 있어 보인다(김승경 외, 2016).

요즘 청소년들의 언어문화를 바라보는 성인들의 시각은 다소 부정적인 편이다. 청소년들이 표준적이고 규범적인 언어 표현을 사용하기보다는 비속어 · 은어 · 유행어 등을 산발적으로 사용하며, 이로 인하여 상대방에게 해를 끼칠 뿐만 아니라 언어를 사용하는 본인에게도 긍정적인 영향을 주지 못하고 있다는 인식 때문이다. 실제로 여성가족부와 교육부가 공동으로 조사한 청소년 언어 실태조사 결과에 따르면 청소년의 73%가 매일 욕설을 사용하며 50% 이상은 이유 없이 습관적으로 욕을 사용하는 것으로 나타났다. 이러한 언어 표현은 학교급이 올라갈수록 빈도가 잦고 특히 초등학교에서 중학교로 진입하면서 급속하게 일어나는 것으로 나타났다. 청소년들이 주로 사용하는 용어로는 존나, 씨발, 완전, 대박과 같은 비속어와 유행어가 나타났는데, 이를 사용하는 이유로는 새롭고 과장된 표현을 사용하려는 욕구와 또래집단 내에서 동질성을 형성하는 욕구를 표출하려는 의도로 분석되었다.

대부분의 청소년은 자신들이 사용하는 비속어의 원뜻을 모른 채 용어를 사용하는 경우가 많다. 그러나 더욱 심각한 것은 이들이 원뜻을 모른다는 것이 아니라 원뜻이 무엇인지에 관심이 없다는 점인데, 이는 원뜻과 상관없이 청소년 집단 안에서 통용되는 의미가 있기 때문으로 보여진다. 즉, 청소년들이 사용하는 비속어의 경우에 청소년 집단 안에서 새로운 의미를 부여하게 되고 그 의미대로 소통되기 때문에 원뜻의 중요성이 퇴색된다는 것이다(이진숙, 2015).

2021년 청소년 언어 사용 실태조사[10]에서 비속어를 사용하는 청소년은 전체 9.5%에 달해 10중 1명은 비속어를 사용하고, 사용 여부에 대한 생각으로는 '적절한 상황에서는 사용해도 된다'가 27.7%, '습관처럼 사용한다'가 24.9%

10) 시사매거진 홈페이지(2024년 12월 28일 검색 및 인출).

로 나타남으로써 청소년들이 비속어를 사용하는 이유는 원뜻과 상관없이, 즉 원뜻을 전달하려는 의도가 아닌 자신의 감정을 단순하고 즉흥적으로 표현하거나 무의식적으로 사용하는 경우가 많다는 것을 알 수 있다.

일각에서는 청소년들이 욕설을 아무 의미 없이 습관처럼 사용하는 것이기 때문에 크게 염려하지 않아도 된다고 주장한다. 하지만 저급한 언어의 습관적 사용은 청소년 자신들도 모르는 사이에 공격적이고 파괴적이며 혹은 저속한 표현에 길들여지게 만들고, 그들의 뇌와 사고 속에 분노를 축적하게 만든다. 더 큰 문제는 청소년의 저속하고 폭력적인 언어 사용은 학교 부적응, 집단 따돌림 등과 같은 부정적인 학교문화를 양산하고 심지어 청소년 자살 문제로도 확대될 수 있다는 것이다. 이러한 부정적인 현상을 타개하기 위해 청소년들이 가장 오래 머무는 학교 현장을 중심으로 한 대책 마련이 강구되어야 한다(강미경 · 정혜경, 2017).

3. 청소년의 언어생활의 문제

1) 청소년 언어 문제의 원인

청소년들은 공격적이고 비규범적인 언어를 아무런 비판이나 문제점의 인식 없이 사용하고 있다. 사용하는 언어가 공격적인 언어 표현의 경우에도 스스로 용인하는 경우가 다수이다. 학년이나 학교급이 올라갈수록 욕을 하는 경우가 늘어나고 있으며, 상대방이 피해를 입지 않을 것으로 생각한다. 청소년 언어의 폭력성을 용인하는 태도가 증가하고 있다. 인터넷 언어의 공격성, 욕설, 폭언 등 공격적 언어 표현을 비판의식 없이 용인하는 태도는 실제 사용으로 이어진다. 이는 단순한 표현의 문제가 아니라 청소년 언어 실태의 문제로 받아들여야 한다(김현규 · 김하균, 2019).

욕설이나 비속어가 청소년의 삶에 긍정적으로 기능하는 면이 있다는 것을 우리는 잘 알고 있다. 욕설은 억눌린 자들의 배출구이고 때로는 카타르시스적인 해소를 가져오기도 한다(이점식 · 강기수, 2011). 비속어나 은어가 가진 친밀감 형성 기능 또한 또래 간의 유대감에 긍정적인 기능을 한다고 볼 수 있다. 그러나 일탈적 언어 사용의 폐해를 지적하는 목소리도 높다. 소재희(2011)는 욕설과 같은 공격적이고 상대방을 무시하는 말투는 인간을 경시하는 풍조를 낳게 되며, 폭력적이고 거친 언어는 상대방을 불쾌하게 만들고 정서를 불안하게 만드는 결과를 초래하게 된다고 보았다. 뿐만 아니라 말이 거칠면 행동도 거칠고 과격해지며, 폭력적인 행동을 일으킬 우려가 크며, 폭력적인 사고가 형성되는 것으로 이어진다고 서술하고 있다. 그러나 욕설이 빈번해지면서 점차 거친 강도의 비속어 중에서 '씨발, 씨발년, 엄창, 좆' 등이 높은 출현 빈도를 보이는 것에 주목할 필요가 있다. 특히 '좆'이나 '씹'과 결합한 비속어('씹새끼, 씹, 좆만하다, 좆밥' 등은 남학생만 사용)는 남학생이 보다 많이 사용하고 있지만, 여학생을 조사한 자료에서도 출현('좆까다, 좆되다, 좆같다')하고 있어 점차 성과 관련한 비속어가 여학생에게도 확산되고 있음을 알 수 있었다(김정선 외, 2011). 이는 청소년들이 성과 관련된 비속어를 선호하고 있으며 이것이 다시 청소년들에게 폐해로 작용할 수 있음을 의미한다(전숙경, 2014).

특히 욕의 보편화가 자신에게 해를 끼친 사람에게 공격적 언어로 대응하는 것이 당연하다는 의식(국립국어원, 2011)에도 영향을 끼치고 있다고 생각된다. '욕을 해도 상대방이 큰 피해를 입지는 않을 것이다', '나에게 나쁘게 대한 사람에게 욕을 해주는 것은 당연하다', '눈에 거슬리는 행동을 하는 사람에게는 거친 말을 써도 된다', '장난삼아 그런 말을 해도 된다'에 대해 중고등학생은 매우 높은 용인도를 나타내고 있는데, 이는 보편적인 사용이 나를 건드리는 사람에게는 거친 말을 사용해도 된다는 빈번한 욕설 사용 의지를 높이고 있음을 알 수 있다(전숙경, 2014).

욕설을 가끔 하는 친구에 대한 선호도가 66.3%인 데 비해 욕설을 하지 않는 친구들의 선호도가 29.6%라는 사실은 욕설을 사용하지 않으려는 태도를 가진 한 개인을 왕따로 만들거나 아웃사이더로 만드는 결과를 가져올 수 있음을 예측케 한다(강희숙 · 양명희, 2011). 중 · 고등학생의 경우 초등학생보다 '상대방이 내 기분을 나쁘게 할 때'라는 응답자 비율이 줄어들고 '다른 일 때문에 화난 기분을 풀고 싶을 때'라는 응답자 비율이 늘어났는데, 이는 상대방이 특별한 원인 제공을 하지 않았어도 단순한 화풀이로 공격적 언어 표현을 쓰는 경우가 많다는 것을 보여 준다(국립국어원, 2011). 습관적으로 사용한다고 해서 언어가 가진 힘이 발휘되지 않는 것은 아니다. 우리가 사용하는 욕설은 아직 그 언어적 힘을 잃지 않았고 욕설을 들은 사람은 둘 사이에 굳건한 암묵적 합의가 있지 않은 경우에는 기분을 나쁘게 하고 모욕감을 느끼게 한다(전숙경, 2014).

2) 청소년 언어 문제의 과제

청소년 언어생활을 청소년문화의 측면으로 바라보는 시각은 어떠한가? 이를 청소년문화로 바라보는 이들은 청소년들의 언어 실태가 물론 심각하지만, 이 또한 청소년문화라는 관점을 제시하고 있다. 즉, 현재의 청소년들이 성인이 되어서도 비속어나 비속어의 다양한 표현을 계속 사용하지는 않을 것이라는 의견이다. 사실 이러한 언어는 청소년들 사이에만 사용되고 있는데 그들이 느끼기에도 옳지 못하기 때문에 이는 청소년기의 특징 가운데 하나로 바라보아야 하고, 이를 문화로 인정해야 한다는 것이다.

대부분의 청소년은 자신의 언어생활에 대하여 어느 정도씩은 개선해야 한다는 생각을 가지고 있으며 비속어를 사용하는 자신의 모습이 부끄럽다는 의견을 가진 경우가 많다. 일부 청소년은 자신이 비속어를 끊을 수 있도록 도와달라는 요청을 하기도 한다. 그러나 다시는 비속어를 사용하지 않겠다고 결심을 한 후에도 어느 순간 불쑥 튀어나온 욕설 한 마디에 청소년들은 좌절을 하기도 한다. 이처럼 청소년들조차도 자신들의 언어생활에 개선이 필요하다는 것을 알고 있음에도 불구하고 이를 개선하려는 실질적인 노력은 거의 부족한 상황이다. 즉, 청소년 자신도 이를 위한 노력을 기울이지 않을 뿐만 아니라 성인들도 이에 대한 관심이 부족하다는 것이다. 학교에서도 청소년들의 언어생활에 대한 교육을 거의 실시하지 않고 있으며 지역사회 차원에서도 금연이나 금주교육보다 비중이 적다는 것을 알 수 있다

매슬로우(Maslow)의 욕구위계이론에 의하면 소속 및 사랑의 욕구는 충분히 충족되지 않거나 부족할 경우에 문제를 일으키는 결핍 욕구이다. 청소년기는 다른 시기보다 또래 간의 친밀감을 형성하고 싶은 욕구가 높은 시기로서 또래에 대한 소속 및 사랑의 욕구가 무엇보다 필요한 시기이다.

비속어를 사용하는 것이 청소년들의 이러한 욕구를 충족시키는 데 기여하고 있다는 점에 관심을 가질 필요가 있다. 따라서 비속어를 사용하는 것이 청소년들의 소속감이나 친밀감을 형성하는 데 기여하지 않도록 하고 청소년들이 다른 활동들을 통하여 소속 및 사랑의 욕구를 충족할 수 있도록 돕는 노력이 필요하다. 더이상 청소년 언어생활을 문제로만 여기고 없애려는 노력만을 기울이기보다는 이를 청소년문화의 한 측면으로 인정하고 이를 건강하게 성장시키려는 노력을 기울여야 할 것이다(이진숙, 2015).

Chapter 09

청소년과 다문화가정

1 청소년과 다문화가정

1) 다문화가정의 개념

「다문화가족지원법」에 따르면, 다문화가정은 결혼이민자 또는 외국인 근로자가 한국인 배우자와 결혼하여 이루어진 가정으로부터 북한이탈주민과 외국인 노동자들이 구성한 가정까지를 포함하는 광의적 의미라고 할 수 있다(호운운, 2020). 국내의 많은 연구에서는 다문화가정의 범주를 보다 더 넓혀서 보고 있는데, 조영달 외(2006)는 다문화가정을 국제결혼 가정, 외국인 근로자 가정, 탈북민 가정으로 구분하였고, 신재현(2013)은 이주노동자 가정과 북한이탈주민 가정 외에 외국인 유학생 가정 등까지 다문화가정으로 보고 있다.

지난 몇 년 동안 한국 사회에서 가장 눈에 띄는 변화 중 하나는 바로 민족, 인종, 문화, 종교적 배경이 다른 다양한 집단의 존재가 가시화된 다문화 현상이다(김태원 · 김유리, 2011). 하나 이상의 문화가 함께 존재하는 현상을 의미하는 다문화는 사회의 주요 문화에 대한 하위 개념으로서 위계적 관계 또는 다양성 존중의 의미를 내포한다(이종복 외, 2013). 따라서 다문화사회는 서로 다른 문화에 대한 이해와 존중을 통해 형성된다.

서로 다른 문화적 배경을 지닌 부모를 둔 다문화가정의 자녀들은 정체성 혼란을 경험할 가능성이 높으므로, 이들이 학교 생활에 잘 적응하고 사회의 일원으로서 성장할 수 있도록 사회 전체의 관심과 제도적 지원이 필요하다. 또한 이 시대를 공유하는 아동들에게 타 문화에 대한 포용성을 증진하는 교육이 동반되어야 한다. 그리고 다문화 사회 속에서 성장하는 청소년들에게 인류애를 실현하기 위한 사고와 가치를 가르치고, 이를 바탕으로 행동할 수 있도록 이끌어야 하며, 사상과 생활방식에 대한 차별은 용납될 수 없다는 것을 바탕으로 모든 청소년이 서로 존중하고 동등한 입장에서 관계를 맺어나갈 수 있는 환경을 조성하기 위한 공동의 노력이 필요하다(장수한, 2020).

다문화가정은 결혼이민자와 대한민국 국적을 취득한 자로 이루어진 가족을 말한다. 이 글에서 사용되는 '다문화가정'이라는 용어는 각기 다른 사회문화적 배경을 가진 두 사람 이상이 결합하여 구성하는 모든 가족 유형을 지칭한다. 다문화가정 자녀는 국제결혼가정 자녀와 외국인 근로자 자녀를 의미한다. 현재의 「다문화가족지원법」에서 정의하고 있는 다문화가족의 유형에는 국제결혼가족, 이주노동자가족, 북한이탈주민가족이 포함되며 다음 〈표 9-1〉과 같이 정리하였다(장수한, 2020).

첫째, 이주노동자 가족은 이주노동자 남성과 여성이 결혼하여 이루어진 가족, 외국인 남성과 여성이 자국에서 결혼 후 한국에 이주한 가족, 이주노동자로서 결혼하지 않고 단독 또는 동료와 함께 생활하는 가족을 포함한다. 이런 이주노동자 가족은 1980년대 이후부터 한국의 경제 규모가 확산됨에 따라 급격히 늘어나게 되었다. 저출산과 고령화에 따른 생산가능인구의 감소와 이른바 3D 업종에 대한 기피 현상으로 인해 앞으로도 한국의 외국인 이주노동자 가정은 지속적으로 증가할 전망이다.

둘째, 국제결혼가족은 한국인 남성과 외국인 이주여성과의 혼인으로 이루어진 가족과 외국인 남성과 한국인 여성이 결혼을 한 가족을 포함한다. 국제결혼으로 인한 결혼 이주자로 인해 파생된 다문화가정은 초기에는 외국인 남성과 국내 여성과의 결합이 많았으나, 최근에는 국내 남성과 외국인 여성과의 국제결혼이 많아지는 추세다. 특히, 국내 남성과 동남아시아 지역 외국인 여성의 국제결혼은 1990년대 말부터 농촌지역에 불기 시작한 '농촌총각 장가보내기' 붐에 의해 본격화되었다.

셋째, 북한이탈주민가족의 경우 북한 체제와 사회를 떠나 사회에 정착하고 공식적으로 남한 주민등록증을 취득한 북한지역 출신 주민의 가족을 의미한다. 북한이탈주민으로 이루어진 다문화가정은 같은 민족이지만 오랜 세월 동안 서로 다른 정치체제하에서 생활해 옴으로써 사회문화적 적응 및 지역사회 내에서의 갈등이 사회적 쟁점으로 대두되고 있다. 북한이탈주민의 한국 정착의 중요한 요소는 취업이기는 하지만 직장을 얻더라도 남한 사회의 문화와 가치관을 일방적으로 수용할 수밖에 없는 데서 발생할 수 있는 갈등을 경험하고 있다.

〈표 9-1〉 다문화가정의 유형

유 형	내 용
외국인 이주노동자 가정	• 맞벌이를 위해 자녀와 함께 이주한 경우 • 본국에서 남편과 사별, 이혼한 후 여성 혼자 한국에 입국하여 일하다가 자녀를 데리고 온 경우 또는 부부가 자녀와 한국에 왔다가 어느 한쪽이 먼저 본국으로 돌아가고 다른 한쪽이 자녀를 데리고 남아 있는 경우 • 자녀와 함께 외국인 여성이 한국인 남성과 재혼한 경우 • 부모 없이 혼자 한국에서 체류하고 있는 외국인 근로자 자녀의 가정
국제결혼 이주자 가정	• 한국인 남성과 외국인 여성의 결혼으로 이루어진 가정 • 한국인 여성과 외국인 남성의 결혼으로 이루어진 가정
북한이탈 주민 가정	• 탈북자 출신으로 중국이나 조선족과 결혼한 사람이 배우자와 함께 입국한 후 북한이탈주민으로 신고하여 남한에 정착한 경우 • 탈북자 출신으로서 결혼하지 않고 단독으로 또는 동료와 함께 생활하는 가정

출처 : 장수한(2020).

2) 다문화가정 청소년의 정의

다문화가정에서 태어난 자녀를 지칭하는 용어는 다문화가정 아동, 다문화가정 청소년, 다문화가정 자녀 등 다양하게 사용되고 있는데, 천정웅 외(2012)는 보편적으로 많이 쓰는 용어에는 부정적인 영향으로 낙인 효과를 줄 수 있다고 하여 다문화 청소년으로 사용하고 있다. 따라서 다문화청소년의 개념은 "다문화가정 자녀 중 청소년 연령에 속하는 집단으로 두 가지 이상의 문화권에 걸쳐 성장하고 생활하는 청소년을 말하며, 한국인과 결혼한 외국인 배우자 사이에서 출생한 청소년"이라고 정의하였다.

다문화가정 자녀 중 만 9세에서 만 24세에 해당되는 자녀를 청소년으로 보고 있는데, 다문화가족은 「다문화가족지원법」에 근거하여 결혼이민자가 대한민국 국민과 혼인하여 가정을 이룬 경우, 출생 당시 부모 중 한 명이 대한민국 국민인 경우, 그리고 외국인이 귀화 허가를 받은 경우를 의미한다(양계민·박주희, 2013). 그러나 이는 협의의 의미이고 사실상 다문화 청소년은 좀 더 복잡한 형상을 지닌다. 부모 중 한쪽이 외국 출신이고 나머지 한쪽이 한국 출신인 가정의 자녀가 가장 전형적인 예라 할 수 있고, 그 외에도 한국인 부모에게서 태어났으나 부모가 이혼이나 사별로 인해 외국 출신과 재혼을 한 경우도 최근 들어 다문화 청소년으로 범주화되고 있다.

태어나서 청소년기까지 외국에서 자라서 청소년기에 한국으로 입국하는 중도입국청소년의 경우 주로 한국인과 외국인이 재혼을 통해 가정을 이룬 후 본국에 남아 있던 자녀를 입양 형식으로 데리고 오는 경우가 많은데, 이 경우도 역시 다문화 청소년이라고 하며, 그 외에도 부모가 모두 외국 출신인 이주노동자의 자녀, 난민청소년 등도 모두 유엔아동권리협약에 근거한 지원 대상으로 다문화 청소년의 범주에 넣고 있다. 다문화가정의 자녀로는 외국인 근로자 가정의 자녀, 중도입국청소년, 탈북청소년이 있다(조혜영 외, 2015). 따라서 다문화가정에서 태어난 자녀에 대한 구분은 다음과 같다.

첫째, 외국인 근로자 가정의 자녀란 대한민국 국적을 가지지 아니한 사람으로서 국내에 소재하고 있는 사업 또는 사업장에서 임금을 목적으로 근로를 제공하고 있거나 제공하려는, 외국인 근로자로 이루어진 가정의 자녀를 외국인 근로자 가정의 자녀로 보면 된다. 따라서 체류기간이 만료된 이후에도 국내에서 취업하는 외국인 근로자 자녀도 외국인 근로자 자녀로 보고 있다.

둘째, 중도입국청소년이란 2000년 이후 급증하기 시작한 국제결혼 재혼가정의 증가에 따라 나타난 집단으로, 결혼이민자가 한국인 배우자와 재혼하여 본국의 자녀를 데려온 경우와 국제결혼가정의 자녀 중 외국인 부모의 본국에서 성장하다가 청소년기에 재입국한 청소년의 경우를 말한다.

셋째, 탈북청소년은 북한에서 출생하여 현재 한국에서 살고 있는 만 6세 이상 24세 이하의 북한이탈주민을 지칭한다. 그러나 탈북 후 중국 등을 경유해 국내로 입국하는 과정에서 현지인과의 사실혼 등으로 출생한 자녀들은 법적으로 탈북청소년의 범주에 포함되지 않고 '비보호청소년'이라고 부른다.

〈표 9-2〉 다문화가정 자녀의 구분

구분		설 명
국제결혼 가정 자녀	국내 출생 자녀	• 한국인과 결혼한 외국인 배우자 사이에서 출생한 자
	중도 입국 자녀	• 결혼이민자가 한국인과 재혼한 이후에 본국에서 데려온 자녀, 국제결혼가정자녀 중 외국인 부모의 본국에서 성장하다가 청소년기에 입국한 자
국내 거주 외국인 가정 자녀		• 국내 거주 외국인 사이에서 출생한 자

여성가족부에서 실시한 2021년 '전국다문화가정실태조사'에 따르면, 전체 다문화가정 가구 특성을 살펴보면 15년 이상 거주자가 39.9%, 수도권에 56.1%가 거주 중인 것으로 조사되었고, 만 9~24세 청소년기 자녀 비중은

43.9%로, 2018년도에 비해 8.3%가 증가하였다. 또한 결혼이민자 가구가 82.4%(34만 6,017가구)로 조사되어, 국내 대부분의 다문화가정 자녀는 국제결혼가정 자녀들인 것으로 확인된 바 있다. 이러한 조사된 대상 대부분이 국제결혼가정 청소년으로 구성되었다(전동만, 2025). 그리고 청소년기에 해당하는 만 9~24세 청소년들의 성장 배경으로는 90.9%가 대부분 국내에서 성장한 것으로 나타났다(여성가족부, 2022).

2. 다문화가정 청소년의 특성

1) 다문화가정 청소년의 특성

다문화가정 청소년은 한국인과 외국인의 결혼으로 구성된 가정의 청소년으로서 어머니와 아버지의 문화가 서로 다른 이중문화적 환경에서 성장하게 된다. 이중문화적 환경에서 청소년은 두 가지 문화와 언어를 향유하면서 다문화사회에 필요한 문화적 역량을 배양할 수 있지만, 다른 한편으로는 상이한 두 문화의 습득과 적응 과정에서 오는 스트레스를 경험할 수 있다. 문화적응 스트레스(acculturative stress)는 서로 다른 문화의 접촉 과정에서 발생하는 불편한 감정으로서 고통, 짜증, 적대감, 불안감, 우울감, 소외감 등을 포괄하며, 이주자의 부적응(poor adaptation)에 내재되어 있을 수 있는 현상이라고 할 수 있다(유승희, 2020).

사회성 측면에서 볼 때 다문화가정 청소년은 학교 적응 초기에 또래 친구들보다 발달이 조금 지연되어 보일 수 있고, 또래 친구들의 다문화에 대한 이해 부족과 사회적 편견으로 학교에서 따돌림을 경험할 뿐만 아니라 부모의 낮은 사회 · 경제적 지위로 인해 열악한 학습 환경에 처해 있다고 보았다(김경란, 2007 ; 백종진, 2008 ; 서정혜, 2009).

다문화 청소년의 학교생활 적응과 관련하여, 박희훈(2014)과 오성배(2005)는 일상생활에서는 의사소통에 별문제가 없으나 읽기, 쓰기, 독해 등 학습 언어 사용에는 일반 가정 청소년보다 의사소통 능력이 현저히 떨어져 상당한 어려움을 겪고 있는 것으로 나타났다. 또한 어머니가 직접적으로 언어를 가르치지 못하는 것은 취학 전까지 심각한 문제로 드러나지 않으나 학교에 입학하면서부터 양상이 달라지기 시작한다고 보고되고 있다. 자녀의 학습 이해력 저하, 학교 과제 수행 시 어려움 등의 문제가 발생하며 고학년이 될수록 어휘력 부족, 이해력 부족 등으로 인한 학습 부진이 이어지고 있는 실정이다(우영숙, 2019). 따라서 위의 내용을 기반으로 다문화 청소년이 가진 특성을 정리하여 보면 다음과 같다.

첫째, 다문화가정 상당수가 사회경제적 약자로 분류되면서, 이러한 인식은 다문화에 대한 부정적 시각으로 이어져 자녀 양육과 교육에 어려움을 야기하고 있다. 이는 다시 다문화 청소년의 학교 적응, 진로 설정 및 취업에도 부정적인 영향을 미치고 있다(김순규, 2011). 또한 다문화가정의 경제적 어려움은 심리 적응 과정, 특히 우울 증상과 깊은 연관성을 보이며, 청소년의 주관적인 경제적 수준 또한 우울 정도를 좌우하는 주요 변인으로 작용한다는 분석 결과가 제시되었다(김미숙 외, 2011).

둘째, 부모 양육자의 상이한 언어 및 문화적 배경과 그에 따른 행동 및 가치관의 차이는 자녀의 정체성 형성에 중대한 영향을 미치는 언어 및 문화적 차이 경험으로 이어진다. 다문화가정 자녀의 경우, 부모의 이중 문화적 배경이 성장기 정체성 및 가치관 형성에 큰 혼란을 야기할 수 있다(이지영, 2012). 자아정체성 형성과 자기 발견이라는 과제를 안고 있는 청소년기에 일탈 및 문제행동은 보편적인 현상이며, 이는 다문화 청소년이 처한 환경적 · 사회적 상호작용 속에서 발현된다(김만호, 2017). 한국에서 성장기를 보낸 대다수의 다문화 청소년은 한국을 자신의 정체성으로 인식하고 있으나, 주변의 한국인으로부터 인정받지 못하고 배척당하는 경험을 통해 정체성 혼란을 겪으며 여러 어려움에 직면하는 것으로 드러나고 있다(박은민, 2013 ; 최지영, 2014). 고학년으로 진급하면서 이러한 욕구 좌절은 또래관계에서 공격적인 성향으로 표출되어 갈등을 유발하며, 이는 학교 부적응으로 이어져 학년이 올라갈수록 학교 이탈률을 높이는 요인이 된다(최지영, 2014).

셋째, 이주 배경을 지닌 청소년의 경우, 외모적 특징이나 언어적 어려움으로 또래 집단으로부터 배척당하는 사례가 보고되고 있으며, 이는 사회적 편견으로 이어져 부정적인 인식을 심어줄 우려가 제기되고 있다(조영달 외, 2006). 다문화가정 자녀의 경우, 성장 과정에서 모국어의 언어적 자극이 부족하여 언어 및 인지 발달이 충분히 이루어지지 못하는 경향이 있으며, 이는 단순한 언어적 문제를 넘어 학습 부진 및 자신감 저하로 이어질 수 있다는 점을 원진숙(2008)은 지적한다. 이종우(2010)는 일반 학교에 다니는 다문화가정 청소년들이 언어능력 부족으로 학업에 어려움을 겪고 또래 관계에서 소외되는 등 여러 문제에 직면한다고 지적하였다. 이처럼 다문화 청소년의 경우, 학교 적응 과정에서 또래와의 관계 형성 및 차별 경험 등으로 인해 어려움을 겪는 것으로 확인되었다. 여성가족부의 2018년 보고서에 의하면, 다문화 청소년의 차별 경험 비율은 2015년 대비 2.3%p 증가했으며, 특히 친구에게서 차별을 경험했다는 응답이 64.0%로 가장 높게 나타났다. 김혜미와 문혜진(2013)의 연구 결과에 따르면, 다문화 청소년의 경우 차별 경험이 발달 저하 및 적응의 어려움으로 이어질 수 있는 것으로 확인되었다.

한국청소년정책연구원의 2011년 이후 다문화 청소년 패널조사 데이터 분석 결과, 다문화가정 청소년들이 비다문화 청소년들보다 뒤처진다는 기존의 통념은 사실과 다르며, 다문화가정 내에서도 다양한 배경에 따라 상이한 특성을 나타내는 것으로 확인되었다. 한국에서 성장하는 다문화 청소년의 경우, 부모 세대와 달리 한국인이라는 정체성을 확립해 나가는 경향을 보이며, 이들의 안정적인 사회 정착을 지원하기 위한 맞춤형 정책과 세심한 관심이 요구된다(호운운, 2020).

2) 다문화가정 청소년의 심리사회적 특성

한국 내 다문화가정이 증가하면서 다문화가정에서 자라는 청소년의 비율도 증가하고 있다. 교육부의 통계 자료에 의하면 다문화 학생 수는 2012년 기준 46,954명으로 전체 학생 수 대비 0.7% 수준이었으나 2020년 자료에는 147,378명 2.8%로 나타나 지난 10년 가까운 기간에 약 4배 정도 증가한 것을 알 수 있다(교육부, 2020). 이는 급변하는 사회 구조 속에서 소수자인 다문화 구성원의 비중이 증가함에 따라, 다문화 청소년을 위한 다각적인 사회적·제도적 장치 마련의 필요성이 제기되고 있다.

그러나 다문화가정 구성원이 적응하기 위한 정책과 서비스는 실효성이 높지 않아 많은 수의 다문화 청소년이 심리사회적 어려움을 겪고 있는 실정이다(박완경, 2022). 다문화 청소년은 언어적 어려움, 이중 문화 적응 문제 등 개인적 차원의 문제를 경험할 수 있으며(정두수·백진아, 2020), 이러한 경험은 학업 중단과 같은 부정적 결과로 이어질 가능성이 있다는 점이 정주호(2019)에 의해 제기되었다.

청소년기에는 가정이라는 울타리를 벗어나 학교라는 새로운 환경에서 또래 및 교사들과 더 많은 시간을 보내게 되며, 이는 학업을 포함한 사회 적응에 필요한 기본적인 사회화 과정과 대인관계 기술 습득을 통해 성인으로서의 삶을 준비하는 중요한 발달 단계라고 할 수 있다(박완경·이수비, 2021). 따라서 학교생활은 독립 이후의 삶에 대한 준비과정으로서 그 중요성이 매우 크다고 할 수 있으며, 학업 중단은 청소년기는 물론 이후의 삶에도 부정적인 영향을 미칠 가능성이 높다. 특히 기본적인 지식 및 기술 부족은 진로 결정 및 건전한 성장에 큰 어려움을 초래할 수 있다. 따라서 다문화 청소년의 학업 중단 문제에 대한 예방 및 개입 노력은 매우 중요한 과제로 여겨진다(박완경, 2022). 이에 다문화 청소년의 학업 중단에 영향을 미칠 수 있는 요인을 개인심리적 요인으로 살펴보면 다음과 같다.

먼저, 청소년의 학업 중단에 영향을 줄 수 있는 주요 심리적 요인 중 하나로 우울을 꼽을 수 있다. 또한, 해외 연구 결과에 따르면 청소년 초기 우울 증상 경험은 후기 청소년기 학업 중단 위험 증가와 연관성을 보였다(Quiroga et al., 2013). 특히, 유급 경험 학생의 경우 우울증을 겪을 시 학교 중퇴 가능성이 2.75배 증가하는 것으로 분석되어 중등교육 초기의 우울증 경험이 학업 지속에 부정적 영향을 미칠 수 있음을 시사한다(박완경, 2022). 그 외의 특성화고 재학생의 우울은 학업중단의도에 영향력을 가지는 것으로 나타났으며, 일반 중·고등학생 대상에서도 우울은 학업중단의도를 높이는 위험요인임으로 확인되기도 하였다(김로라·이조경, 2016).

반면 자아존중감은 청소년의 학교생활과 관련한 긍정적인 변수로, 학업중단에도 영향을 미치는 중요 요인 중 하나로 기능한다(최미선 외, 2020). 그리고 다문화 청소년의 자아존중감 수준이 학업 지속 여부에 영향을 미치는 것으로 확인된다. 이러한 결과는 다문화 청소년이 직면하는 다양한 스트레스 요인과 이로 인한 심리적 위험을 예방하는 방안 모색의 필요성을 시사하고, 다문화 청소년의 자아존중감이 학업 중단을 예방하는 중요한 요인임을 보여주며, 이들의 심리적 안정을 위한 지원책 마련의 필요성을 강조한다.

3. 다문화가정 청소년의 문화 적응

1) 다문화가정 청소년의 이중 문화 수용태도

청소년기는 아동기로부터 성인기로 전환해 가는 '과도기'로 제2의 신체 발달 급등기로 신체 발달뿐 아니라 자아정체감에 대해 고민하며, 심리·정서적으로 불안정한 시기이다(Csikszentmihalyi, 2023). 다문화가정에서 성장하는 청소년은 다문화가정이라는 특수한 상황 때문에 비다문화가정 청소년과는 다소 다른 심리·정서적 경험을 할 수 있고, 청소년의 심리사회적 문제는 내재화 문제(예 불안, 우울, 사회적 위축 등)와 외현화 문제(예 공격적 행동, 비행)로 분류할 수 있다(Achenbach & Rescorla, 2001).

이 중 사회적 위축은 대표적 사회부적응 행동인데, 청소년이 새로운 환경에서 타인과의 관계 형성을 회피하거나 자신을 스스로 고립시키는 경향을 보이는 행동으로 나타난다. 사회적 위축은 청소년기의 우울, 불안, 낮은 자아존중감, 외로움 등의 정서적 어려움을 일으키며, 공격성이나 자살, 비행 등과 같이 문제행동을 유발할 수 있다. 뿐만 아니라 사회적 위축은 타인과의 공감대 형성 결여 및 대인관계 악화를 유발하고, 청소년이 속해 있는 또래 집단, 가정, 학교 등의 공동체 생활에 약점으로 작용할 수 있다(박재홍·노성향, 2024).

다문화가정 청소년이 이중문화에 노출되고, 이들이 이중문화를 받아들이는 태도는 다문화가정 청소년의 정서 및 심리 발달에 영향을 미칠 수 있다. 다문화가정 청소년은 한국문화와 외국문화, 이 두 가지 이중문화를 수용하는 이중문화 정체성이 발달하여 있거나, 이중문화 때문에 자아정체성이나 가치관 혼란, 이중언어 습득의 어려움 등을 호소하기도 한다. 이중문화 수용태도는 서로 다른 두 개의 문화를 긍정적인 태도로 수용하는 것을 의미하는데, 차별이나 사회적 편견을 경험하고, 타인 또는 사회집단과의 갈등을 경험하는 다문화가정 청소년의 이중문화 수용태도에 관심을 가지는 것이 필요하다. 다문화가정 청소년의 이중문화 수용태도는 연령 변화와 발달 단계 및 개인의 경험에 따라 달라지며, 이는 고정적 특성이 아닌 유동적인 형태로 변화되므로 청소년기는 이중문화 수용태도를 형성하는 데 중요한 시기라고 볼 수 있다(박재홍·노성향, 2024).

이중문화 수용태도는 국내 문화인 한국 문화와 외국계 부모의 문화에 대한 수용태도를 의미하는 것으로 한국 문화뿐 아니라 이질적인 문화적 배경을 지닌 아버지 또는 어머니의 문화에 대해서도 긍정적이고 수용적인 태도를 보인다는 것을 의미한다(노충래 · 홍진주, 2006 ; 이은정, 2019). 이중문화에 대한 정체성을 가지고 있다는 것은 두 개의 다른 문화에 대해 잘 알고, 이해하고 있다는 것이고, 동시에 특정한 사회적 맥락에서 자신의 문화적 정체성을 굽히지 않고, 두 문화에 대한 소속감을 느끼고 있다는 것이다(박재홍 · 노성향, 2024).

그리고 다문화가정에서 성장하는 청소년은 한국과 어머니 나라 문화를 동시에 경험하게 되는데, 서로 다른 문화와 언어를 가진 부모의 환경은 다문화가정 청소년의 성장 과정에서 가치관 형성 및 정체성 확립에 혼란을 줄 수 있다(박계란 · 이지민, 2011). 다문화가정 청소년에게 있어 두 문화권의 영향은 부정적 요인이 될 수도 있고, 두 문화와 언어를 동시에 습득할 수 있다는 점은 긍정적인 요인으로 작용할 수도 있다(정하성 · 우룡, 2007). 이중문화를 수용하는 태도는 한국 문화뿐 아니라 어머니 나라의 문화에 대한 애정과 자긍심을 느끼게 하고 두 문화를 학습할 수 있게 하므로(전경숙 외, 2010), 다문화 청소년이 이중문화 수용태도를 형성할 수 있는 환경에 대한 고려가 필요하다.

박재홍과 노성향(2024)의 연구에서 다문화 청소년의 이중문화 수용태도는 자아존중감을 통해 사회적 위축에 유의한 영향을 미치는 것으로 나타나 다문화 청소년이 이중문화 수용태도를 높게 지각할수록 자아존중감이 높으며, 사회적 위축을 낮게 지각한다. 즉, 한국 문화와 외국 문화 두 이중문화에 대해 수용적일 때 다문화가정의 청소년은 자존감이 높아지고 스스로에 대한 긍정적 인식이 생긴다는 것이다. 따라서 다문화 청소년을 대상으로 학교와 지역사회에서 자아존중감 향상 프로그램을 개발할 필요가 있다.

2) 다문화가정 청소년의 문화 적응 스트레스

다문화가정 청소년은 가정에서 아버지와 어머니의 문화적 차이로 인한 혼란, 한국어를 제대로 구사하지 못하는 부모로 인한 언어 습득의 어려움, 이중언어와 문화를 배우고 익혀야 하는 과업에 대한 부담, 세대 간 문화적 차이로 인한 갈등 등을 경험하는 것으로 나타났다(박계란 · 이지민, 2010 ; 진은영, 2015). 이처럼 다문화가정 청소년은 가정 내에서 부와 모의 문화와 민족이 서로 다른 데서 기인하는 문화 적응 스트레스를 경험하게 된다. 또한 가정의 문화와 가정 밖에서 경험하는 문화의 차이에서 갈등을 겪을 수 있으며, 주류사회 구성원으로부터 주류문화에 동화하라는 압력을 받을 수 있다(이상균 외, 2012). 문화 적응 과정에서 소수의 비주류문화집단에 속하는 개인은 주류집단 구성원에 비해 지위가 낮고 권력이 약하기 때문에 자기 본연의 문화와는 다른 가치, 규범, 정체성 등과 타협해야 하는 데서 오는 스트레스를 경험하게 된다(유승희, 2020).

특히 여성 결혼이민자들은 실제로 자국 문화와 한국 문화의 차이로 인한 갈등과 한국어 능력 부족으로 인한 어려움, 한국인들의 차별과 편견, 자녀의 양육과 교육에 있어서의 어려움 등으로 인하여 문화 적응 스트레스를 경험하고 있는 것으로 나타났다(권순희, 2009 ; 박미순 · 황선영, 2012). 이와 같은 부모의 문화 적응 과정에서 발생하는 스트레스는 다문화가정 자녀에게도 정서적으로 영향을 미칠 수 있을 것이다(유승희, 2020).

또한 다문화가정 청소년은 학교에서 학습활동, 학교 규칙, 또래관계 등을 통하여 주류문화를 습득하는 동시에 이러한 과정에서 문화 적응 스트레스를 경험하기도 한다(Trickett & Birman, 2005). 다문화가정 자녀는 학교에서 부모의 출신국, 태도와 행동의 차이, 외모 등으로 인해 따돌림과 차별을 당하는 것으로 나타났다(심우엽, 2009 ; 조영달, 2006). 2018년 전국다문화가족실태조사(여성가족부, 2019)에서 학교에 잘 적응하지 못한다고 응답한 다문화가정 자녀를 대상으로 그 이유를 살펴보면 '학교 공부가 어려워서'가 63.6%로 가장 많았고, '친구들과 잘 어울리지 못해서'가 53.5%로 그 뒤를 이었다. 또한 다문화가정 자녀가 학교에 잘 적응하지 못하는 이유를 연령별로 살펴보았을 때, 중학교 학령기인 12~14세는 '친구들과의 교우관계'(65.1%)와 '외모가 달라서'

(23.8%), 고등학교 학령기인 15~17세는 '학교 공부가 어려워서'(78.8%)와 '한국어를 잘 못해서'(22.1%), 18세 이상에서는 '교사, 교수의 차별 문제'(20.3%)로 학교에 잘 적응하지 못하는 것으로 나타났다. 이러한 결과는 다문화가정 자녀가 학교에서 학교 공부나 교우관계와 같이 비다문화가정 학생들이 학교 적응에서 겪는 일반적인 어려움을 경험하기도 하지만, 다문화적 특성과 관련하여 외모, 한국어 능력, 차별 등으로 인해 문화 적응 스트레스가 유발될 수 있으며, 이는 학교 부적응으로 이어질 수 있음을 시사한다(유승희, 2020).

한국청소년정책연구원의 다문화 청소년 패널자료(2011~2015)를 활용한 염동문(2019)의 연구에서는 결혼이주여성의 문화 적응 태도를 모국문화정체성과 한국문화정체성의 수준에 따라 동화, 통합, 분리, 주변화로 구분하여 문화 적응 스트레스 변화 양상에 미치는 영향 연구에서 문화 적응의 분리와 주변화가 될수록 스트레스 감소 집단과 스트레스 유지 집단에 비해 고스트레스 유지 집단에 포함될 가능성이 높게 나타났다. 또한 한국 문화를 받아들이는 정도를 나타내는 문화 적응과 자신의 민족에 대한 민족정체감이 문화 적응 스트레스에 미치는 영향을 분석한 이진숙(2010)의 연구에서는 민족정체감이 높을수록 문화 적응 스트레스가 높게 나타났다.

스트레스 대처(stress and coping) 이론에 따르면, 개인은 자신이 직면하는 생활사건에 대해 평가를 내리고 그에 따라 적절한 전략을 사용하여 대처해 나가는데, 이때 그 상황이 자신의 대처능력을 넘어서고 위협적이라고 평가될 경우 스트레스가 유발된다(Lazarus & Folkman, 1984). 스트레스 대처 이론에 근거할 때, 문화 적응 스트레스는 이주민이 이주사회의 문화를 접하면서 경험하는 생활사건에 대하여 대처 능력이 부족하다고 느낄 때 발생한다고 할 수 있다(노충래 외, 2018). 따라서 문화 적응 스트레스에 있어서 이주자의 대처 능력이 중요하다고 할 수 있다. 스트레스 상황에서의 대처 능력은 개인의 인지적 · 심리적 능력과 이용 가능한 자원의 활용을 의미한다(정진경 · 양계민, 2004 ; Ward & Kennedy, 1994).

스트레스 대처이론에 근거할 때, 다문화가정 청소년이 한국 사회에서 다문화와 관련된 사회적 편견이나 차별, 서로 다른 문화에 대한 혼란과 갈등, 이중문화 습득 등의 상황에 직면하면서 유발될 수 있는 문화 적응 스트레스에 잘 대응하기 위해서는 적절한 대처능력을 갖출 필요가 있다고 할 수 있다. 청소년기는 생애주기상 아동에서 성인으로 발달해 가는 과도기로서 사회적 관계와 역할이 확대됨에 따라 청소년들은 자신의 가치와 역할에 대해 끊임없이 고민하고 탐색하면서 타인과 구별되는 자아인식을 확립해 가게 된다(Erikson, 1968). 자아인식은 자아존중감, 자아탄력성, 자아정체성 등으로 세분화될 수 있으며, 스트레스 대처이론에 근거할 때, 자아존중감, 자아탄력성, 자아정체성은 다문화가정 청소년의 문화 적응 스트레스에 대한 대처능력이 될 수 있을 것이다(유승희, 2020).

4. 다문화가정 아동·청소년의 활동방향

1) 다문화가정 청소년의 인권

(1) 법적, 제도적 측면의 한계

다문화가정 구성원들은 차별이나 편견, 언어와 문화 차이, 정체성 혼란, 불안정한 지위 등으로 인해 많은 어려움을 겪는데, 그중에서도 다문화가정의 아동 · 청소년은 인권 보장에 있어서 이중으로 취약한 지점에 놓여 있다. 아동이라는 점에서 소수자에 속하기 때문이다. 특히 다문화가정 아동 · 청소년의 교육, 의료, 복지 등 사회권을 둘러싸고 많은 논의가 있었는데, 그중에서도 미등록 이주근로자 자녀들의 인권 문제가 가장 심각한 상태이다. 한국에서 태어났거나 어렸을 때부터 한국에서 자라서 문화나 언어 측면에서는 한국의 정체성을 가지고 있지만, 속인주의 원칙을 따르는 우리나라에서는 미등록 이주근로자의 자녀라는 이유로 마치 존재하지 않는 사람처럼 인권의 사각지대에 놓여 있는 경우도 있다(이성기 · 원석조, 2018).

(2) 구성원들의 차별적인 의식

다문화가정의 '아동은 피부색이 이상하다', '가난한 나라 출신이라서 어떻다'는 등의 사회적인 차별과 편견으로 인해 어려움을 겪는다. 과거에 비해서는 많이 나아졌다고 하지만 다문화가정이 증가하면 사회적 갈등이 유발될 것이라거나, 단일민족국가의 전통이 약화된다거나, 한국 사람의 일자리를 빼앗는다는 등의 부정적인 생각이 여전히 남아 있다. 이런 사회적인 편견과 부정적인 인식은 성인들에게도 마음의 상처를 주지만, 어린 아동이나 한창 정체성에 대해 고민할 청소년들에게는 더 깊은 상처를 줄 수 있다(이성기 · 원석조, 2018).

(3) 학교생활 적응과 이중언어 환경

다문화 청소년들은 일반청소년들과 달리 서로 다른 문화와 언어를 습득해야 하는 과업을 가지고 태어난다. 이러한 다문화 청소년에 대한 많은 연구에 의하면 이들은 우리나라의 문화와 언어 적응에 어려움을 겪고 있으며, 이들을 바라보는 사회적인 인식도 긍정적이지 않아 대인관계가 소극적이고, 학교 수업에 적극적으로 참여하지 않으며, 일반청소년들에 비해 학업능력도 낮다(정하성 외, 2007).

다문화 청소년들은 일반적인 의사소통이나 언어, 인지능력에는 별다른 문제가 없으나 독해나 어휘, 쓰기, 작문과 같은 형식적인 언어능력이 현저히 부족하기 때문에, 학교에 입학하면서부터 이러한 언어적인 문제와 비례하여 타 교과에서의 성적 부진이 나타나게 되고, 언어능력과 학습능력의 지체 현상은 학업에 대한 흥미를 잃게 할 수 있다. 이러한 다문화 청소년의 학교 부적응은 그들로 하여금 소외감을 증폭시키고, 학교에 대한 소속감을 갖지 못하게 할 뿐만 아니라, 나아가 그들의 자아정체감 형성에 문제를 야기할 수도 있다(신혜성, 2007).

그리고 다문화 청소년의 외국인 부모 자신조차 학교생활에 적응하는 것을 힘들어할 뿐만 아니라, 한국어 능력이 부족하여 자녀들이 기초학습능력을 습득하도록 도와주기 어렵고, 한국 사회의 교육 시스템과 학교생활문화에 대해 잘 알고 있지 못하여 자녀의 학교생활을 지원할 수 있는 학부모로서의 역량을 갖추기 힘든 것으로 알려져 있다(장온정, 2010).

다문화가정의 이주 부모가 새로운 언어와 문화를 접하면서 나타나는 소극적인 대인관계의 형성은 자녀의 자신감 결여, 폐쇄적 대인관계 형성, 학업성취도 저하 등으로 이어질 수도 있다(오성배, 2005). 그러나 이중 언어 환경이 다문화 청소년들의 언어 발달에 부정적인 영향을 미칠 수는 있지만 반드시 부정적인 결과를 산출해 내는 것은 아니다. 이주 부모 나라의 언어를 사용하는 것이 학교 적응에 긍정적인 영향을 미친다는 연구 결과들이 있다. 이주 부모가 자신의 모국어를 자녀에게 가르쳐 주는 경우의 자녀들이 그렇지 않은 자녀들에 비해 학교 적응이 높았으며, 자녀의 한국어 능력과 이주 부모 나라 언어능력이 높을수록, 이주 부모 나라에 대한 관심이 높을수록 학교 적응도 높은 것으로 나타났다. 유창한 이중 언어 구사 실력은 더 높은 인지 발달 및 학업성취와 연관된다는 연구 결과가 있으며 유창한 이중 언어 구사 능력이 학업 수행에 긍정적이고 유의미한 영향을 미치는 것으로 나타났다(은선경, 2010).

2) 다문화가정 청소년의 문제점과 개입방향

다문화가정 청소년은 여러 어려움에 노출되어 있다. 외모, 언어, 문화의 차이로 인해 차별과 무시를 경험할 가능성이 크다. 다문화가정 청소년의 경우

외모, 언어 능력 부족으로 인한 낮은 학업성취도, 낮은 사회경제적 지위로 인해 또래 집단으로부터 배척을 당하는 경우가 많다.

다문화가정 자녀들에 대한 차별과 무시가 노골적이거나 직접적으로 드러나지 않더라도 이중문화에서 오는 스트레스를 경험한다고 한다. 다문화가정 청소년들이 이런 스트레스를 많이 경험할수록 불안, 우울, 소외감, 정체성 혼란, 자아존중감과 같은 심리적 문제와 타인에 대한 적대적 태도, 공격성, 분노 표출과 같은 행동문제를 겪을 가능성이 높다(이상균 외, 2012).

이러한 현실 앞에서 다문화가정 학생들의 고충은 깊어가고 있으며, 이를 극복하기 위한 다양한 노력과 연구가 있어야 할 것이다. 다문화가정 청소년에 대한 개입방향은 다음과 같다.

① 다문화 아동·청소년의 발달 과정에서 가장 중요한 것은 자존감이다. 특히 문화적 자부심은 문화적·인종적 유산에 대한 가치 부여로서 자존감에 영향을 미치는 중요한 요소이다. 아동·청소년기의 자존감은 학교생활의 영향을 많이 받는다. 특히 한국 사회에서 교육은 매우 중요한 요소다. 다문화가족의 주요 관심사이자 걱정거리 중 하나가 자녀양육 및 교육 문제로 나타나고 있다. 학부모 간의 정보 교류 및 경제력이 요구되는 한국 교육 현실에서 이들 가족이 경험하는 박탈감과 상실의 체험은 희망의 상실과 2세대의 문제로 이어질 수 있다. 개선방안으로는 교육 및 복지체계와의 연계, 학교사회복지 프로그램의 활용, 멘토링, 서비스, 친구들과 상호 이해와 교류의 기회 제공, 교사 및 교육 현장 전문가의 태도 개선 등이 필요하다(최명민 외, 2011).

② 다문화 청소년의 낮은 자아존중감을 높여 주어 자신감 넘치는 일상생활을 영위해 갈 수 있도록 여건 조성을 위해서 정책적 배려가 절실하다. 혼란하고 불안해하는 다문화 청소년에게 심리적인 안정과 불안을 해소

해 주는 환경의 변화와 지원이 필요하다. 의식과 사고를 변화시킬 수 있는 체계적인 교육지원과 인권보호 및 복지지원을 해주어야 한다. 이를 위해서 종합적이고 복합적인 중장기 정책 수립을 서둘러야 한다. 다문화 청소년에 대한 교육적 배려와 기회 보장 및 제공을 확대해 주어야 하며 다문화 청소년의 잠재력과 능력 개발을 위한 노력을 기울여야 한다. 또한 사회 차원의 공동 노력이 필요하며 국민 개개인이 의식 전환에 동참하여야 한다(정하성, 2010).

Chapter 10

청소년문화의 방향과 과제

1. 청소년문화의 시대적 흐름

1) 청소년문화의 글로벌화

청소년문화는 글로벌화를 적극 반영하며, 글로벌화를 드러내는 대표적인 창이다(Maira, 2004). 지구화 과정 및 국경을 넘는 교류와 관련해서 청소년문화는 최전방에 서 있다고 할 수 있다. 청소년문화는 글로벌 문화와 경제에서 문화지형(cultural landscapes)(Appadurai, 1991)을 형성하는 과정에 큰 역할을 하는 주체들로 위치지어진다. 청소년의 아이디어와 관련 상품들은 쉽게 국경을 넘는다. 청소년들은 새로운 문화요소들을 받아들여 기존의 것과 혼합하여 새로운 것을 만들어 내는 데 능숙하다(Suarez-Orozco, 2004 ; Wulff, 1995). 하지만, 기존의 논의는 초국적 연망이나 관계에 대한 관심이 부재했으며, 주로 국가 내의 세대의식과 사회경제적 배경에 따른 하위 문화 형성에 관심을 두었다.

글로벌화의 영향으로 형성되는 지역 청소년들의 행위 양상들은 '청소년지형(youthscape)'이라는 새로운 개념으로 설명이 시도된다(Maira, 2004 ; 윤경원, 2009). 이 청소년지형(youthscape)의 개념은 아파듀라이(Appadurai)가 글로벌화를 설명하는 개념인 지형(scape)을 활용한 개념이다. 아파듀라이는 전지구적 문화 흐름이 일어나고 있는 양상을 지형 혹은 장(scape)이라는 개념으로 설명한다. 다양한 민족 집단이 국경을 넘어 형성하는 민족지형(ethnoscapes), 기술이 국경을 가로질러 존재하는 기술지형(technoscapes), 자본지형(finanscapes), 매체지형(mediascapes)과 이념지형(ideosacpes)으로 구분하여 설명한다. 이러한 지형(scape)은 국가-민족-문화-자본 등이 서로 하나의 경계 안에서 일치한다고 보았던 근대국가의 개념을 넘어선다. 즉, 이러한 지형들은 국경을 넘어서 형성되는 것이며 각 지형의 경계도 일치하는 것이 아니라 서로 불일치하는 것이라고 본다. 결국 민족이나 기술, 자본, 미디어나 이념 등 다양한 종류의 흐름을 따라 문화 요소들은 국경을 넘나들게 된다(Appadurai, 1991). 이러한 흐름을 모두 포괄하여 존재하는 범주가 청소년이며, 청소년들은 국경을 가로질러 다양한 요소를 공유하고 있고, 이는 청소년지형(youthscape)이라고 개념화된다(Maira, 2004).

청소년지형은 시공간적인 장을 넘어서 사회적·정치적 장을 포함하는 공간이며, 나아가 글로벌 시대의 내셔널리즘과 대중문화가 얽혀 있는 분석의 장이라고 할 수 있다. 청소년들은 국가와 지구화 과정에서 주된 역할을 하는 주체들(key players)인 것이다(Maira & Soep, 2005). 이처럼, 청소년들은 다양한 흐름을 가로지르며, 문화적 실천을 하고 있으며, 나름대로의 정체성을 형성해 나가고 있다(Lam, 2004). 특히, 국가 간 이주민 증가로 글로벌화의 흐름은 청소년의 일상에 접목되고 있다. 청소년들 스스로가 국경을 넘는 이주를 하는 경우뿐 아니라 일상 거주지에서도 국경을 넘는 네트워크와 관련되어 있다. 국경을 넘어 일자리를 찾아 나선 부모들을 둔 자녀들의 경우, 부모-자녀 관계는 국경을 넘어 이루어지게 되며, 이주민을 받아들이는 사회의 청소년들은 이주민들이 생산해 내는 다양한 결과물이나 노동의 가치를 소비하게 된다(Maira & Soep, 2005). 글로벌화 관련하여, 청소년은 글로벌시장에서 주로 소비자로 위치를 부여받고 있다. 2차 세계대전 이후 떠오르는 대중 소비의 주체, 중산층화의 주체로 청소년이 부각되어 왔으며 주요 소비주체로 담론화된다(Kjeldgaard & Askegaard, 2006). 세계화에 대응해 나가는 청소년들의 일상에 대한 민속지적 연구(ethnographic study)가 증가하고 있다. '혼종화(hybridization)'라고 불리는 세계와 지역의 다양한 문화적 결합 과정 속에서 청소년들이 어떠한 문화적 정체성을 형성하고 있는지에 대한 연구들이 증가해 왔다. 혼종성은 '문화를 넘나드는(transcultural)' 정체성으로도 불린다. 직접적인 이주를 통해 이주 청소년들이 기존의 문화, 새로 이주해 간 사회의 문화, 지속적으로 만들어지는 글로벌 청소년문화를 가로지르며 문화를 형성해 간다. 또한 이주민을 받아들이는 사회의 청소년들도 이주 청소년들로부터 다른 시각이나 문화요소를 습득하여 문화적 지평을 넓혀간다(Suarez-Orozco, 2004).

한편, 직접적인 이주를 경험하지 않더라도 청소년문화는 글로벌화의 양성을 띠고 있다. 정보화의 가속화로 청소년들의 삶은 지구화의 흐름을 반영하게 된다. 사이버 공간 경험은 청소년들의 삶에서 '시공간의 제약을 극복하는' 소통공간으로서의 역할을 하고 있다. 인터넷 확산과 더불어 본격화된 사이버 공간에 대한 일상의존도 증가 과정에서 청소년들은 행위 양상의 다양성과 체험의 독특한 특징을 보인다. 사이버 공간은 기존의 시간적, 공간적 한계를 넘어서 자아를 변형시킬 수 있다는 가능성을 제시하고 있으며, 청소년들은 규범적 테두리에서 벗어나 훨씬 다양하고 풍성한 가치관이나 태도를 습득하게 되었다. 특히 사이버 공간에서 경계를 넘어 새로운 자아를 만들어 내면서 정체성을 만들어 간다(조혜영, 2016). 이러한 사이버 공간에서 시도하는 새로운 정체성은 청소년의 사회화 과정에 글로벌화를 반영하고 있다. 그리고 한 국가 내에서도 다양한 집단의 청소년들은 글로벌 대중문화 수용과정에서 다양한 모습으로 하위문화를 드러낸다(윤경원, 2004).

이러한 청소년문화의 글로벌화와 관련한 연구는 청소년문화의 지형 변화 등 이론적 차원에서는 활성화되지 않았다. 그러나 국경을 넘는 차원의 문화간 수용과 영향을 살펴보는 문화는 1990년대와 2000년대에 걸쳐 일본 대중문화의 수용 양상과 한국 청소년문화에 미치는 영향 연구를 제외하고는 매우 미흡한 수준이다. 그리고 한국의 청소년문화로 대표되는 대중문화가 국경을 넘어 다른 나라 청소년들에게 향유되고 있는 현상을 살펴보는 연구들과 주로 아시아권에서 한류가 청소년문화의 요소로 수용되는 모습을 살펴보고 있다(조혜영, 2016). 한편으로 K-culter는 2024년을 기준으로 음악, 영화, 드라마, 예능, 음식, 패션, 언어, 게임, 관광 등 다양한 방면을 포함하는 한국 문화를 의미하며 '신한류(新韓流)'로도 정의되고 있다(중국 바이두 뉴스, 2023 : 추승우, 2024 재인용).

2) 청소년문화의 탈 연령화

아동기와 성인기 사이에 놓인 청소년기는 아동기의 단축(실종)으로 또 다른 한편으로는 성인기 진입의 지연으로 확장되는 경향이다(Bukingham, Bragg, & Kehily, 2015). 고등교육 기간이 늘어나고, 결혼과 자녀 출산 연령이 높아지고, 구직 불안정성과 경제적 자립이 취약해지면서 미국이나 유럽 등 산업화된 사회에서 성인기로의 이행이 지연되고 있다. 과거에는 10대 후반에 성인기 진입이 본격화되었다면 이제는 20대 중·후반까지 연장되고 있다. 이러한 시기에 대하여 어떻게 개념화할 것인가에 대한 논의도 등장한다.

성인기 이행 지연 시기에 대해 단순히 '연장된 청소년기(extended adolescence)로 볼 수 없으며, 새로운 생애 기간이 도래했다고 보는 시각이 있다. 이 시기에 대하여 심리적으로 과거 청소년기의 전형적인 특성과는 전적으로 다르다고 보며, 발현 성인기(emerging adulthood)라고 지칭하는 미국의 심리학적 전통이 있다(Arnett, 2004 ; Arnett, 2007 ; 한국청소년정책연구원, 2010). 하지만 이 개념의 보편적 적용에 대해서는 반론이 제기된다. 이 개념은 서구 생활 양식으로 '정상적인 삶'을 사는 사람들을 대상으로 한다는 것이다. 중산층 출신으로 고등교육을 받고 있는 젊은이에게 주로 적용될 수 있는 반면 그 외의 집단에 적용시키기에는 어려움이 있다고 지적된다. 성인기로의 진입 과정은 이보다 다원화되고 있으며 특히 대학교육을 받지 않은 17세에서 20세의 청소년들을 대상으로 한 연구에서는 심지어 현재 서구 사회에서도 '발현 성인기'적인 특성이 일관되게 나타나지 않음을 보이고 있다. 지연되고 있는 성인기로의 진입을 설명하기 위해 도입된 발현 성인기 개념은 18세에서 29세까지의 산업사회의 연령집단을 설명하기에는 유용하지만 그 외의 지역에 대해서는 적절하지 않다는 것이다(조혜영, 2016).

한편, 성인기 이행 과정의 심리적 특징보다는 사회구조와 환경에 관심을 두는 연구 전통이 있다. 청소년기에서 성인기로 이어지는 이행 과정에 영향을 주는 '거시적' 환경 변화, 특히 사회제도와 정치 및 경제 상황 변화에 관심을 두는 영국적 연구 전통이 이에 해당된다. 이러한 이행 연구 전통에서는 성인기 이행을 정치·경제학적으로 접근하며, 이행 지연을 하나의 치료되어야 하는 문제로 간주한다. 그에 따라 이행이 지연되는 데 영향력을 행사하는 구조적 요인들을 분석하고 정책적 개입을 시도한다. 1980년대까지 거시적 이행연구는 주로 교육과 노동시장 문제에 집중하였고, 1990년대 이후로는 청소년들의 성인기 진입 과정에서 나타나는 라이프스타일, 여가, 소비, 여행 등을 조사하기 시작하였다. 이들의 주요 관심은 이행 과정에서 청소년들이 겪는 경험보다는 환경적 측면에 대한 파악이었다(조혜영, 2016).

그리고 청소년문화와 특정 연령대의 결합이 해체되고 있는 현상이 부각되고 있다. 청소년문화가 특정 연령대에만 국한되어 나타나는 것이 아님을 주목해야 한다는 것이다. 청소년문화에서 보였던 스타일이나 표현 양식들은 점차 여러 세대에 걸쳐 나타나고 있다(Bennet, 2011). 청소년들의 전유물로 여겨졌던 컴퓨터 게임이나 대중음악도 여러 세대들이 향유하고 있는 실정이다. 매체나 상업광고들은 성인들에게도 젊은이의 취향, 젊음의 감수성(sense of youthfulness) 등을 누릴 수 있음을 설파한다. 청소년기의 경험이 단지 청소년 연령대에 국한되는 것이 아니라, 문화적 의미가 되어 다양한 세대에 걸쳐 향유되는 것이다(Bukingham, Bragg, & Kehily, 2015). 즉, 청소년문화는 특정 연령 범주에 국한되어 나타나는 행위나 표현 양상이라기보다는 청소년기에 향유되었던 일련의 미적 스타일, 미학적 실천 감수성 등을 설명하는 개념으로 전 생애주기에 나타날 수 있다고 본다. 그에 따라 여가 패턴이나 선호하는 라이프스타일 등으로 세대를 구분하는 경계는 점차 모호해지고 있다(Bennet, 2011).

3) 매체환경의 변화에 따른 청소년문화

청소년문화의 표현 방식이나 관심 분야는 매체환경의 변화와 밀접한 관련성을 갖는다. 특히, 대중문화의 전성기로 대두되는 1990년대에 등장한 신세대 논의는 우리 사회에서 청소년 세대에 대한 관심을 증폭시키는 계기가 되었으며, 청소년에 대한 새로운 이해가 필요함을 제기하게 되었다(김종길 · 김문조, 2006).

1990년대 이후에는 영상시대의 도래와 함께 청소년문화의 특성을 살펴보는 연구들이 등장하였다. 정보화의 진전으로 기존 전통 매체인 TV나 영화 등을 넘어서 인터넷과 모바일의 확산은 청소년문화의 형성과 변화에 큰 영향을 미쳐왔다. 먼저 매체 환경의 변화와 관련하여 영상시대의 도래로 청소년문화에 어떠한 영향을 보이고 있는지를 살펴보는 연구(정용교, 1998)가 있으며, 인터넷 보급으로 사이버 환경이 청소년들의 일상세계로 자리 잡게 됨으로써 사회관계 및 커뮤니티 형성 등 청소년문화를 구성하는 요소들은 어떻게 변화하고 있는지를 살펴보는 연구들이 등장했다(구종상, 2003 ; 김미윤, 2003 ; 윤선희, 2000 ; 정유성, 2003 ; 조혜영, 2006). 그리고 청소년들이 미디어를 통해 자신들의 일상을 표출하는 모습을 살펴보는 연구들이 있다. 미디어에 나타나는 청소년들의 패션의 의미를 살펴본다거나, UCC나 미니홈피, 블로그 등 청소년들이 만들어 가는 매체문화의 특성들에 대한 연구들도 이루어졌다(조혜영, 2016).

한편, 매체환경의 변화로 청소년들의 여가와 일상문화에서 온라인 게임이 차지하는 비중이 확대되었다. 청소년의 온라인 게임문화가 등장하고, 청소년들이 온라인 게임에 몰입하게 되는 중독 현상까지, 그리고 온라인 게임의 교육적 활용을 통한 학습 과정 등의 문화가 형성되고 있다. 나아가, 모바일기기의 확산은 청소년의 생활 양식과 상호작용 방식에 큰 영향을 주게 된다. 컴퓨터를 기반으로 하는 인터넷 확산을 넘어서 모바일기기가 청소년의 일상환경으로 자리 잡히게 되었다(조혜영, 2016). 그리고 현실에서 드러나는 청소년문화를 기술하거나 분석하는 차원을 넘어서서 개선 방안이나 교육적 개입을 모색하고 매체환경의 변화와 관련하여 건전한 청소년문화를 만들어 가기 위하여 기성 매체의 역할을 제고하거나(정승재, 1998) 교육적 함의(최운실, 2002) 및 정책적 지원 방안 등도 함께 수립하여야 할 것이다.

매체환경의 변화는 청소년문화의 새로운 지형 형성에 지대한 영향을 끼쳐왔지만 2010년대부터 지금까지의 주류 담론은 매체환경과 관련된 청소년문화의 분석보다는 주로 매체환경의 부정적 측면을 부각시키고 있다. 인터넷과 모바일의 확산, 전자(온라인) 게임 이용의 확산 등이 청소년들에게 미치는 폐해와 문제들에 관심이 집중되어 있는 경향이다. 따라서 건전한 청소년문화를 위한 긍정적인 시선과 그에 따른 범정부적 정책 마련 등이 함께 나아가야 할 것이다(전동만, 2025).

2. 청소년문화의 방향과 과제

1) 청소년의 문화자본

오늘날 청소년들은 물질적으로 풍요로운 삶을 누리고 있으나, 치열한 입시 경쟁 속에서 과도한 스트레스에 직면하는 경우가 많다(장택용, 2016). 교육 현장에서 학업능력과 성적이 개인의 가치를 평가하는 주된 척도로 작용하면서, 학생들은 자신의 타고난 소질과 적성을 충분히 살리지 못한 채 극심한 스트레스를 경험하고 있는 실정이다(송혜연, 2017). 이처럼 한국 청소년들이 직면하는 불안정한 환경은 서구 사회의 청소년들보다 더욱 심각한 수준이며(김미숙, 2015), 이는 학교생활 만족도 저하 및 학교 부적응으로 이어지는 결과를 초래하기도 한다.

학교는 청소년들이 사회화 과정을 시작하는 중요한 교육기관으로, 가정과 함께 이들의 성장 발달에 큰 영향을 미친다. 따라서 학교는 학생들에게 스트레스를 주는 공간이 아닌, 사회 구성원으로서 바람직한 인성과 삶에 대한 태도를 함양하게 하는 공간으로 거듭나야 한다(이병관 외, 2018).

청소년들이 물질만능주의 사회의 쾌락적이고 자극적인 환경에 노출되지 않도록 보호하는 것은, 이들에게 가해지는 부정적 영향을 차단하는 데 필수적이며, 나아가 문화 및 스포츠 활동을 통해 정서적 안정을 도모하고 원초적 충동을 순화할 수 있도록 지도해야 한다. 상기 논의된 바와 같이, 청소년의 긍정적 발달을 위해서는 주체적 문화 자본 형성을 위한 전략적 접근이 필수적이다. 이러한 문화 자본은 정서적 안정감을 조성하고, 민주시민으로서의 소양과 깊이 있는 사고를 함양하여 바람직한 행동을 유도하는 기반이 된다. 문화적으로 의미 있는 행동 양식의 체득과 그 과정에서 비롯된 사회적 상호작용은 청소년의 사고와 행동에 긍정적인 영향을 미치는 것으로 알려져 있다(박철홍, 2015 ; Vygotsky, 1994).

청소년의 학교 적응이란 학교생활에서 직면하는 문제들을 해결하기 위해 환경을 조절하거나 스스로를 변화시켜 균형을 찾아가는 과정을 말하며, 이로써 학교생활에 대한 만족도를 유지하는 상태를 의미한다. 이와 같은 맥락에서, 학교 적응은 단순한 측면을 초월하여 청소년의 학교생활 전반에 걸쳐 나타나는 결과이며 동시에 새로운 도약의 기반이 되므로, 이를 효과적으로 제어할 수 있는 다양한 독립변인을 탐색하는 것이 중요하며, 그중에서도 문화

자본 요인은 그 가능성에 있어서 주목할 만한 가치가 있다(이병관 외, 2018).

청소년의 학교 적응에 있어 문화적 자본은 경향적 성향을 완화시키는 긍정적인 요인으로 작용한다는 연구 결과가 있으며, 이는 다문화가정의 청소년 및 아동들에게도 유사하게 나타났다. 다수의 선행 연구들은 개인의 문화적 자본이 긍정적이고 풍부할수록 사회화에 유리하며, 나아가 사회 적응에도 효과적임을 시사하며, 이는 청소년들의 문화적 자본이 공감능력 및 학교 적응에 직접적 또는 간접적으로 영향을 미칠 가능성을 뒷받침한다(이병관 외, 2018). 밤포드(Bamford, 2006)는 청소년기의 예술교육 경험이 정서 공유를 매개로 공동체 의식을 함양하고 타인에 대한 공감 능력을 증진한다고 주장하였으며, 김은영(2011)은 문화예술 경험을 통해 의사소통 능력과 타인 배려 능력이 향상된다고 보았다. 이와 더불어 강소희(2018)는 청소년의 뮤지컬 등 문화 활동 참여가 공감 능력과 유의미한 관련성을 지닌다고 주장하였다. 이러한 연구들은 문화예술 및 스포츠 활동을 포괄하는 문화적 자본과 공감 능력 간의 높은 상관관계를 시사한다. 신희정(2013)과 이종연 · 김복미(2012)의 연구는 부모의 공감이 학교생활 적응뿐 아니라 정서 조절에도 영향을 미치며, 궁극적으로 긍정적인 학교생활 적응을 가능하게 하는 중요한 요인임을 시사한다.

청소년의 문화적 자본이 공감능력과 학교 적응에 미치는 영향력은 상당함에도 불구하고, 이를 실증적으로 뒷받침하는 연구는 부족한 실정이며, 명확한 인과관계 역시 규명되지 않은 상태이다. 특히 본 연구에서 심층적으로 분석하고자 하는 문화적 자본, 공감능력, 그리고 학교 적응 간의 상호작용을 세분화하여 다룬 연구는 부족한 실정이다. 이병관 외(2018)의 연구 결과를 바탕으로, 청소년의 건강한 성장을 위해서는 가정과 학교라는 미시적인 환경뿐만 아니라, 사회 및 국가 차원의 거시적인 교육 정책 및 환경 개선이 필수적이라고 판단된다.

2) 청소년문화의 발전을 위한 미디어 리터러시 교육의 필요성

리터러시의 어원적 정의가 읽고 쓰는 능력에 국한된다는 점을 고려할 때, 미디어 리터러시는 미디어를 읽고 쓰는 능력으로 규정될 수 있다. 그러나 미디어가 지닌 고유한 속성에 따라 미디어 리터러시의 내용 및 구성 요소는 다변화될 여지를 지닌다(안정임 외, 2012). 미디어 리터러시에 대한 최초의 체계적 정의는 1992년 전국 리더십 컨퍼런스에서 내려졌으며, 이는 다양한 매체에 접근하여 이를 분석하고 평가하며 생산하는 능력을 포괄하는 개념으로 규정되었다. 서구권 국가들은 리터러시를 실용적인 관점에서 주로 접근하여, 영국 오프컴의 '미디어 이해 및 창의적 제작 능력' 정의나 유럽 집행위원회의 '미디어 이미지, 음성, 메시지 영향력 분석 및 평가, 소통 능력' 정의와 같이 실천적 측면을 강조하는 경향을 보였다.

해외의 미디어 리터러시의 이론과 관련하여 미디어 리터러시의 요소적인 개념은 다음과 같이 분류되었다. 미국 미디어 리터러시 교육 협회(National Association for Media Literacy Education)는 미디어 리터러시를 '다양한 소통 형태를 통해 정보에 접근하고, 그 내용을 분석 및 평가하며, 나아가 스스로 제작하고 활용하는 종합적인 역량'으로 규정하였다(안정임, 2013). 또한 초기의 미디어 리터러시의 정의는 단순히 사용자가 미디어를 선별적으로 수용하고, 이를 사용하는 사용자를 보호하기 위함이라면, 기술의 발전과 맞물려 미디어가 더욱 발전하고 삶에 더욱 밀접한 형태로 자리매김함으로써 미디어를 더욱 적극적으로 수용하며 이를 활용하는 형태가 오늘날의 미디어 리터러시로 자리 매김하였다(홍유진 · 김양은, 2013).

따라서 이러한 내용으로 르네 홉스(Renee Hobbs, 2010)는 미디어 리터러시를 접근, 분석, 평가, 창작, 행동의 다섯 가지 주요 구성 요소로 정의하여 교육적 필요성을 강조하였다. 이러한 미디어 교육을 바탕으로 미국의 미디어 연구자인 닐 포스트만(N. Postman)은 미디어 리터러시 교육이 청소년들에게 미치는 영향을 연구하여 기술과 미디어가 어떻게 문화와 교육을 변화시키고 있는지, 그리고 현재 청소년들의 사고가 어떤 형태로 변화되었는지에 대한 연구를 바탕으로 청소년들의 미디어 교육과 미디어 리터러시와 관련한 교육의 필요성에 대해 중요성을 역설하고 있다(오승태, 2025).

현대 사회의 청소년들은 디지털 원주민(digital native)이라 지칭되며, 빠르게 변화하는 미디어 환경에 적응하기 위한 올바른 가치관과 역량 교육의 필요성이 강조되고 있다. 그러나 미디어의 과도한 사용은 청소년들의 사회성 발달과 정서적 성숙에 부정적인 영향을 미치고 있다는 문제점이 제기된다. 하지만 최근 SNS와 같은 새로운 매체를 활용한 소통, 참여, 관계 형성에 대한 심층적인 연구가 미흡한 실정이다(안정임 외, 2017).

교육부(2022)는 급변하는 디지털 환경 속 기회와 위협에 균형 있게 대처하고 책임감을 갖춘 인재를 미래 사회의 핵심 역량으로 제시하고 있으며, OECD는 불확실한 미래 사회에서 확장되는 디지털 환경 속 청소년들의 정서적 안정과 학습을 위해 또래 간 놀이의 중요성과 필요성을 강조하였다(박정미 · 김혜경 · 어윤경, 2024). 이와 같이 미디어 리터러시의 중요성이 지속적으로 부각되어 왔으며, 특히 청소년을 미디어의 잠재적 위험으로부터 보호하는 데 중점을 둔 연구와 논의가 상당 기간 진행되고 있지만, 미디어 활용 능력과 주변 환경의 차이는 동일 연령 집단 내에서도 미디어 이용의 불균형을 두드러지게 만든다. 이러한 맥락에서, 현대 생활의 주요 부분인 미디어 환경 속에서 비판적 사고 능력과 문화 시민으로서의 자질을 갖추고, 미디어 접근 기회에 대한 차별 없이 혜택을 누리며, 발생 가능한 위험에 대처할 수 있도록 국제 사회가 각 국가에 제안한 교육 방안이 바로 미디어 리터러시 교육이다(교육부, 2021).

오늘날 청소년들은 미디어 사용에 있어 기술적인 숙련도는 높지만, 텍스트에 대한 비판적이고 창의적인 해석 및 활용 능력은 부족한 경우가 많다. 끊임없이 변화하는 미디어 환경 속에서 청소년들이 올바른 미디어 사용을 통해 미디어 역량을 함양할 수 있도록, 학교와 청소년 기관 등에서 미디어 리터러시 교육을 강화해야 할 필요성이 커지고 있다(이현지, 2024). 이러한 청소년 미디어 교육은 청소년들이 미디어를 통해 정보를 습득하고 비판적으로 분석하며, 목적에 부합하게 활용하는 능력을 함양하는 데 기여하며, 이는 의사소통 및 공동체 역량과 긍정적인 상관관계를 지닌다는 것을 보여 준다(이경숙 · 장미경, 2024). 이러한 청소년 미디어 리터러시 교육은 미디어 제작 원리와 의도를 이해시키는 데 중점을 두며, 이를 통해 청소년들은 비판적 미디어 수용 능력과 독자적인 콘텐츠 창작 역량을 강화할 수 있다. 결과적으로 이러한 역량 강화는 미디어 리터러시 교육 효과를 극대화하는 요인으로 작용한다(오승태, 2025).

3) 청소년문화의 발전을 위한 제언

청소년문화 연구는 엄밀히 구분되는 독립적 학문 영역이라기보다는 다양한 학문적 배경을 바탕으로 여러 관점과 방법론을 통해 접근하는 연구 분야로 이해해야 할 것이다(김옥순, 2013). 이와 함께 한국 사회에 만연한 실증주의적 학문 풍토는 청소년문화 연구의 심화 및 확산을 저해하는 요인으로 작용하고 있다(윤경원, 2009).

그리고 청소년문화 발전을 위한 분야별 연구가 활발하게 이루어지지 못하는 이유 중 하나는 청소년 및 문화 개념에 대한 정의가 다양하고 명확하지 않기 때문이다(조혜영, 2015). 또한 문화에 대한 정의는 시대의 변화와 학문 분야에 따라 상이하게 나타나지만, 포괄적인 의미에서의 문화는 특정 사회집단이 보여 주는 행동양식, 생활 방식, 생산하는 물질 및 도구, 지식 체계, 신념 및 가치관 등을 포함하는 총체적인 적응 시스템을 의미한다고 볼 수 있다. 이러한 청소년문화 발전을 위한 연구는 개념 정의상 청소년과 관련된 사회문화적 현상 일체와 더불어 청소년의 심리, 문제, 복지, 정책 등을 아우르는 광범위한 분야라고 할 수 있다(최윤진, 1998). 좁은 의미에서는 청소년 생활세계에 대한 이해와 더불어, 청소년들이 공유하고 창출하는 문화 현상 및 문화적 결과물에 대한 산물임을 의미한다고 볼 수 있다.

청소년문화 연구의 방법론으로 질적 연구의 확산과 연구과정에 청소년들이 직접 참여하는 연구가 이루어져야 한다. 그동안 양적 조사 위주로 이루어진 청소년 전반의 생활양식과 의식에 대한 경험적 · 실증적 연구가 청소년 집단의 의식들을 제대로 조명했는지에 대해 문제가 제기되고 있으며, 질적 연구를 통한 심층 연구의 중요성이 강조되고 있다(김옥순, 2013). 그리고 청소년문화에 대한 연구는 당사자들이 직접 자신들의 관점에서 기획부터 자료수집 분석과정에 참여함으로써 더 의의를 가질 수 있다(Cohen, 2003 ; Roberts, 2003 ; Wyn, 2005). 즉, 청소년들에 대한(on, about) 연구에서부터 청소년들이 참여하는, 청소년들과 함께하는(with) 연구가 수행되어야 한다. 청소년들과의 연구는 이들의 삶을 이해하고 개선하는 데에 중요하며, 이론적 논쟁을 심화시킬 수 있고, 그 결과물은 연구되어지는 사람들 및 그와 유사한 상황에 있는 사람들의 삶에 영향을 주기 때문에 매우 중요하다(조혜영, 2016). 특히 청소년문화 연구에서 내부자 연구에 대한 논의가 활발하게 부각되고 있다. 접근하기 어려운 영역의 청소년문화 연구에서 내부자에 의한 연구의 장점에 대해 부각되는 반면, 자료수집과 해석 과정에 개입되는 내부자 시각의 균형에 대한 논의도 다루어지고 있다(Bennet, 2011). 그리고 청소년들이 직접 수행하는 자신들의 일상문화에 대한 연구와 함께 현장 개선을 위하여 수행하는 참여적 실행연구 방법도 중요성이 부각되고 있다(Kirshner, Pozzoboni, & Jones, 2011 ; Nieuwenhuys, 2004).

참고문헌

강미영 · 정혜경(2017). 자유학기제 도입에 따른 청소년 언어문화 개선 방안연구-2015 개정 국어과 교육과정을 중심으로-. 교육문화연구, 23(6), 389-408.

강민경(2012). 신문활용교육(NIE)이 수학적 의사소통 능력에 미치는 영향 : 초등학교 6학년 통계영역을 중심으로. 부산대학교 대학원 석사학위논문.

강민주(2013). 소셜미디어 사용에 따른 청소년과 성인초기의 자아정체감 및 친밀감의 차이. 청소년학연구, 20(6), 1-28.

강소희(2018). 중학생의 뮤지컬 활동과 자기표현 및 공감능력의 관계. 이화여자대학교 교육대학원 석사학위논문.

강희숙 · 양명희(2011). 청소년의 욕설 사용의 심리적 기제 및 순화 방안. 한국언어문학, 79, 255-279.

구정화(2011). 사회학 에세이. 서울 : 해냄.

권기영(2011). 가정과 교사들이 지각한 교육관점과 가정과 교사들의 수업문화. 한국가정과 교육학회지, 23(4), 125-141.

권상현 · 김익현(2008). 온라인 댓글 인식과 댓글활동의 관계에 관한 연구 : 댓글의 신뢰도와 인터넷 뉴스수용자의 수용경향을 중심으로. 한국언론정보학회, 42.

권순희(2009). 결혼이주여성의 문화적응 스트레스가 심리적 안녕감에 미치는 영향. 청주대학교 대학원 박사학위논문.

권이종 · 김천기 · 이상오(2010). 청소년문화론. 경기 : 공동체.

권혜민(2016). 중학생이 지각한 부모의 심리적 통제가 SNS중독경향성에 미치는 영향 : 부적응적 인지적 정서조절전략과 사회불안의 매개효과. 명지대학교 대학원 석사학위논문.

김경희 · 정윤경 · 오연주 · 정지영(2022). 대학의 미디어 리터러시 교육, 무엇을 가르치는가? : 교육 내용과 교수 학습법에 대한 탐색적 연구. 방송과 커뮤니케이션, 23(2), 69-104.

김기석(2017). 청소년의 온라인 게임 경험이 지식정보화 역량에 미치는 영향 연구. 광운대학교 대학원 박사학위논문.

김기웅(2012). 역기능적 신념, 자기제시책략이 초등학생의 부정적 또래관계에 미치는 영향. 경남대학교 교육대학원 석사학위논문.

김동일 · 정여주 · 이윤희(2013). 스마트 미디어 중독 개념 및 특성 분석 델파이연구. 아시아교육연구, 14(4), 49-71.

김동하(2017). 학령기 아동의 게임 사용시간 변화궤적 분석 : 잠재계층성장분석(LCGM)을 활용하여. 사회복지연구, 48(2), 303-330.

______(2023). 부모의 온라인/모바일 게임 중재유형이 초기 청소년의 미디어 사용태도와 정서적 발달에 미치는 영향. 한국청소년복지학회, 25(4), 45-66.

김로라 · 이조경(2016). 청소년의 학업중단의도에 영향을 미치는 위험 및 보호요인에 관한 연구 : 부산지역 중 · 고등학생을 중심으로. 청소년학연구, 23(9), 53-81.

김만호(2017). 일본인 여성결혼이민자의 문화적응유형이 자녀교육수행에 미치는 영향-문화적응 스트레스의 매개효과-. 경기대학교 대학원 박사학위논문.

김미숙(2015). 한국아동의 주관적 웰빙수준과 정책과제. 보건복지포럼, 220(0), 16-28.

김미숙 · 김유경 · 김안나 · 김효진 · 성수미(2011). 다문화가족 아동의 사회적응실태와 아동복지서비스 지원방안 연구. 한국보건사회연구원.

김명소 · 김혜원 · 한영석 · 임지영(2003). 한국인의 행복한 삶에 대한 인구통계학적 특성별 분석. 한국심리학회지, 22(2), 1-33.

김미정 · 염동문(2012). 아동학대경험이 아동의 학교적응에 미치는 영향에 대한 메타분석. 한국지역사회복지학, 43(43), 409-430.

김미진 · 김동규(2013). 발터 벤야민의 매체미학에 비춰진 디지털댄스의 매체미학적 특성과 예술적 의의. 한국체육철학회지, 21(1), 335-354.

김민정(2019). 청소년 문제행동과 부정적 또래관계의 상호영향관계 : 부모 양육태도 수준에 따른 다집단 분석. 한국사회복지실천연구학회, 10(1), 108-138.

김민서(2019). 청소년의 인터넷 1인 방송 시청 경험에 관한 연구. 명지대학교 대학원 석사학위논문.

김민조 · 이현명(2015). 학교문화에 관한 국내 연구 동향 분석. 열린교육연구, 23(4), 255-284.

김봉국(2024). 언어 속에 반영된 사회와 문화. 영주어문학회, 57, 5-20.

김사훙(1997). 청소년문화는 청소년 삶의 표현이다. 한국청소년개발원.

김상림(2018). 청소년의 자기통제력과 스마트폰 과의존의 관계에서 부모-자녀 의사소통 및 학교생활적응의 매개효과. 학교생활과학지, 27(2), 91-102.

김석진 · 정동영(2014). 교사의 수업문화 차원과 요인탐색. 학습자중심교과교육연구, 14(10), 156-180.

김성수(2023). 미디어로서의 사이버공간에 드러난 제2자아와 현실 연구 : 글로컬 사이버윤리 제언을 위한 소고. 문화컨텐츠연구, 28, 80-118.

김수련(1996). 청소년의 성의식 및 성실태 조사 연구 : 일부 고등학교 재학생과 소년원생을 대상으로. 이화여자대학교 대학원 석사학위논문.

김수아(2014). 소셜 웹 시대 팬덤문화의 변화. 사이버커뮤니케이션학보, 31(1), 45-94.

김수자(2019). 학교현장에서의 페미니즘 교육실천 현황과 과제-성평등한 공간, 성평등한 주체를 위하여. 교육비평, (43), 94-125.
김수철 · 강정수(2013). 케이팝에서의 트랜스미디어전략에 대한 고찰 : 사례를 중심으로. 언론정보연구, 50(1), 84-120.
김순규(2011). 다문화가정 자녀의 심리사회적 적응. 청소년학연구, 18(3), 247-272.
김신영(2005). 청소년 성행동 요인 연구. 청소년학연구, 12(2), 120-140.
김승경 · 최정원 · 강지명 · 선애리(2016). 청소년 차별 실태 및 개선 방안 연구(연구보고 16-R20). 한국청소년정책연구원.
김아름(2019). 경도 지적장애학생의 성문제 해결을 위한 특수교사와 외부전문가와의 협력 경험. 공주대학교 특수교육대학원 석사학위논문.
김양은(2009). 새로운 세대의 등장 게임 제너레이션. 서울 : 커뮤니케이션북스.
김연화(2002). 초등학교 학급내 또래집단 형성과정에 관한 연구. 창원대학교 대학원 석사학위논문.
김영미 · 현안나(2015). 청소년발달환경이 우울에 미치는 영향 : 학교생활적응과 자아정체감의 매개효과. 한국청소년학회, 22(1), 155-184.
김옥순(2013). 청소년 문화연구의 영역과 방향. 청소년문화포럼, 33, 213-221.
김유현(2018). 미디어 리터러시를 활용한 성교육 프로그램이 중학생의 성지식과 성 태도에 미치는 영향. 경기대학교 대학원 석사학위논문.
김용래(1993). 정서적 특성과 그 선행변인이 학업성적에 미치는 영향. 교육연구논총, 7, 71-110.
김윤정 · 이창식(2003). 청소년들의 사랑과 성태도 : 남학생과 여학생의 지각차이를 중심으로. 청소년학연구, 10(1), 277-296.
김윤정 · 권순희(2019). 부모-자녀 간 의사소통 양상에 대한 종단 연구-김윤정 · 권순희(2015) 후속연구-. 청람어문교육, 72, 241-279.
김은영(2011). 문화예술교육 프로그램의 영향에 대한 질적 연구 : 안산 자바르떼 프로그램에 참여한 저소득층 아동을 중심으로. 예술경영연구, 19, 5-31.
김의철 · 박영신(2004). 청소년과 성인의 삶의 질 인식에 대한 토착심리 분석 : 학교, 직장, 여가생활을 중심으로. 한국심리학회지 : 건강, 9(4), 973-1002.
김정규(2010). 청소년들의 성역할 태도에 미치는 통제요인들의 변이에 관한 연구 : 성차이를 중심으로. 한국청소년연구, 21(2), 97-128.
김정미(2015). 대중문화 수용에 있어서 대중의 주체성 모색 : 스튜어트 홀의 문화연구를 중심으로. 경북대학원 대학원 석사학위논문.
김정선 · 이필영 · 김태경 · 이삼형 · 장경희 · 전은진(2011). 청소년 입말에 나타난 비속어 · 유행어 · 은어 사용 실태. 한국언어문학, 77, 286-324.
김정유(2020). 사이버불링 피해 경험이 청소년의 자살생각에 미치는 영향 : 학교생활

만족도 조절효과와 관련하여. 한국연예산업협회, 14(8), 477-485.
김정현 · 함은혜 · 이재덕(2019). 학생의 학교문화 인식에 영향을 미치는 요인 탐색 : 자기주도학습전형교를 중심으로. 교육행정학연구, 37(3), 223-247.
김종길 · 김문조(2004). 아바타와 청소년의 사이버 정체성 발달. 청소년학연구, 11(2), 185-215.
김주희 · 송은일 · 강성희(2003). 성 태도 · 성 행동과 부모-자녀 관계에 대한 연구 : 남녀대학생을 중심으로. 대한가정학회지, 41(1), 111-124.
김지성 · 김화수(2012). 의사소통 능력이 청소년의 지적발달 및 자존감, 자아탄력성, 삶의 만족도에 미치는 영향. 국제다문화의사소통학회 학술대회, 153-162.
김지영 · 이형실(2010). 청소년의 가족 및 또래 요인이 자아존중감에 미치는 영향. 한국가정과교육학회지, 22(1), 21-32.
김지혜 · 서효진 · 김은주 · 오세라(2012). 마인드맵으로 술술 풀어 가는 용어 사전 : 사회편. 서울 : 푸른길.
김진화(2023). 청소년의 학업 스트레스가 사이버불링 가해행동에 미치는 영향 : 부모-자녀 간 의사소통과 자기통제력의 매개효과. 서울벤처대학원대학교 박사학위논문.
김진화 · 변상해(2022). 청소년의 부모-자녀 의사소통과 사이버불링 가해행동의 관계에서 자기통제력의 매개효과. 인문사회21, 12(5), 1773-1786.
김창남(1995). 문화의 문화실천. 경기 : 한울 아카데미.
김천영(2002). 문화연구의 관리적 접근방법 탐색. 학국지방자치학회, 14(1), 227-255.
______(2018a). 대중문화 흐름 속의 청소년문화. 문화기술의 융합, 4(3), 105-111.
______(2018b). 문화콘텐츠기획 모형 연구. 국제문화기술진흥원, 4(1), 75-84.
김청송(2017). 인간발달과 자기이해. 경기 : 싸이북스.
김태원 · 김유리(2011). 다문화가족정책을 통한 사회통합수준 분석-Castles and Miller의 모형을 중심으로-. 인문연구, 62, 323-362.
김현규 · 김하균(2019). SNS에서 청소년 언어문제의 원인(가정환경, 교육환경, 사회문화환경)에 관한 연구. 인문사회과학기술융합학회, 9(3), 1069-1118.
김현주 · 박소리 · 김하늬 · 이효경 · 손은령(2019). 학교급 전환기 청소년의 또래의사소통, 자기효능감, 우울, 삶의 만족도의 관계. 학습자중심교과교육연구, 19(6), 165-187.
교육부(2020). 교육기본통계.
나은숙 · 정익중(2007). 아동학대 유형별 우울성향, 자기효능감, 학업성취 간의 관계. 아동학회지, 28(4), 35-49.
노순규(2012). 청소년 문화이해와 상담보호. 서울 : 한국기업경영연구원.
노충래 · 윤수경 · 김신영(2018). 국내 난민아동의 문화적응 스트레스가 우울에 미치는 영향. 한국아동복지학, 63, 23-53.

노충래 · 홍진주(2006). 이주노동자 자녀의 한국사회 적응실태 연구. 한국아동복지학, 22, 127-159.

박계란 · 이지민(2010). 다문화가정 아동의 학교생활적응 관련변인들 간의 관계구조 분석. 한국생활과학회지, 19(6), 981-991.

________(2011). 다문화가정 아동의 학교생활적응에 영향을 미치는 요인. 한국가정관리학회지, 29(2), 89-99.

박경희(2016). 청소년소설에 나타난 청소년문화 양상 연구 : 또래 · 여가 문화를 중심으로. 인문사회21, 7(5), 1143-1165.

박미순 · 황선영(2012). 결혼이주여성 문화적응스트레스에 영향을 미치는 요인-사회적 지지를 중심으로. 대한케어복지학, 17, 17-36.

박미애 · 김세경 · 천성문(2013). 청소년의 심리적 안녕감 요인에 관한 메타분석. 재활심리연구, 20(3), 627-652.

박삼철(2003). Schein의 조직문화개념 분석에 기초한 학교문화와 학교풍토의 개념적 관계. 교육행정학연구, 21(4), 161-178.

박삼철(2005). 학교 조직 변화 과정 모델 탐색 : 학교조직문화와 기술 구조적 접근의 수용적 통합. 교육행정학연구, 23(1), 49-69.

______(2007). 고등학교 학생들의 삶의 질(Quality of School Life)을 결정하는 학교변인들의 효과. 한국교육행정학연구, 25(4), 201-222.

박상호(1999). 청소년 여가문화 활동 참여실태 및 장애요인 연구. 한국교원대학교 대학원 석사학위논문.

박순애 · 오현주(2006). 성과 지향적 조직문화와 조직 효과성. 한국행정학보, 40(4), 225-252.

박준형 · 나지연 · 정용재 · 송진웅(2015). 초등학생들이 생각하는 과학수업의 특징 : 과학수업 문화 분석틀 개발을 위한 기초 연구. 한국과학교육학회, 35(3), 499-508.

박연자(2008). 청소년들의 통신언어 연구. 전북대학교 교육대학원 석사학위논문.

박용성(2008). 청소년의 언어사용 실태 연구. 호서대학교 문화복지상담대학원 석사학위논문.

박완경(2022). 다문화청소년의 심리사회적 특성이 학업중단의도에 미치는 영향. 한국콘텐츠학회논문지, 22(11), 406-415.

박완경 · 이수비(2021). 청소년의 학교생활부적응, 문제도박, 비행의 관계 : 충동성의 조절된 매개효과를 중심으로. 청소년복지연구, 23(2), 23-48.

박일준 · 김묘은(2019). 디지털을 읽고 분석하고 쓸 줄 아는 능력 디지털 & 미디어리터러시. 경기 : 북스토리(주).

박은민(2013). 다문화 청소년의 생활경험 지각에 관한 질적 연구 : 농촌지역을 중심으로. 인간발달연구, 20(3), 1-21.

박은하(2016). 한국과 네덜란드 청소년의 성의식 및 성행동에 관한 비교 연구. 청소년학연구, 23(4), 345–366.

______(2017). 청소년 성문화 특성에 따른 성교육의 방향성에 관한 연구 : 성인지적 성교육을 중심으로. 청소년학연구, 24(10), 365–386.

박정미 · 김혜경 · 어윤경(2024). 중학생 대상 미디어리터러시 교육프로그램 개발과 적용사례. 인간발달연구, 31(2), 73–90.

박재홍(2002). 세대 개념에 관한 사회학적 고찰. 한국사회학회 2002 추계 특별 심포지움, 29-42.

박재홍 · 노성향(2024). 다문화가정 청소년의 이중문화수용태도, 자아존중감, 사회적 위축 구조적 관계. 다문화와 평화, 18(1), 1–23.

박지원(2023). 소셜 빅데이터를 활용한 청소년정책 분석 : 텍스트 마이닝 분석을 중심으로. 중앙대학교 대학원 박사학위논문.

박철홍(2015). 청소년들의 사회 · 문화적 자본과 학업성취 및 대학선택만족의 관계. 연세대학교 대학원 박사학위논문.

박철현(2014). 사회문제론 제2판. 서울 : 박영사.

박현진(2023). 뉴스 댓글 빅데이터 분석을 통한 청소년 정책에 대한 연구. 인문사회과학연구, 31(1), 177–203.

박희훈(2014). 가정 내 사회적 자본이 다문화가정 자녀의 학교 생활 적응에 미치는 영향. 동아대학교 대학원 석사학위논문.

방송통신위원회 · 한국지능정보사회진흥원(2023). 2022 사이버폭력실태조사보고서.

변윤언(2003). 청소년의 의사소통 양상에 나타난 청소년 언어문화 특성에 관한 연구 : 인터넷 상의 언어사용 양상을 중심으로. 경기대학교 교육대학원 석사학위논문.

배상률 · 고은혜(2015). 청소년문화 활성화를 위한 소셜미디어 활용 연구. 한국청소년정책연구원 연구보고서.

배상률 · 이창호(2016). 소셜미디어가 청소년 여가문화 및 팬덤문화에 미치는 영향에 관한 질적 연구 : 페이스북을 활용한 청소년 집단지성 토론단 운영결과를 중심으로. 한국청소년연구, 27(3), 189–218.

백혜정 · 김은정(2008). 청소년 성의식 및 행동 실태와 대처방안 연구. 한국청소년정책연구원 연구보고 08-R08.

서재복 · 윤추호(2008). 청소년의 여가활동 방안 연구. 인문과학연구, 13, 182–206.

서주현 · 유안진(2001). 청소년의 인터넷 중독과 친구관계의 특성. 아동학회지, 22, 149–166.

성열관(2013). 학생 참여유형 분석 틀에 대한 이론적 고찰 : Basil Bernstein의 방법론을 중심으로. 한국교육사회학회 춘계학술대회 발표 논문집. 한국교육사회학회, 95-127.

소재희(2011). 청소년의 욕설사용과 자아개념 및 충동성 분석. 청소년문화포럼, 26, 92-119.

손병덕(2014). 청소년 성범죄 실태와 개입 프로그램 분석. 청소년학 연구, 21(4), 339-357.
손인봉 · 최정아(2021). 지지적 양육행동, 우울, 협동심, 또래관계 간의 구조적 관계. 한국융합과학학회지, 10(5), 332-348.
손종호(2011). 학교현장과 학교문화의 변화과정에 대한 통합적 접근. 인문연구, 62, 363-390.
손지민(2021). 후기 청소년이 바라본 아이돌과 팬덤문화의 세대별 특징에 관한 비교 연구. 명지대학교 대학원 석사학위논문.
송영혜(2007). 또래관계 : 진단과 치료. 경기 : 집문당.
송원영(2013). 한국의 청소년과 성문제. 한국심리학회 학술대회 자료집, 125-126.
송원익(2004). 대학생들의 여가 제약과 스트레스 대처 및 삶의 질의 관계. 한국웰니스학회지, 11(3), 159-167.
송지연(2016). 전통적, 사이버 괴롭힘 상황에서 주변인의 방어성향에 영향을 미치는 요인. 이화여자대학교 대학원 박사학위논문.
송혜연(2017). 청소년의 일상 스트레스와 심리적 안녕감의 관계에서 자기 자비의 조절효과. 숙명여자대학교 사회교육대학원 석사학위논문.
신동윤 · 정명희(2022). 현장전문가 포커스 그룹 인터뷰를 통한 청소년 성문화와 성 관련 문제 예방 및 대안 모색. 문화산업연구, 22(4), 125-135.
신성철 · 신종우 · 정희정 · 김윤진(2015). 청소년문화론. 경기 : 정민사.
신승배(2016). 한국 청소년의 행복감에 영향을 미치는 요인. 인문사회과학연구, 17(3), 135-184.
신여랑(2006). 몽구스 크루. 경기 : 사계절.
______(2010). 이토록 뜨거운 파랑. 경기 : 창비.
신재헌(2013). 다문화가정 청소년의 가정 환경적 요인이 비행에 미치는 영향 : 일반청소년과의 비교를 중심으로. 동국대학교 대학원 박사학위논문.
신지희 · 홍명기 · 황의갑(2022). 시간의 흐름에 따른 청소년 사이버범죄 가해경험 영향요인의 변화에 대한 연구. 인터넷정보학회논문지, 23(2), 87-95.
신희정(2013). 아동이 지각한 부모 공감과 학교적응의 관계에서 정서조절능력의 매개효과. 아주대학교 대학원 석사학위논문.
심우엽(2009). 다문화학생의 민족정체성 정서 특성. 초등교육연구, 22(4), 27-47.
안갑철(2021). 불법 성적 촬영물 구매행위 처벌규정에 관한 위헌성 검토. 인권과 정의, 495, 85-102.
안은미 · 김지선 · 전선율 · 정익중(2013). 팬덤활동이 청소년의 자아탄력성에 미치는 영향과 성별 차이. 한국청소년연구, 24(2), 149-175.
안정임(2013). 연령집단에 따른 디지털 미디어 리터러시 수준 비교 연구. 학습과학연구, 7(1), 1-21.

안정임 · 김양은 · 전경란 · 최진호(2017). 지능정보사회에서의 미디어리터러시 이슈 및 정책. 방송통신위원회.

안재희(2023). 중산층 청소년의 성문화에 관한 연구. 미래청소년학회지, 20(1), 27-49.

안지은 · 우도현 · 성현아 · 배성만(2020). SNS 이용동기와 자기조절이 대학생의 SNS 중독 경향성에 미치는 영향. 사회과학연구, 31(1), 227-243.

양계민 · 박주희(2014). 다문화 청소년 종단조사 및 정책방안 연구II. 한국청소년정책연구소.

양재영(1994). 청소년 집단의 대중문화 수용과정에 관한 연구 : 연예인 팬클럽의 사례를 중심으로. 서울대학교 대학원 석사학위논문.

여성가족부(2022). 2021 청소년 통계. 서울 : 여성가족부.

연혜경(2009). 대중문화의 시각문화 교육적 이해와 접근. 미술교육논총, 23(3), 1-26.

오금숙(2004). 청소년의 성 경험. 중앙대학교 대학원 박사학위논문.

오성배(2005). 코시안 아동의 성장과 환경에 관한 사례연구. 한국교육, 32(3), 61-83.

오세란(2007). 청소년소설 비행을 꿈꾸다. 창비어린이, 5(4), 98-112.

오승태(2025). 청소년의 미디어 리터러시 수준이 팬덤 참여도와 소셜미디어 중독성에 미치는 효과. 서강대학교 미디어커뮤니케이션 대학원 석사학위논문.

오윤경(2012). SNS중독경향성과 외로움, 우울, 대인관계, 사회적 지지의 관계. 한국상담대학원대학교 석사학위논문.

오윤선 · 황인숙(2016). 청소년문화론. 경기 : 양서원.

오은정(2016). 긍정심리 집단상담 프로그램과 진로탐색 집단상담 프로그램의 효과 : 학교부적응 청소년의 자아존중감, 회복탄력성, 학교적응유연성을 중심으로. 창원대학교 대학원 박사학위논문.

오찬호(2009). 공포에 대한 동년배 세대의 상이한 반응 : 2008년 촛불시위에서 20대를 이해하는 몇 가지 가설. 한국청소년연구, 20(2), 357-381.

우공선(2011). 모바일 소셜 네트워크 서비스(Mobile Social Network Service)의 이용 충족과 중독 연구 : 트위터(Twitter)를 중심으로. 동국대학교 대학원 석사학위논문.

우영숙(2019). 다문화가정 청소년이 지각하는 정서요인, 부모진로지지, 자아존중감, 진로장벽과 진로태도결정성과의 구조적 관계. 가야대학교 행정대학원 석사학위논문.

유미경(2015). 혁신학교와 일반학교의 조직문화 특성 비교 연구. 서울교육대학교 교육전문대학원 석사학위논문.

유미숙 · 정계숙 · 박수홍 · 차지량 · 홍광표(2013). 아동 및 청소년이 지각하는 행복에 대한 인식 연구. 한국가정관리학회지, 31(3), 15-26.

유승희(2020). 한국인 부와 외국인 모로 구성된 다문화가정 청소년의 자아존중감, 자아탄력성, 문화정체성이 문화적응 스트레스에 미치는 영향에 관한 연구. 다문화와 평화, 14(1), 134-158.

유안진 · 한유진 · 김진경(2002). 초기 청소년의 공격성과 또래관계의 질. 한국아동학회, 23(3), 79-90.

유용식(2003). 청소년의 여가활동과 비행과의 관계에 관한 연구. 숭실대학교 대학원 석사학위논문.

유창연(2023). 한국 대중문화론 · 대중문화 통사 서술의 동향 연구 : 주요 단행본과 논문을 중심으로. 영상문화지평연구소, 6, 125-148.

윤경원(2009). 영국 청소년문화 연구의 재개념화. 청소년학연구, 16(7), 29-50.

윤빛나(2019). 또래 요인이 다문화청소년의 문화적응스트레스에 미치는 영향. 숭실대학교 대학원 석사학위논문.

윤상은(2008). 중학생의 정서지능과 또래관계에 대한 갈등해결전략의 매개 효과 분석. 한국교원대학교 교육대학원 석사학위논문.

윤여탁(2015). 한국 언어문학 교육의 질적 향상 방안. 한국언어문화학, 12(1), 1-22.

윤유경 · 채지영(2005). 대중문화의 심리학적 접근과 탐색. 한국심리학회지 : 사회문제, 11(3), 67-89.

윤현준(2019). 학교 부적응 중학생을 위한 문학클리닉 프로그램 사례 연구. 동방문화대학원대학교 박사학위논문.

여성가족부(2019). 2018년 전국 다문화가족 실태조사 연구.

__________(2022). 2021년 전국 다문화가족 실태조사.

__________(2023). 제7차 청소년정책 기본계획. 관계부처합동.

__________(2023). 2023년 청소년통계.

원용진 · 이동연 · 노명수(2006). 청소년주의와 세대신화. 한국언론정보학보, 36, 324-347.

원진숙(2008). 다문화 시대의 초등학교 국어과 교육-다문화 가정 자녀를 위한 한국어 교육지원 방안을 중심으로-. 국어교육학연구, 32, 269-303.

이경상(2014). 미래 환경변화 및 청소년정책 전망 연구 I : 미래 청소년 환경변화에 대한 전망(연구보고14-R03). 서울 : 청소년정책연구원.

이경은(1998). 학교생활 부적응 유형과 요인에 따른 학교사회사업서비스 욕구에 관한 연구. 사회복지개발연구, 4(3), 276-305.

이기식(2007). 인터넷시대 사이버문화(Cyber-Culture) 수용의 영향 요인 및 정책대안. 사회과학연구학회, 25(4), 131-154.

이동연(2014). 게임이펙트. 서울 : 이매진.

이권명희(2018). [기독교인의 성, 기독교가정의 성] 십대 청소년들의 성 의식과 성 문화를 만나다. 새가정, 87-91.

이명화(1998). 음란매체 접촉에 따른 성갈등에 성태도와 지식이 미치는 영향. 한양대학교

교육대학원 석사학위논문.

이미리 · 조성연 · 길은배 · 김민(2014). 청소년학개론. 서울 : 학지사.

이미식(2019). 미디어 세대인 초등학생들의 의사소통 능력을 함양하기 위한 도덕과 수업 방법에 관한 연구. 초등도덕교육, 64(1), 33-55.

이병관 · 김미선 · 주성숙 · 강순미 · 방혜옥 · 김성환(2018). 청소년의 문화자본이 공감 능력 및 학교적응에 미치는 영향. 한국청소년문화연구소, 56, 77-101.

이상균 · 박현선 · 노연희 · 이채원(2012). 다문화가족 아동의 문화변용스트레스 및 문화자본이 학교적응에 미치는 영향-긍정적 자기개념의 매개효과를 중심으로. 한국아동복지학, 38, 235-264.

이병준 · 이경아 · 정미경 · 이현동(2016). 학교문화 개념분석 연구. 문화예술교육연구, 11(4), 89-115.

이승출 · 이성규(2022). 청소년의 사이버불링 역할유형과 관련요인에 관한 연구. 청소년복지연구, 24(2), 119-146.

이승환(2015). 만화애니메이션 팬덤문화에 관한 연구 : 서울코믹월드를 중심으로. 애니메이션연구, 11(4), 130-160.

이영미(2016). 인성 함양을 위한 소리예술 영역의 통합 교수 · 학습 방안(RRI2016-4) 보고서. 한국교육과정평가원.

이예슬(2020). 페미니즘 실천으로서의 성 평등 교육. 서울대학교 여성학협동과정 석사학위논문.

이유니 · 송현주(2011). 정서인식이 또래관계에 미치는 영향 : 실행기능의 매개 효과. 심리치료 : 다학제적접근, 11(10), 49-67.

이은정(2019). 다문화청소년의 이중문화수용태도에 대한 종단연구. 연세대학교 사회복지대학원 박사학위논문.

이정복 · 양명희 · 박호관(2006). 인터넷 통신 언어와 청소년 언어문화. 서울 : 한국문화사.

이정선(2007). 초등학교문화의 탐구. 경기 : 교육과학사.

이종각(1989). 현대사회와 레크리에이션. 경기 : 보경문화사.

이종복 · 이성순 · 김재열 · 김현희 · 정명희(2012). 다문화사회의 이해와 복지. 경기 : 양서원.

이종우(2010). 다문화가정 청소년의 언어능력과 자아정체성 및 학교적응의 상관연구. 대구대학교 대학원 석사학위논문.

이종연 · 김복미(2012). 여중생이 지각한 부모 공감과 학교적응의 관계에서 자기 대상의 매개효과. 한국심리학회지 : 여성, 17(2), 245-263.

이종임(2014). 디지털 문화와 세대적 정체성. 한국언론학회 편, 디지털 사회와 커뮤니케이션, 70-145. 서울 : 커뮤니케이션북.

이주연(2020). 뉴미디어의 확산과 청소년의 대중문화 수용에 따른 시각문화교육교수 ·

학습 방법 연구 : 2015년 개정 미술과 교육과정 중심으로. 고려대학교 교육대학원 석사학위논문.

이지영(2012). 다문화가정 어머니의 문화적응 스트레스와 부모스트레스가 자녀의 부적응에 미치는 영향-가족기능의 조절효과를 중심으로-. 공간과 사회, 17(2), 105-125.

이지수(2017). 성교육 강사의 성인지적 학교 성교육 실천에 대한 질적사례 연구. 연세대학교 대학원 석사학위논문.

이진숙(2010). 국제결혼 이주여성의 문화적응스트레스와 관련요인에 대한 연구. 한국생활과학회지, 19(6), 919-932.

______(2015). 청소년 언어, 청소년 문제인가? 청소년 문화인가?. 청소년문화포럼, 42, 157-161.

이창호 · 신나민 · 하은빈(2014). 청소년 사이버불링 실태 및 대응방안 연구. 한국청소년정책연구원 연구보고서, 1-268.

이춘화(2009). 청소년의 사이버범죄 피해요인에 관한 연구 : 채팅에서의 피해경험을 중심으로. 피해자학연구, 17(1), 267-289.

이치형(2022). 팬덤 기반 굿즈 시장의 참여자 상품 공급 방식 미충족 욕구. 분석혁신기업연구, 7(2), 37-51.

이호영(2008). 인터넷문화의 특성과 발전방안연구. 정보통신정책연구원연구보고서, 8-48.

이호영 · 박현주 · 음수연(2005). 디지털시대의 문화수용방식에 관한 연구. KISDI연구보고서, 5-8.

이현지(2024). 미디어 교육 강사의 디지털 역량 평가 연구. 건국대학교 대학원 박사학위논문.

이혜경 · 김현주(2007). 청소년의 학교생활부적응에 관한 연구경향 분석. 청소년시설환경, 5(2), 29-42.

이혜원(2018). 청소년 발달환경 요인과 청소년기 휴대전화 의존도의 관계에 대한 분석. 인제대학교 대학원 석사학위논문.

이희범(1997). 청소년의 바람직한 여가문화 정착을 위한 소고. 한국여성체육학회, 11, 129-137.

인진영 · 최지은(2010). 한국 교사의 수업문화 탐색. 열린교육연구, 18(2), 197-222.

임동호(2022). 예술심리치료를 경험한 학교부적응 청소년의 공감능력 또래 지지가 자아정체성에 미치는 영향 : 감성지능의 조절효과를 중심으로. 동방문화대학원대학교 박사학위논문.

임지숙 · 양난미(2020). 대학생의 SNS 중독경향성과 심리적 디스트레스의 관계 : 외로움과 상향비교의 매개효과. 지역과 세계, 44(1), 117-143.

장수한(2020). 청소년문화론. 경기 : 공동체.

장택용(2016). 청소년의 정신건강, 우울 및 스트레스가 삶의 질에 미치는 영향. 웨스트민스터신학대학원대학교 박사학위논문.

전숙경(2014). 대화를 통한 교육의 관점에서 본 청소년 언어문제의 문제. 교육의 이론과 실천, 19(3), 167-185.

정두수 · 백진아(2020). 다문화청소년의 자아탄력성, 이중문화수용태도, 집단따돌림 및 부모양육태도가 학업중단의도에 미치는 영향. 융합정보논문지, 10(10), 161-173.

정문경(2014). 청소년기 정서조절과 삶의 만족도 간의 관계에서 지각된 사회적 지지와 사회적 유능성의 매개효과. 청소년학연구, 21(12), 49-72.

정선경 · 한경근(2015). 2015 개정 기본교육과정 중 · 고등학교 교과성취기준의 성 교육 내용 분석. 특수아동교육연구, 19(2), 171-195.

정여주 · 두경희(2015). 사이버폭력 가해자의 공감능력이 인터넷 댓글쓰기로 나타난 공격성 수준에 미치는 영향. 한국상담학회, 16(1), 31-50.

정유성(1998). 청소년문화 담론 형성을 위한 시론. 한국청소년연구, 28, 34.

정재민(2010). 청소년 팬덤 현상에 대한 근거 이론적 접근. 한국청소년연구, 21(3), 91-119.

정주호(2019). 다문화가족 청소년의 사회적 차별경험이 학교 폭력범죄 피해에 미치는 영향 : 우울감과 학교적응의 이중매개효과 검증. 한국경찰학회보, 21(1), 119-158.

정진경 · 양계민(2004). 문화적응이론의 전개와 현황. 한국심리학회지, 23(1), 101-136.

정하성 · 우룡(2007). 다문화가정 청소년의 사회적응 실태 및 사회적응 프로그램 개발 방안. 서울 : 한국청소년정책연구원.

정하성 · 유진이(2012). 청소년문화론. 경기 : 양서원.

정현주(2005). 대안학교 청소년과 일반학교 청소년의 심리적 안녕감에 관련된 변인 연구. 학생생활상담, 23, 5-34.

조경민(2024). 1인 미디어 브랜디드 콘텐츠 및 인플루언서의 특성이 브랜드신뢰도와 소비자 구매태도에 미치는 효과. 서강대학교 대학원 석사학위논문.

조남근(1996). 학교조직문화 관련 변인의 이론적 탐색. 교육문제연구, 2(8), 123-138.

조미경(2002). 대중문화가 청소년들의 일상생활에 차지하는 위치에 관한 연구. 이화여자대학교 대학원 석사학위논문.

조민수(2021). SNS에서 나타나는 청소년의 언어사용 양상과 변이 형태 : 구어성과 문어성을 중심으로. 건국대학교 교육대학원 석사학위논문.

조민식(2012). 한국 청소년의 온라인 게임문화에 관한 연구. 고려대학교 대학원 박사학위논문.

조성남 · 박선웅(2001). 청소년 하위문화와 정체성 정치 : 또래집단을 중심으로. 사회과학연구논총, 7, 117-162.

조성남 · 이동원 · 박선웅(2003). 청소년 하위문화와 정체성. 서울 : 집문당.

조정은(2013). 중학생의 음악 흥미와 학교적응의 관계 : 정서 지능과 사회적 기술의 중다 매개효과. 전남대학교 대학원 박사학위논문.

조성현 · 서경현(2013). SNS 중독경향성 관련 요인 탐색 : 내현적 자기애, 자기제시 동기 및 소외감을 중심으로. 한국심리학회지 : 건강, 18(1), 239-250.

조소연 · 정주원(2017). 중학생의 SNS 중독경향성에 있어 내현적 자기애와 소외감, 자아존중감의 관계. 한국가정과교육학회지, 29(3), 125-140.

조아미 · 조승희(2007). 집단따돌림의 발달적 변화와 유형에 따른 심리적 특성의 차이. 한국청소년시설환경, 5(3), 37-48.

조영달(2006). 다문화가정의 자녀교육 실태조사. 교육과학기술부.

조영달 · 윤희원 · 박상철(2006). 다문화가정의 자녀교육 실태조사. 교육인적자원부.

조용환(2000). '교실붕괴'의 교육인류학적 분석 : 학교문화와 청소년문화의 갈등을 중심으로. 교육인류학연구, 3(2), 43-66.

조은정(2008). 청소년의 자아효능감과 학교적응의 관계에서 부모, 교사, 친구애착의 매개효과 검증. 청소년학 연구, 15(6), 299-322.

조은 · 김영지 · 김희진(2000). 저소득층 청소년문화의 실태와 문화적 권리 신장 방안 연구. 한국청소년개발원, 청소년전문정책연구.

조춘범 · 이현(2020). 잠재계층분석(LCA)을 이용한 청소년 사이버불링 피해자유형과 특성. 청소년문화포럼, 125-148.

조혜영(2016). 청소년문화 연구 동향 분석과 발전과제. 한국청소년문화연구소, 47, 111.

조혜영 · 이창호(2007). 다문화가족 자녀의 학교생활 실태와 교사 · 학생의 수용연구. 한국여성정책연구.

주동범(2023). 경상남도 초등학생의 학생 역량에 영향을 미치는 변인 분석. 한국자치행정학보, 37(4), 203-224.

주정관(2014). 청소년문화, 부적응, 자살에 대한 기독교 교육적 대안. 개혁논총, 31, 289-320.

진은영(2015). 다문화가족 아동의 문화적응스트레스와 심리사회적응과의 관계에서 이중문화역량의 매개효과 : 성별차이를 중심으로. 학교사회복지, 32, 303-326.

진혜민 · 배성우(2012). 청소년비행 관련변인에 관한 메타분석. 청소년복지연구, 14(2), 193-221.

채규만 · 정민철(2004). 한국대학생의 성에 대한 태도와 행동 및 피해 경험에 관한 연구. 한국심리학회지 : 건강, 9(4), 869-886.

추승우(2024). 빅데이터 분석과 Q 방법론을 활용한 중국인의 K-culture에 대한 인식에 관한 연구. 동의대학교 대학원 박사학위논문.

최돈형 · 강영혜 · 고원영 · 이윤미(1999). 새 학교문화 방향 정립과 창조가능성탐색연구.

한국교육개발원(연구보고 RR99-02). 서울 : 한국교육개발원.

최미선 · 김연옥(2020). 다문화가정 청소년의 자아존중감이 학교적응에 미치는 영향 : 위축의 매개효과. 한국학교지역보건교육학회지, 21(1), 105-115.

최유선 · 손은령(2015). 청소년이 지각한 대인관계 양상, 학업성취, 삶의 만족도의 관계-성별, 학교급별 비교-. 상담학연구, 16(2), 233-247.

최윤정(2015). 예능 프로그램 수용방식의 변화 : '사회적 시청'(social viewing)과 수용자 공중 등장. 방송문화연구, 27(2), 7-37.

최윤정 · 이종혁(2021). 부모 중재와 미디어 교육이 청소년 유튜브 이용에 미치는 영향 : 학년에 따른 효과의 차이 분석. 방송통신연구, 113(1), 141-171.

최의선(2009). 초등학생이 지각한 학급문화와 학교생활화 반응 특성과의 관계. 한국미술치료학회, 16(1), 29-51.

최지영(2014). 다문화가정 학생의 학교생활적응에 대한 교사의 인식과 갈등에 관한 연구. 학습자중심교과교육연구, 14(2), 441-467..

최지원 · 박영숙(2011). 학교부적응청소년의 MMPI-A 특성 및 학교생활적응수준. 청소년학연구, 18(9), 265-284.

최정현 · 김도연(2019). 여자 청소년의 사이버불링 피해 경험과 자살생각의 관계에서 자기통제력과 부모-자녀 의사소통의 조절효과. 발달지원연구, 8(2), 55-67.

통계청(2023). 국가통계포털(KOSIS) 통계표.

팀 조단(2002). 사이버파워. 서울 : 현실문화연구.

피승정(2013). SNS 사용행동에 따른 SNS 중독가능성, 자아존중감, 대인관계의 차이. 단국대학교 대학원 석사학위논문.

피에르 레비(김동윤 · 조준형 역)(2000). 사이버문화. 서울 : 문예출판사.

하윤금(2003). 맑스주의와 문화연구 : 패러다임 위기. 지구화시대 맑스의 현재성, 267-288.

한국교육개발원 · 교육부(2022). 2021년 교육기본통계조사 보고서.

한국언론진흥재단(2022). 10대 청소년 미디어 이용조사.

한국지능정보사회진흥원(2020). 2020 한국인터넷백서.

______________________(2022). 2021 인터넷이용 실태조사.

______________________(2023). 스마트폰 과의존 실태조사.

한국청소년정책연구원(2001). 청소년 성매매의 원인에 관한 고찰. 연구보고서.

____________________(2002). 민간부문의 청소년 문화활동 지원정책개발. 연구보고서.

____________________(2010). 청년기에서 성인기로의 이행 과정 연구 I. 총괄보고서.

____________________(2010). 한국 아동 청소년 온라인 게임 및 가족여가활동실태조사.

____________________(2013). 청소년이 행복한 마을 지표개발 및 조성 방안 연구보고서.

____________________(2015). 청소년문화론(제2판). 경기 : 교육과학사.

한국컨텐츠진흥원(2023). 2023 게임이용자 패널연구(4차년도).

________________(2024). 2024년 게임 이용자 실태조사. 조사보고서.

한송화(2016). 한국어 학습자의 접속부사 사용 양상 연구 : 숙달도와 언어권의 차이를 중심으로. 한글, 311, 257-303.

한희정 · 정혜진(2014). 국내 사이버불링 연구 동향 : 개념과 연구 경향성을 중심으로. 스피치와 커뮤니케이션, 24, 180-217.

허재홍(2011). 문화성향에 따른 긍정정서 경험빈도가 주관적 안녕감에 미치는 영향. 상담학연구, 12(1), 99-113.

허준(2009). 청소년 여가활동과 비행의 관계에 관한 연구. 동국대학교 대학원 석사학위논문.

호운운(2020). 다문화청소년의 문화적응 및 언어적응 영향 요인 연구. 충북대학교 대학원 박사학위논문.

홍나미(2011). 부모학대와 또래 괴롭힘이 청소년 자살 생각에 미치는 영향 : 대인관계 내재화와 절망감의 매개경로를 중심으로. 이화여자대학교 대학원 박사학위논문.

홍봉선 · 남미애(2004). 청소년복지론. 경기 : 양서원.

홍성태(2001). 사이버사회의 문화와 정치. 서울 : 문화과학사.

홍영기(2001). 학교문화의 형성과 작용과정. 교육인류학연구, 4(2), 41-58.

홍유진 · 김양은(2013). 미디어 리터러시(Literacy) 국내외 동향 및 정책방향. 코카포커스, 67.

황경혜 · 유양숙 · 조옥희(2012). 대학생의 스마트폰 중독사용 정도에 다른 상지통증, 불안, 우울 및 대인관계. 한국콘텐츠학회논문지, 12(10), 365-375.

황기우(1992). 한국 초등학교의 교사문화에 관한 해석적 분석. 고려대학교 대학원 박사학위논문.

황미혜(2021). 후기 청소년의 지각한 부모-자녀 의사소통이 스마트폰 과의존에 미치는 영향 : 정서지능과 회복탄력성의 매개효과. 서울벤처대학원대학교 박사학위논문.

황완덕(1999). 중고생 연예인 팬클럽 활동에 관한 연구. 성균관대학교 대학원 석사학위논문.

황진구(2001). 청소년 정보화실태와 인터넷 문화-청소년 정보문화 탐색을 위한 작은 제안-. 사이버문화연구소 토요포럼 발표문.

Achenbach, T. M., & Rescorla, L. A.(2001). *Manual for the ASEBA school-age form profiles*. Burlington, VT : University of Vermont, Research Center for Children,

Youth and Families.

Ajzen, I.(2002). Perceived Behavioral Control, Self-Efficacy, Locus of Control, and the Theory of Planned Behavior. *Journal of Applied Social Psychology, 32*, 1-20.

Appadurai, A.(1991). Global Ethnoscapes : Notes and Queries for a Transnational Anthropology. In R. G. Fox(Ed.), *Recapturing Anthropology : Working in the Present* (pp. 191-210). Santa Fe, NM : School of American Research Press.

Arnett, J. J.(2007). Afterward : Aging out of care-toward realizing the possibilities of emerging adulthood. *New Directions for Youth Development, 113*, 151-161.

Bennett, A.(2011). The Continuing importance of the 'cultural' in the study of youth. *Youth Studies Australia, 30*(3), 27-35.

Berndt, T. J., & T. B. Perry(1986). Children's perceptions of friendship as supportive relationships. *Developmental Psychology, 22*, 640-648.

Bernstein, B.(1975). *Class, codes and control volume 3 : Towards a theory of educational transmissions*(2nd ed.). London : Routledge & Kegan Paul.

Bocock, R.(1997). The cultural formations of modern society. In Stuart Hall et al.(Eds.), *Modernity*. Blackwell Publishers.

Bradford, B., & James. L.(2009). Peer Relationships in Adolescence. *Adolescent Psychology, 2*, 74-103.

Buhrmester, D.(1990). Intimacy of friendship, interpersonal competence, and adjustment during preadolescence and adolescence. *Child Development, 61*(4), 1101-1111.

Bukingham, D., Bragg, S., & Kehily, M. J.(2015). Rethinking youth cultures in the age of global media : A perspective from British youth studies. *Journal of Childhood and Adolescence Research, 3*, 265-277.

Cohen, P.(1997). *Rethinking the Youth Question. Education, Labour and Cultural Studies*. Macmillan Education UK.

________(2003). Mods and Shockers : Youth Cultural Studies in Britain. In Andy Bennett, Mark Cieslik & Steven Miles(Eds.), *Researching Youth* (pp. 28-51). Palgrave.

Comanaru, R. S., Noels, K. A., & Dewaele, J. M.(2018). Bicultural identity orientation of immigrants to Canada. *Journal of Multilingual and Multicultural Development, 39*(6), 526-541.

Csikszentmihalyi, Mihalyi(2023). Adolescence. Encyclopedia Britannica, 12 Sep. 2023, https://www.britannica.com/science/adolescence. Accessed 1 October 2023.

DeLisi, M., Vaughn, M. G., Gentile, D. A., Anderson, C. A., & Shook, J. J.(2013). Violent videogames, delinquency, and youth violence : New evidence. *Youth Violence and*

Juvenile Justice, 11(2), 132−142. https://doi.org/10.1177/1541204012460874.

Duncan, S. C., Strycker, L. A., & Duncan, T. E.(1999). Exploring Association in developmental trends of adolescent substance use and risky sexual in a high−risk population. *Journal of Behavioral Medcine, 22*(1), 21−34.

Fárrans, S. D., & Selman, R. L.(2014). How students, perceptions of the school climate influence their choice to upstand, by stand, of join perpetrators of bullying. *Harvard Educational Review, 84*(2), 162−278.

Fog, Agne(1999). *Cultural Selection.* Dordrecht : Kluwer Academic Publishers.

Fiske, J.(1992). The cultural economy of fandom. In L. Lewis(Ed.), *The adoring audience : Fan culture & popular media*(pp. 30-49). London : Routledge.

Fullan, M., & Hargreaves, A.(1996). *What's worth fighting for in your school?.* Buckingham : Open University Press.

Gentile, D. A., Choo, H., Liau, A., Sim, T., Li, D., Fung, D., & Khoo, A.(2011). Pathological video game use among youths : A two−year longitudinal study. *Pediatrics, 127,* 319−329. https://doi.org/10.1542/peds. 2010−1353.

Grossberg, L.(1992). Is there a fan in the house? : The affective sensibility of fandom. In L. Lewis(Ed.), *The adoring audience : Fan culture & popular media*(pp. 50−65). London : Routledge.

Harrell, A. W., Marcer, S. H., & DeRosier, M. E.(2009). Improving the social−behavioral adjustment of adolescents : The effectiveness of a social skills group intervention. *Journal of Child and Family Studies, 18*(4), 378−387.

Hartup, W. W.(1993). The company they keep : Friendships and their development significance. *Child Development, 67,* 1−13.

Howard Rheingold(1993). *The Virtual Community : Homesteading on Electronic Frontier.* Reading, Mass : Addison−Wesley Publishing Company.

Huebner, E. S., & Dew, T.(1996). The interrelationships of positive affect, negative affect, and life satisfaction in an adolescent sample. *SocialIndicators Research, 38*(2), 129−137.

Hurlock, E. B.(1973). *Child development.* New York : Mcgraw−Hill Book Co.

Jenkins, R.(1965). *Lads, Citizens and Ordinary Kids.* London : Routledge & Kegan Paul.

Jenson, J.(1992). Fandom as pathology : The consequences of characterization. In L. Lewis(Ed.), *The adoring audience : Fan culture & popular media*(pp. 9−29). London : Routledge.

Jone E. Donovan & Richard Jessor(1985). Structure of problem behavior in adolescence and young adulthood. *Journal of Consulting and Psychology, 53*(6), 890−904.

Kjeldgaard, D., & Askegaard, S.(2006). The glocalization of youth culture : The global youth segment as structures of common difference. *Journal of Consumer Research, 33*(2), 231−247.

Kelsey, T.(2010). *Social Networking Spaces : From Facebook to Tuitter and Everytbing in Between*. New York : Springer−Verlag.

Kendall, Gavin & Gary Wickham(2001). *Understanding Culture : culturalstudies, order, ordering*. London : Sage Publications.

Kirshner, B., Pozzoboni, K., & Jone, H.(2011). Learning how to manage bias : A case study of youth participatory action research. *Applied Developmental Science, 15*(3), 140−155.

Lam, W. S. E.(2004). Border Discourses and Identities in Transnational Youth Culture. In Jabari Mahiri(Ed.), *What they don't learn in school : Literacy in the lives of urban youth*. New York : Peter Lang Publishers.

Lazarus, R. S., & Folkman, S.(1984). *Stress, appraisal and coping*. New York : Springe Publishing Company.

Lorraine V. Klerman(1988). School Absense−A Health Perspective. *The Pediatric Clinics of North America, 35*(6), 1253−1269.

Lyubomirsky, S., King, L., & Diener, E.(2005). The benefits of frequent positive affect : Does happiness lead to success?. *Psychological Bulletin, 131*(6), 803−855.

Marcuse, H.(1968). The Concept of Essence. In *Negations : Essays in Critical Theory* (pp. 43−87). with translations from the German by Jeremy J. Shapiro. Boston : Beacon Press.

Maira, S.(2004). Imperial Feelings : Youth Culture, Citizenship and Globalization. In Marcelo Suarez−Orozco & D. B. Qin−Hilliard(Eds.), *Globalization : Culture and Education in the New Millennium*(pp. 173−201). Berkeley : University of California.

Maira, S., & Soep, E.(2005) Introduction. In Sunaina Maira & Elisabeth Soep(Eds.), *Youth scapes : The Popular, the National, the Global*. University of Pennsylvania Press.

Meyer, J., & Rowan, B.(1978). The structure of educational organizations. In M. Meyer et al.(Eds.), *Environments and Organizations*. San Francisco : Jossey Bass.

Newstrom, J. W. et al.(2002). *Organizational Behavior : Human Behavior at Work*. New York : McGraw−Hill.

Nieuwenhuys, O.(2004). Participatory Action Research in the Majority World. In Sandy Fraser, Vicky Lewis, Sharon Ding, Mary Kellet & Chris Robinson(Eds.), *Doing*

Research with Children and Young People(pp. 206-220). Sage Publications.

Oberg, K.(1975). Culture shock and the problem of adjustment to new cutural environments. *Practical Anthropology, 7,* 170-179.

Owens, R.(2004). *Organizational Behavior in Education : Adaptive Leadership and School Reform.* New York : Pearson.

Parker, J. G., & Asher, S. R.(1987). Peer relations and later personal adjustment : Arelow-acceted children at risk?. *Psychological Bulletin, 102,* 357-389.

Prensky, M.(2001). Digital natives, digital immigrants. *On the Horizon, 9*(5), 1-6.

Quiroga, C. V., Janosz, M., Bisset, S., & A. J. Morin(2013). Early adolescent depression symptoms and school drop out : Mediating processes involving self-reported academic competence and achievement. *Journal of Educational Psychology, 105*(2), 552-560.

Roberts, K.(2003). Problems and Priorities for the Sociology of Youth. In Andy Bennett, Mark Cieslik & Steven Miles(Eds.), *Researching Youth*(pp. 13-28). Palgrave.

Ryff, C. D., & Keyes, C. L. M.(1995). The structure of psychological well-being revisited. *Journal of Personality and Social Psychology, 69*(4), 719-727.

Schein, E. H.(1990). Organizational Culture. *American Psychologist, 45,* 109-119.

Shaffer, D. R.(1994). *Social and personality development*(3rd ed.). Pacific Grove, CA : Brooks/Cole.

Shariff, S., & Gouin, R.(2006). Cyber-dilemmas : Gendered hierarchies, new technologies and cyber-safety in schools. Atlantis : Critical Studies in Gender. *Culture & Social Justice, 31*(1), 27-37.

Sherry Turkle(1995). *Life on the Screen : Identity in the age of Internet.* New York : Simon & Schuster. 최유식 역(2003). 스크린 위의 삶. 서울 : 민음사.

Stolp, S.(1994). *Leadership for school culture.* ERIC Digest, Number 91.

Suarez-Orozco, C.(2004). Formulating Identity in a Globalized World. In Marcelo Suarez-Orozco & D. B. Qin-Hilliard(Eds.), *Globalization : Culture and Education in the New Millennium*(pp. 173-201). Berkeley : University of California.

Suldo, S. M., & Huebner, E. S.(2006). Is extremely high life satisfaction during adolescence advantageous?. *Social Indicators Research, 78,* 179-203.

Trickett, E. J., & Birman, D.(2005). Acculturation, school context, and school outcomes : Adaptation of refugee adolescents from the former soviet union. *Psychology in the Schools, 42*(1), 27-38.

Vygotsky, L. S.(1994). *Mind in society : The development of higher psychological processes*. 조희숙 외 공역, 사회 속의 정신 : 고등 심리 과정의 발달. 서울 : 성원사.

Wang, Y.(2017). Resistance and compromise under power structures of sexuality : A case study on real person slash fans in China. [Master's dissertation, LUND University]. Google Scholar.

Ward, C., & Kennedy, A.(1994). Acculturation strategies, psychological adjustment and sociocultural competence during cross-cultural transitions. *International Journal of Intercultural Relations, 18*(3), 329-343.

Whitaker, D. J., & Miller, K. S.(2000). Parent-adolescent discussions about sex and condoms : Impact on peer influences of sexual risk behavior. *Journal of Adolescent Research, 15*(2), 251-273.

Willard, N.(2006). Cyber Bullying and Cyberthreats : Responding to the Challenge of Online Social Cruelty, Threats, and Distress. Eugene, OR : Center for Safe and Responsible Internet Use.

Wulff, H.(1995). Introduction : Introducing youth culture in its own right : the state of the art and new possibilities. In Vered Amit-talai & Helena Wulff(Eds.), *Youth Cultures : A Cross-Cultural Perspective*. London and New York : Routledge.

찾아보기

인 명

내 용

저/자/약/력

■ 전동만
전) 부산예술대학교 복지예술치료학과 외래교수
현) 영산대학교 원격평생교육원 사회복지학 운영교수
사)부산청소년상담교육센터 수석강사
김해직업인재능력개발원 대표
한국사회복지학교 시설장

■ 장수한
전) 김해시 종합사회복지관 관장
현) 김해시 건강가정 · 다문화가족지원센터 센터장
인제대학교 사회복지학과 교수

청소년문화론
A부터 Z까지

| 공저자 | 전동만 · 장수한

| 1판 1쇄 | 발행 2025년 2월 28일

| 발행인 | 김동훈
| 발행처 | **공동체**

| 주소 | 경기도 고양시 일산동구 호수로 358-39, 동문타워 I 905호(백석동)
| 전화 | 031)814-3000(대표)
| 팩스 | 031)814-3100
| 홈페이지 | http://compub.co.kr
| 전자우편 | compub@naver.com
| 출판등록 | 2005년 10월 6일
| 등록번호 | 제396-2005-36호

| ISBN | 979-11-6725-871-7
정가 17,000원